高等院校物流管理专业系列教材 · 物流企业岗位培训系列教材

物流仓储与配送管理

（第3版）

刘丽丽　杨　阳◎主　编
孙　旭　尹若颔◎副主编

清華大学出版社
北　京

内 容 简 介

本书根据物流仓储配送发展的新特点，系统介绍仓储与仓储管理、仓库分类与仓储规划、仓储作业管理、仓储商务管理、仓储经营与成本管理、库存控制、配送与配送成本管理、电子商务物流配送管理等知识，并通过就业能力训练提高读者的应用能力。

本书知识系统、案例丰富、注重创新、实用性强，既可以作为普通高等院校本科物流管理专业的首选教材，同时兼顾高职高专、应用型大学的教学，也可用于物流企业从业者的在岗职业培训，对广大社会创业者亦是一本有益的指导手册。

图书在版编目（CIP）数据

物流仓储与配送管理 / 刘丽丽，杨阳主编. -- 3 版. --北京 ：清华大学出版社，2025. 7.
（高等院校物流管理专业系列教材）. -- ISBN 978-7-302-69380-2

Ⅰ. F253

中国国家版本馆 CIP 数据核字第 2025PR2535 号

责任编辑：贺　岩
封面设计：汉风唐韵
责任校对：宋玉莲
责任印制：刘海龙

出版发行：清华大学出版社
　　网　　址：https://www.tup.com.cn，https://www.wqxuetang.com
　　地　　址：北京清华大学学研大厦 A 座　　**邮　　编**：100084
　　社 总 机：010-83470000　　**邮　　购**：010-62786544
　　投稿与读者服务：010-62776969，c-service@tup.tsinghua.edu.cn
　　质量反馈：010-62772015，zhiliang@tup.tsinghua.edu.cn
印 装 者：大厂回族自治县彩虹印刷有限公司
经　　销：全国新华书店
开　　本：185mm×230mm　　**印　张**：16　　**字　　数**：318 千字
版　　次：2013 年 1 月第 1 版　2025 年 7 月第 3 版　　**印　　次**：2025 年 7 月第1 次印刷
定　　价：52.00 元

产品编号：109432-01

序言

物流是国民经济的重要组成部分，也是我国经济发展新的增长点。2020年10月，党的十九届五中全会审议通过《中共中央关于制定国民经济和社会发展第十四个五年规划和二〇三五年远景目标的建议》，为我国物流产业发展指明了前进方向，并对进一步加快我国现代物流发展、提高经济运行质量与效益、实现可持续发展战略、推进我国经济体制与经济增长方式的根本性转变，具有非常重要而深远的意义。

“一带一路”倡议和我国与沿线国家互联互通的快速推进，以及全球电子商务的迅猛发展，不仅有力地促进了我国物流产业的国际化发展，而且使我国迅速融入全球经济一体化的进程，中国市场国际化的特征越发凸显。

物流不但涉及交通运输、仓储配送、通关报检等业务环节，同时也涉及国际贸易、国际商务活动等外向型经济领域。当前面对世界经济的迅猛发展和国际市场激烈竞争的压力，如何加强物流科技知识的推广应用、加快物流专业技能型应用人才的培养，已成为我国经济转型发展过程中亟待解决的问题。

针对我国高等职业教育院校物流教材陈旧和知识老化的问题，为了满足国家经济发展和就业需要，满足物流行业规模发展对操作技能型人才的需求，在中国物流技术协会的支持下，我们组织北京物资学院、大连工业大学、北京城市学院、吉林工程技术师范学院、广东轻工职业技术大学、北京财贸职业学院、郑州大学、哈尔滨理工大学、燕山大学、浙江工业大学、河北理工大学、华北水利水电大学、江西财经大学、山东外贸职业学院、吉林财经大学、广东理工大学等全国20多个省市应用型大学及高职高专院校物流管理专业的主讲教师和物流企业经理共同编写了此套教材，旨在提高高等院校物流管理专业学生和物流行业从业者的专业技术素质，更好地服务于我国物流产业和物流经济。

作为普通高等院校物流管理专业的特色教材，本套教材融入了物流运营管理的最新教学理念，注重与时俱进，根据物流业发展的新形势和新特点，依照物流活动的基本过程和规律，全面贯彻国家“十四五”教育发展规划，按照物流企业对人才的需求模式，加强实践能力训练，注重校企结合、贴近物流企业业务实际，注重新设施设备操作技术的掌握，强化实践技能与岗位应用能力培训，并注重教学内容和教材结构的创新。

本套教材根据高等院校物流管理专业教学大纲和课程设置，对帮助学生尽快熟悉物流操作规程与业务管理，毕业后顺利走上社会具有特殊意义，因而既可作为本科或高职院校物流管理专业的教材，也可作为物流、商务贸易等企业在职员工的培训用书。

中国物流技术协会理事长　牟惟仲

2022年10月于北京

第3版前言

物流是流通的命脉，也是国家经济建设的重要支撑。物流仓储与配送业务既是物流系统中的重要组成部分，也是物流运营的关键环节。它对规范经营、完善服务、降低成本、减少损失、提高经济效益、获取国内外客户满意度等方面具有积极的促进作用，对物流企业经济运行的效益和质量也会产生重大影响，并在国际物流中发挥着衔接、协调和枢纽的重要作用，因而逐渐受到我国物流行业主管部门和物流企业的高度重视。

当前，随着国家“一带一路、互联互通”总体发展规划的快速推进，物流市场国际化迅速发展及竞争加剧，对从事物流仓储配送运营人员素质的要求越来越高，社会物资流通和物流产业发展急需大量仓储配送实用型、技能型、操作型的专门人才。

保障我国全球经济活动和国际化物流服务业的顺利运转，加强现代物流仓储配送作业与管理从业者的应用知识技能培训，强化专业技能与综合业务素质培养，加速推进物流产业化进程，提高我国物流仓储与配送管理水平，这既是物流企业可持续快速发展的战略选择，也是本书出版的真正目的和意义。

本书自 2017 年再版，因写作质量高、突出应用能力培养，深受各高等院校师生的欢迎，目前已多次重印。此次再版，编者结合中国共产党第二十届中央委员会第三次全体会议“关于结合数字经济、推进新质生产力发展”的要求，审慎地对原教材进行了电子商务物流配送管理等新知识补充、更新案例、增加技能训练等修改，以使其更好地为国家物流产业服务。

本书为普通高等教育物流管理专业的特色教材，共八章，以学习者应用能力培养为主线，坚持科学发展观，根据物流仓储配送发展的新特点，结合业务环节和操作规程，具体介绍仓储与仓储管理、仓库分类与仓储规划、仓储作业管理、仓储商务管理、仓储经营与成本管理、库存控制、配送与配送成本管理、电子商务物流配送管理等基本理论知识及实务，并通过实证案例分析讲解，提高读者的应用能力。

本书融入了物流仓储与配送管理最新的实践教学理念，力求严谨，注重与时俱进，具有知识系统、理论适中、内容丰富、注重创新、突出职业性和实用性等特点，既可作为普通高等院校本科物流管理等专业教学的教材，同时兼顾高职高专、应用型大学的教学，也可作为物流仓储与配送从业者的在职岗位培训用书，并为广大社会中小微流通服务企业创业者提供有益的学习指导。

本书由李大军筹划并具体组织，刘丽丽和杨阳主编，刘丽丽统改稿，孙旭和尹若颔为副主编，由袁峰教授审定。作者分工：牟惟仲(序言)，尹若颔(第一章、第二章)，刘丽丽(第三章、第七章)，孙旭(第四章、第六章)，杨阳(第五章、第八章)，华燕萍(文字修改、版式调整)，李晓新(制作教学课件)。

本书再版过程中，我们参阅了大量国内外物流仓储与配送的最新书刊、网站资料及国家历年颁布实施的政策法规，并得到业界有关专家教授的具体指导，在此一并致谢。为配合教学，我们提供了电子课件，任课教师可以扫描书后二维码免费下载使用。因编者水平有限，书中难免有疏漏，恳请专家、同行和广大读者予以批评指正。

编　者

2025年1月

目录

第一章

仓储与仓储管理

知识目标

1. 了解仓储与仓储业；
2. 了解仓储管理；
3. 掌握仓储的合理化。

能力目标

1. 理解仓储的功能与作用；
2. 掌握仓储管理的内容；
3. 能够准确分析仓储的合理化。

案例引导

推动物流仓储行业绿色低碳发展，SGS与中国仓储与配送协会携手

2024上海国际碳中和技术、产品与成果博览会上，国际知名的测试、检验和认证机构SGS通标标准技术服务有限公司与中国仓储与配送协会签署了一项战略合作协议，共同推动物流仓储行业的绿色低碳转型。

此次合作旨在通过标准开发、服务评价、技术咨询、测试认证服务等多层次多方向的深入合作，推动我国仓储基础设施标准化、规范化、设施和运营绿色化、仓配运营数字化与智能化，以实际行动推动行业高质量可持续发展。

中国仓储与配送协会自2014年提出中国绿色仓储配送行动计划以来，持续推动三大市场机制、四个工作重点、十项技术措施落地。通过标准的实施宣贯，截至2024年5月，共评出绿色仓库630多座，合计面积3600余万平方米。通过标准的宣贯，使更多的企业在仓库设计、建设和运营中采纳绿色建筑标准，使用节能设备和技术，减少库存，优化运输路径，有效降低了碳排放。这些成果不仅彰显了物流仓储行业在绿色转型方面的决心和实力，也为行业的可持续发展奠定了坚实基础。

“企业成本控制与绿色低碳转型实际上是相契合的。”在谈到如何实现绿色低碳转型并平衡减排目标与成本控制时,中国仓储与配送协会副秘书长郭雷潮提出了一系列建议。他表示,企业低碳绿色转型要量力而行,久久为功,持续地把绿色低碳转型融入企业的经营中去,才能够在日益重视可持续性的市场环境中树立品牌形象,吸引更多的客户和投资者,实现经济效益与环境效益的双赢。

据 SGS 工业服务建筑设施服务中国区负责人张彬介绍,此次与中国仓储与配送协会的战略合作将发挥 SGS 在认证、检测、培训等方面的专业优势,为物流仓储企业提供全方位的技术支持和服务。SGS 将提供绿色认证、能源审计和优化、培训与咨询等服务,帮助企业制定可行的绿色转型计划,确保在实现绿色低碳目标的同时实现经济效益。

张彬指出,合作对于推动物流仓储行业绿色低碳发展具有积极意义。通过共同制定并推广相关行业标准,将促进行业标准化和规范化发展。同时,SGS 的丰富经验和技术支持将帮助企业更快、更有效地实现绿色低碳转型目标。

资料来源:扬子晚报. https://t. cj. sina. com. cn/articles/view/1653603955/628ffe7302001ku12,2024-06-06.

案例思考

1. 物流仓储行业为什么要向绿色低碳转型?

2. SGS 和中国仓储与配送协会合作对于推动物流仓储行业绿色低碳发展具有哪些积极意义?

第一节 仓储概述

仓储是历史发展的产物,随着生产力的发展、剩余产品的出现而产生,伴随着商品流通领域与规模的扩大而发展。我国仓储产生于古代,历史久远,但是现代仓储业的真正发展却是 20 世纪 80 年代后的事。

一、仓储的概念

仓储是指利用仓库及相关设施设备进行物品的入库、存贮、出库的活动(引自 GB/T 18354—2021《物流术语》)。“仓”即仓库,为存放物品的建筑物和场地,可以是房屋建筑、洞穴、大型容器或特定的场地等,具有存放和保护物品的功能。“储”即储存、储备,表示收存以备使用,有收存、保管、交付使用的意思。

在物流系统中,仓储是一个不可或缺的构成要素。仓储是商品流通的重要环节之一,也是物流活动的重要支柱。在社会分工和专业化生产的条件下,为保证社会再生产过程的顺利进行,必须储存一定量的物资,以满足一定时期内社会生产和消费的需要。

仓储分为静态和动态两种。当产品不能被及时消耗掉,需要专门场所存放时,就产生了静态的仓储。而将物品存入仓库以及对于存放在仓库里的物品进行保管、控制、提供使用等管理时,则形成动态的仓储。可以说仓储是对有形物品提供存放场所,并在这期间对存放物品进行保管、控制的过程。

二、仓储的特点

仓储具有以下特点。

(1) 仓储是物质产品的生产持续过程,仓储的过程增加了产品的价值。

(2) 仓储既有静态的物品储存,也包含动态的物品存取、保管、控制过程。

(3) 仓储活动发生在仓库等特定的场所。

(4) 仓储的对象既可以是生产资料,也可以是生活资料,但必须是实物。

由此可见,从事商品的仓储活动与从事物质资料的生产活动虽然在内容和形式上不同,但它们都具有生产性质,无论是处在生产领域的企业仓库,还是处在流通领域的储运仓库和物流仓库,其生产的性质是一样的。

尽管仓储具有生产性质,但与物质资料的生产活动却有很大的区别,主要表现为以下特点:①增加产品价值;②具有不均衡和不连续性;③具有服务性质。

三、仓储的功能与作用

(一) 仓储的功能

1. 调节功能

仓储在物流中起着“蓄水池”的作用,一方面,可以调节生产与消费的关系,使它们在时间和空间上得到协调,保证社会再生产的顺利进行;另一方面,还可以实现对运输的调节。

产品从生产地向销售地流转主要依靠运输完成,不同的运输方式在运向、运程、运量及运输线路和运输时间上存在着差距,采用一种运输方式一般不能直达目的地,需要在中途改变运输方式、运输线路、运输规模、运输方法和运输工具,以及协调运输时间和完成产品倒装、转运、分装、集装等物流作业,还需要在产品运输的中途停留,即储存。

2. 检验功能

在物流过程中,为了保障商品的数量和质量准确无误、分清责任事故、维护各方面的经济利益,必须对商品及有关事项进行严格检验,以满足生产、运输、销售的要求,储存为组织检验提供了场地和条件。

3. 集散功能

仓储把生产单位的产品汇集起来，形成规模，然后根据需要分散发送到消费地。通过一集一散，衔接产需，均衡运输，提高物流速度。

4. 配送功能

根据用户的需要，对商品进行分拣、组配、包装和配发等作业，并将配好的商品送货上门。配送功能是储存保管功能的外延，可以提高储存的社会服务效能，需要确保储存商品的安全，最大限度地保持商品储存中的使用价值，减少保管损失。

（二）仓储的作用

1. 仓储的正作用

(1) 仓储是物流的主要功能要素之一。

在物流体系中，运输和仓储被称为两大支柱。运输承担着改变物品空间状态的重任，仓储则承担着改变物品时间状态的重任。

(2) 仓储是整个物流业务活动的必要环节之一。

仓储作为物品在生产过程中各间隔时间内的物流停滞，是保证生产正常进行的必要条件，它可使上一步生产活动顺利进行到下一步生产活动。

(3) 仓储是保持物资原有使用价值和物资使用合理化的重要手段。

生产和消费的供需在时间上的不均衡、不同步造成物资使用价值在数量上减少、质量上降低，只有通过仓储才能减小物资损害程度，防止产品一时过剩浪费，使物品在效用最大的时间发挥作用，充分发挥物品的潜力，实现物品的最大效益。

(4) 仓储是加快资金周转、节约流通费用、降低物流成本、提高经济效益的有效途径。

有了仓储的保证，就可以免除加班赶工的费用，避免因紧急采购造成成本增加。同时，仓储也必然会消耗一定的物化劳动和活劳动，还大量占用资金，这些都说明仓储节约的潜力是巨大的。通过仓储的合理化，可以加速物资的流通和资金的周转，从而节省费用支出，降低物流成本，开拓“第三利润源泉”。

2. 仓储的逆作用

仓储是物流系统中一种必要的活动，但也经常存在冲减物流系统效益、恶化物流系统运行的趋势。甚至有人明确提出，仓储中的库存是企业的“癌症”，因为仓储会使企业付出下述巨大代价：

(1) 固定费用和可变费用支出

仓储要求企业在仓库建设、仓库管理、仓库工作人员工资与福利等方面支出大量的成本费用，使开支增高。

(2) 机会损失

储存物资占用资金以及资金利息,如果用于其他项目可能会有更高的收益。

(3) 陈旧损失与跌价损失

随着储存时间的增加,存货时刻都在发生陈旧变质,严重的会完全丧失使用价值。同时,一旦错过有利销售期,又会因必须低价贱卖,不可避免地出现跌价损失。

(4) 保险费支出

为了分担风险,很多企业会对储存物投保。保险费支出在仓储物资总值中占相当大的比例。在信息经济时代,社会保障体系和安全体系日益完善,这个费用支出的比例还会呈上升的趋势。

上述各项费用支出都是降低企业效益的因素,另外,在企业运营过程中,仓储对流动资金的占用达到40%～70%,有的企业库存在某段时间甚至占用全部流动资金,使企业无法正常运转。由此可见,仓储既有积极的一面,也有消极的一面,只有考虑到仓储作用的两面性,尽量使仓储合理化,才能有利于物流业务活动的顺利开展。

四、仓储的种类

虽然说仓储的本质都是物品的储藏和保管,但由于经营主体不同、仓储对象不同、经营方式不同以及仓储功能不同,不同的仓储活动具有不同的特性。

(一) 按仓储经营主体划分

1. 企业自营仓储

企业自营仓储包括生产企业和流通企业的自营仓储。生产企业自营仓储是指生产企业使用自有的仓库设施对生产使用的原材料、生产的中间产品及最终产品实施储存保管的行为,其储存的对象较为单一,以满足生产为原则。流通企业自营仓储则是流通企业以其拥有的仓储设施对其经营的商品进行仓储保管的行为,仓储对象种类较多,其目的为支持销售。

企业自营的仓储行为不具有商务独立性,仅仅是为企业的产品生产或商品经营活动服务,相对来说规模小、数量众多、专用性强,而仓储专业化程度低、设施简单。企业自营仓储为自用仓储,不开展商业性仓储经营。

2. 营业仓储

营业仓储是指仓储经营人以其拥有的仓储设施向社会提供商业性仓储服务的仓储行为,也称为社会仓储。仓储经营人与存货人通过订立仓储合同的方式建立仓储关系,并且依据合同约定提供服务和收取仓储费。商业性营业仓储的目的是在仓储活动中获得经济回报,实现经营利润最大化。经营的方式包括提供货物仓储服务和提供仓储场地服务。

3. 公共仓储

公共仓储是指公用事业的配套服务设施,为车站、码头提供仓储配套服务。其运作的主要目的是保证车站、码头的货物作业和运输,它具有内部服务的性质,处于从属地位。但对于存货人而言,公共仓储也可看作营业仓储,只是不独立订立仓储合同,而是将仓储关系列在作业合同、运输合同之中。

4. 战略储备仓储

战略储备仓储是指国家根据国防安全、社会稳定的需要,对战略物资进行储备而产生的仓储。战略储备由国家政府进行控制,通过立法、行政命令、政府采购的方式进行,由执行物资储备的政府部门或机构进行运作,也可以委托商业性的营业仓储部门进行。战略储备特别重视储备品的安全性,且储备时间较长。战略储备物资主要有粮食、油料、能源、有色金属、淡水等。

(二)按仓储对象划分

1. 普通物品仓储

普通物品仓储是指不需要特殊保管条件的物品仓储。一般的生产物资、普通生活用品、普通工具等杂货类物品,不需要针对货物设置特殊的保管条件,只采取无特殊装备的通用仓库或货场存放货物,符合仓储法规的一般规定。

2. 特殊物品仓储

特殊物品仓储是指在保管中有特殊要求和需要满足特殊条件的物品仓储,如危险物品仓储、冷库仓储、粮食仓储、化学品仓储等。特殊物品仓储采用专用仓库,即按照物品的物理、化学、生物特性以及法规规定进行专门建设和实施管理的仓库,特殊物品仓储会受到较多的监管。

(三)按仓储功能划分

1. 储存仓储

储存仓储为物资较长时期存放的仓储。由于物资存放时间长,存储费用低廉就很有必要,因此储存仓储一般在较为偏远的地区进行。储存仓储的物资较为单一、品种少,但存量较大。由于物资存期长,储存仓储特别注重对物资的保管和维护。

2. 物流中心仓储

物流中心仓储是以物流管理为目的的仓储活动,是为了实现有效的物流管理,对物流的过程、数量、方向进行控制的环节,是实现物流的时间价值的环节。一般在一定经济地区的中心及交通极为便利、储存成本较低处进行。物流中心仓储品种较少,较大批量进库、一定批量分批出库,整体上吞吐能力强,运输衔接能力要求高。

3. 配送仓储

配送仓储也称配送中心仓储，是商品在配送交付消费者之前所进行的短期仓储，是商品在销售或者供生产使用前的最后储存，并在该环节进行销售或使用的前期处理。配送仓储物品品种繁多、批量少，需要一定量进货、分批少量出库操作，往往需要进行拆包、分拣、组配等作业。

4. 运输转换仓储

运输转换仓储是衔接不同运输方式的仓储，在不同运输方式的相接处进行，如港口、车站库场所进行的仓储，目的是保证不同运输方式的高效衔接，减少运输工具的装卸和停留时间。运输转换仓储具有大进大出的特性，货物存期短，注重货物的周转作业效率和周转率，着重于动态管理。

5. 保税仓储

保税仓储是指使用海关核准的保税仓库存放保税货物的仓储行为。保税货物主要是暂时进境后还需要复运出境的货物，或者海关批准暂缓纳税的进口货物。保税仓储受海关直接监管，虽然货物也是由存货人委托保管，但保管人要对海关负责，入库或者出库单据均须由海关签署。保税仓储一般在进出境口岸的港口、机场、车站或其附近进行，也可在海关认可的其他地方进行。

（四）按仓储物的处理方式划分

1. 保管式仓储

保管式仓储是以保管物原样保持不变的方式所进行的仓储。保管式仓储也称为纯仓储，即存货人将特定的物品交由保管人进行保管，到期保管人原物交还存货人。保管物除了所发生的自然损耗和自然减量外，数量、质量、件数不发生变化。保管式仓储又分为仓储物独立保管仓储和混藏式仓储。独立保管仓储是将同一存货人相同性质的存货集中存放，不同存货人的存货严格分堆。混藏式仓储是将不同存货人的相同货物集中存放。

2. 加工式仓储

加工式仓储是保管人在仓储期间根据存货人的要求对保管物进行一定加工的仓储方式。保管物在保管期间，保管人根据存货委托人的要求对保管物的外观、形状、成分构成、尺度等进行加工，使仓储物发生存货委托人所希望的变化。

3. 消费式仓储

保管人在接受保管物时，同时接受保管物的所有权，保管人在仓储期间有权对仓储物行使所有权，仓储期满，保管人将相同种类、品种和数量的替代物交还给委托人，这种仓储称为消费式仓储。消费式仓储特别适合于保管期较短（如农产品）、市场供应（价格）变化较大的商品的长期存放，具有一定的商品保值和增值功能，是仓储经营人利用仓储物开展经营的增值活动，它是仓储经营的重要发展方向。

五、仓储的任务

仓储的物资储藏的基本功能决定了仓储的基本任务是存储保管、存期控制、数量管理、质量维护；同时，利用物资的存放，开发和开展多种服务，是提高仓储附加值、促进物资流通、提高社会资源效益的有效手段，因而也是仓储的重要任务。

1. 物资存储

存储是指在特定的场所将物品收存并进行妥善保管，确保被存储的物品不受损害。存储是仓储最基本的任务，是仓储产生的根本原因。因为有了产品剩余，需要将剩余产品收存，就形成了仓储。存储的对象必须是有价值的产品，存储要在特定的场地进行，必须将存储物移到存储地进行；存储的目的是确保存储物的价值不受损害，所以保管人有绝对的义务妥善保管好存储物；存储物始终属于存货人所有，存货人有权控制存储物。

物资的存储有可能是长期的存储，也可能只是短时间的周转存储。进行物资存储既是仓储活动的表征，也是仓储最基本的任务。

2. 流通调控

仓储既可以长期进行也可以短期开展，存期的控制自然就形成了对流通的控制；或者反言之，流通的需要决定了商品是存储还是流通。当交易不利时，可将商品储存，等待有利的交易机会。这就是仓储的"蓄水池"功能。流通控制的任务就是对物资是仓储还是流通做出安排，确定储存时机、计划存放时间，当然还包括储存地点的选择。

3. 数量管理

仓储的数量管理包括两个方面：一方面存货人交付保管的仓储物的数量和提取仓储物的数量必须一致；另一方面保管人可以按照存货人的要求分批收货和分批出货，对储存的货物进行数量控制，以配合物流管理的有效实施。同时，保管人向存货人提供存货数量及数量变动的信息服务，以便客户控制存货。

4. 质量维护

按收货时的仓储物的质量交还仓储物是保管人的基本义务。为了保证仓储物的质量不发生变化，保管人需要采取先进的技术、合理的保管措施，妥善和勤勉地保管仓储物，有针对性地采用储存容器装存、包装、修补加固、清洁、擦拭、除锈、防霉、保持水分或干燥等保管养护措施。仓储物发生危险时，保管人不仅要及时通知存货人，还需要及时采取有效的措施以减少损失。

5. 交易中介

仓储经营人利用大量存放在仓库的有形资产，利用与物资使用部门广泛的业务联系，作为现货交易中介开展业务较为便利，同时也有利于加速仓储物的周转和吸引仓储。仓储经营人利用仓储物开展物资交易不仅会给仓储经营人带来收益，还能充分利用社会资源，加快社会资金周转，减少资金沉淀。交易中介是仓储经营的重要项目。

6. 流通加工

加工本是生产的环节，但是为了满足消费多样化、个性化的发展需求，又为了严格控制物流成本，生产企业将产品的定型、分装、组装、装潢等工序留到最接近销售的仓储环节进行，使得仓储成为流通加工的重要环节。

7. 配送

设置在生产和消费集中地区附近的储存生产原材料、零部件或商品的仓库，对生产车间和销售点的配送成为其基本的业务，根据生产的进度和销售的需要由仓库不间断地、小批量地将仓储物送到生产线和零售商店或收货人手上。仓储配送业务的发展，有利于生产企业降低存货、减少固定资金投入、实现准时制生产；有利于商店减少存货、降低流动资金使用量，且能保证销售。

8. 配载

大多数运输转换仓库都有配载的任务。货物在仓库集中集货，按照运输的方向和运输工具进行分类仓储，当运输工具到达时出库装运。配送中心的作用就是不断地对运输车辆进行配载，确保配送的及时进行和运输工具的充分利用。

第二节 仓储业

仓储业是一个古老的行业，对经济的发展起着重要的保障作用。如今，仓储业已成为社会经济发展的重要部分，在国民经济体系中占有重要的地位。我国的仓储业具有悠久的历史，特别是在中华人民共和国成立之后得到了极大的发展，目前已具备较大的规模，且形成了各种专业化的门类齐全的仓储分工，在数量上已基本能满足我国经济发展的需要，但是在服务质量和效益上还存在着明显的不足。

一、我国仓储业的特点

1. 条块分割，具有明显部门仓储业特征

由于我国较长时间实行计划经济体制，物资资源通过部门体制的方式分配，各部门为了占有和争取更多的物资资源、储存所获得的分配资源，均以部门体系的纵向方式部署仓储。形成了物资、商业、交通、农业、铁路、电力等部门体系的仓储结构，部门之间互不发生横向交叉联系。因而造成了整体上的仓储互不连接、功能重复、互相不支持配套、重复建设严重等问题。

2. 仓库众多,但是布局不合理

由于部门行业的分头建设,不同部门、不同层次为了满足自身需要,广泛开展仓库建设,在经济集中地区,特别是部门机构集中地区,仓库高度集中、数量众多。并且为了便于纵向的联系和资源调配,都集中在交通中心附近。造成在一个地区,甚至在全国的仓储布局极度不合理,仓库集中的地区仓储能力大量过剩,其他许多地方没有足够的仓储能力,特别是经济落后地区,仓储能力的不足严重限制了当地经济的发展。

3. 存量巨大,但管理水平较低

总体来说,我国的仓储能力相当强大,但是仓储管理水平极度低下。一方面表现为仓储利用率低,货物周转率低,物资流通速度慢,同时仓储保管能力差,货物损耗严重;另一方面绝大多数仓储都没有仓储经营的能力,不能充分利用仓储资源为社会提供优质服务,也没有充分利用仓储中的巨量沉淀资本为企业和社会创造经济价值。

仓储管理水平的低下与我国整体上不重视仓储管理,仓储管理的资源投入不足,仓储管理人员的文化素质不高、专业知识欠缺有密切的关系。许多仓储企业还没有进行现代企业制度改造,没有真正成为独立的市场主体,还不能自主地经营仓储资源。

4. 仓库、设备简陋,技术水平差别极大

仓库建设和仓储管理源出多头,互相之间缺乏联系和合作,也没有形成专业性、功能性的分工,大多数仓储功能相近、用途相同。再加上仓库建设本身就是短期行为、应急式的决策,只满足一时所需,所建设的仓库普遍都是简易仓库和货场,缺乏应有的机械和设备。当然,随着我国经济多年的高速发展,为了满足社会需要,也出现了一定数量的专业化程度高,机械化、自动化程度很高的仓库,但整体上并没有充分发挥其应有的作用。

5. 仓储管理法规不够健全

市场经济是法制的经济,完善的法律制度和严格的依法管理是经济发展的重要保证。处在市场经济中的仓储业也需要全面的法律保护和依法管理。我国关于仓储的立法主要包括:《中华人民共和国民法典》中关于仓储合同的规定,《中华人民共和国消防法》中的消防要求和消防管理,以及其他一些规章制度。

我国还没有完整的仓储法,对于仓储经营中的一些经济行为也没有足够的法律支持;仓储企业通过法律的手段保护自身的利益也做得远远不够;仓储内部的依法管理水平比较低下。

二、传统仓储业与现代仓储业的区别

1. 功能不同

传统的仓储业功能比较单一,主要是根据货主的委托对商品进行保管。而现代物流的仓储业已向货主(供应商)和采购方两头发展,具有核查验收、分拣、配货、加贴标签、重新包装等流通加工方面的诸多功能,更加人性化。

2. 服务范围不同

传统仓储业的现代化、社会化、网点化及信息化程度很低,而且大都区域化,各仓库各为其主,互无往来。而现代物流的仓储业应能面向全社会提供全方位的服务,诸如:

(1) 为客户选择和提供合理的仓储网点;

(2) 协助客户选定存货功能和存货策略;

(3) 为客户实施控制及存货计划;

(4) 协助客户制订配送需求计划;

(5) 为客户提供信息服务等。

3. 对仓库的要求不同

传统的仓储业对仓库的要求不高。现代仓库则根据存储货物的种类不同而分为不同仓库,仓储货架也更为细化,如横梁式货架、驶入式货架、悬臂式货架、阁楼式货架、重力式货架、模具架、中量型货架及轻量型货架等。不仅更加合理充分地利用了存储空间,还提高了工作效率,使货物的存取、分拣更加便利。

三、仓储业的发展方向

随着全社会物流管理水平的提高,我国的仓储业已与社会主义市场经济的发展极不相称,不能满足现代生产的需要。仓储业需要加快改造步伐,迅速提高质量和效率,满足社会经济发展的需要,同时促进仓储业的健康发展。

我国仓储业发展的方向应为:仓储经营社会化,充分利用已具有的仓储资源;功能专业化,促进仓储业分工发展,提高仓储效率;仓储标准化,满足社会生产发展和促进物流效率提高;仓储及仓储管理现代化,提高仓储自身效益。

(一) 仓储经营社会化、主体化、专业化

目前,我国仓储业效率低、利用率不高、作业条件差、缺乏自身发展能力,根源在于条块性的分割、仓储处于附属地位、存在产权及企业体制的约束。在市场经济环境中,任何社会资源只有在市场中自由交换才能充分体现其价值,也只有在自由交换的激励之下,才会创造更大的价值。仓储业须以“产权明晰、权责明确、政企分开、管理科学”的原则进行现代企业改造,建立科学先进的企业治理结构,成为自主经营、自负盈亏的市场竞争主体,才能逐步改变我国仓储业的不良状况,真正成为市场资源,促进仓储业的发展。

社会分工的细化是生产力发展的结果,又是促进生产力发展的动力。我国仓储业的低水平重复和功能接近的现状,只有通过分工和工业化的发展才能改变。社会对仓储的

需求也同对其他社会资源的需求一样,向着专业化、特性化、功能化、个性化的方向发展。同时,仓储业内部在市场竞争中也只有通过专业化的发展,提供个性产品,将企业资源充分利用到有特长的项目中,才能提高效益、形成竞争优势。

(二)仓储标准化

仓储业是为物资流通提供服务,是物流和商流的具体操作环节。仓储与物流、商流的其他环节无缝配合,是提高整体物流和商流效率的重要措施,其中整体物流标准化是实现无缝配合的重要手段。物流标准化需要仓储标准化。仓储标准化不仅是为了实现仓储环节与其他环节的密切配合,同时也是仓储内部提高作业效率、充分利用仓储设施和设备的有效手段,是开展信息化、机械化、自动化仓储的前提条件。

仓储标准化主要有:包装标准化、标志标准化、托盘成组标准化、容器标准化、计量标准化、条码的采用、作业工属具标准化、仓储信息标准化等技术标准化,以及服务标准、单证报表、合同格式、仓单等的标准化。

标准化是指采用法律法规规定的标准或者社会普遍实行的习惯。主要有:国际标准化组织(ISO)的推荐标准,国家质量技术监督局发布的"中华人民共和国国家标准(GB)",行业主管部门或者行业协会发布的行业标准,企业制定的企业标准等。

(三)仓储机械化、自动化

随着生产技术的发展,生产机械化已成为社会生产的基本要求。机械具有承重能力强、工作时间久、效率高、损害低等优势。仓储作业大都是负荷重、作业量大、时间紧、作业环境恶劣,存在着众多系统性的安全隐患,因而仓储机械化是仓储发展的必然,通过机械化实现使用最少的人力作业,加大作业集成度,减少人身伤害和货物损害,同时提高作业效率。另外,随着货物运输包装的人性化、托盘化的发展,仓储也必然需要机械化作业。

仓储自动化是指由计算机管理和控制仓库各项活动的仓储。在自动化仓库中货物仓储管理、作业控制、环境管理等仓储工作通过信息管理、条码扫描技术、射频通信、数据处理等技术指挥仓库堆垛机、传送带、自动导引车、自动分拣等自动设备完成仓储作业。自动控制空调、制冷设备、监控设备进行环境管理,向运输设备下达运输指令、安排运输等,同时完成报表单证的制作和传送。对于危险品仓储、冷库暖库、粮库等特殊仓储,采取自动化仓储很有必要。

自动化仓库的资金投入巨大,建设和改造成自动化仓库需要进行细致的论证和评估,保证有巨量的仓储周转量才能分摊投资成本,否则会产生资源的严重浪费,也容易造成后期的经营困难。

（四）仓储信息化、信息网络化

对于存量巨大、存货品种繁多的物流中心和配送中心，要提高仓库利用率、保持高效率的货物周转、实施精确的存货控制，没有计算机的信息管理和处理是不可想象的。仓储信息化管理包括通过计算机和相关信息输入输出设备对货物识别、理货、入库、存放、出库进行操作管理，进行账目处理、结算处理，提供实时的查询，进行货位管理，进行存量控制，制作各种单证和报表，甚至进行自动控制等。可以说，仓储要达到提高效率、降低损耗、降低成本的目的就必须实现信息化。

仓储是企业存货管理的核心环节，企业生产的决策要求仓储及时、准确地反映存货信息。在充分掌握物资的储备、存量、存放地点、消费速度的情况下才能进行准确的生产和经营决策。仓储是物流的节点，有效的物流管理是建立在对物流的实时控制和支配的基础上的，管理的决策应及时到达仓库，由仓库对物流进行控制和组织。要实现以上目标，就需要仓库、厂商、物流管理者、物资需求者、运输工具之间建立有效的信息网络，实现仓储信息共享，通过信息网络控制物流，做到仓储信息网络化。

（五）管理科学化

仓储管理包括仓储的管理体制、治理结构、管理组织、管理方法和管理目标。从管理体制上，不同仓储活动可以分为向社会提供仓储服务的商业仓储以及为企业生产和经营服务的企业自营仓储。无论管理体制如何，仓储都需要进行科学化的管理，实现高效率、高效益。

第三节　仓储管理

一、仓储管理的含义

仓储管理是指对仓储设施布局和设计以及仓储作业所进行的计划、组织、协调与控制(引自 GB/T 18354—2021《物流术语》)。

从广义上看，仓储管理是对物流过程中货物的储存以及由此带来的商品包装、分拣、整理等活动进行的管理。仓储管理是一门经济管理科学，同时也涉及应用技术科学，故属于边缘性学科。仓储管理的内涵随着其在社会经济领域中的作用不断扩大而变化，仓储管理已经从单纯意义上的对货物存储的管理转变成物流过程中的中心环节，它的功能已不是单纯的货物存储，而是兼有包装、分拣、整理、简单装配等多种辅助性功能。

二、仓储管理的基本特点

仓储管理活动可以表述为：利用仓储设备，对库存物进行收发保管。仓储管理活动

与一般的物质生产活动相比有明显的不同,其主要表现如下:

(1) 仓储管理活动所消耗的物化劳动和活劳动不改变劳动对象的功能、性质和使用价值,而可以保持和延续其使用价值。

(2) 仓储管理活动的产品虽然没有实物形态,却有实际内容,即仓储劳务,也就是以劳动的形式为他人提供的某种特殊使用价值。

(3) 仓储管理活动虽然不改变在库物品的使用价值,但会增加在库物品的价值。也就是仓储生产中的一切劳动消耗要追加到在库物品的价值中去。追加多少,由社会必要劳动量决定。

(4) 仓储劳动的质量通过在库物品的数量和质量的完好程度、保证供应的及时程度体现。

三、仓储管理的内容

1. 仓库的选址与建筑

仓库的选址原则与考虑的因素有:仓库建筑面积与结构、库内平面布置与作业区域划分等。此问题属于仓储战略管理,其直接关系到仓库企业未来的发展与战略优势的保持。

2. 仓库机械作业的选择与配置

仓库机械作业的选择与配置,即根据仓库作业特点和所储存货物种类以及其物理、化学特性,选择机械装备的种类以及应配备的数量,恰当选择适用于不同作业类型的仓库设施和设备,从而大大降低仓库作业中的人工作业劳动量,并提高物品流通的通畅性,有效保障流通过程中物品的质量。

3. 仓库的业务管理

仓库的业务管理,即组织货物入库前的验收,存放入库货物,对在库货物进行保管养护、发放出库等。

4. 仓库的库存管理

仓库的库存管理,即根据企业生产的需求状况和销售状况储存合理数量的货物,既不因为储存过少引起生产或销售中断造成损失,又不因为储存过多占用过多的流动资金等。

5. 仓库的组织管理

其包括:货源的组织,仓储计划,仓储业务,货物包装,货物养护,仓储成本核算,仓储经济效益分析,仓储货物的保税类型,保税制度和政策,保税货物的海关监管,申请保税仓库的一般程序等。

四、仓储管理的原则

1. 效率原则

效率是指在一定劳动要素投入量下的产品产出量。只有较少的劳动要素投入和较高的产品产出量才能实现高效率。高效率意味着劳动产出大,劳动要素利用率高,它是现代生产的基本要求。仓储的效率表现在仓容利用率、货物周转率、进出库时间、装卸时间等指标上,应达到“快进、快出、多存储、保管好”的高效率仓储。

仓储生产管理的核心就是效率管理,实现以最少的劳动量投入,获得最大的产品产出。劳动量的投入包括生产工具、劳动力的数量以及他(它)们的使用时间和作业时间。效率是仓储和其他管理的基础,没有生产的效率,就不会有经营的效益,就无法开展优质的服务。

2. 经济效益的原则

厂商生产经营的目的是实现利润最大化,这是经济学的基本假设条件,也是社会现实的反映。利润是经济效益的表现。实现利润最大化则需要做到经营收入最大化和经营成本最小化。

作为市场经济活动主体之一的仓储业,也应围绕着获得最大经济效益的目的进行组织和经营。但也需要承担部分社会责任,履行环境保护、维护社会安定的义务,满足社会不断增长的需要等,以实现生产经营的社会效益。

3. 服务的原则

仓储活动本身就是向社会提供服务产品。服务是贯穿在仓储中的一条主线,仓储的定位、仓储具体操作、对储存货物的控制都围绕着服务进行。

仓储的服务水平与仓储经营成本有着密切的相关性,两者互相对立。服务好,成本高,收费则高,仓储服务管理的目标就是在降低成本和提高(保持)服务水平之间保持平衡。

五、仓储管理人员的基本要求

1. 仓储经营管理人的基本素质要求

(1) 具有丰富的商品知识,对于所经营的商品要充分熟悉,掌握其理化性质和保管要求,能有针对性地采取管理措施。

(2) 掌握现代仓储管理的技术,并能熟练运用,特别是现代信息技术的使用。

(3) 熟悉仓储设备,能合理和高效地安排、使用仓储设备。

(4) 办事能力强,能按照轻重缓急,有条有理地处理事务。

(5) 具有一定的财务管理能力,能查阅财务报表,进行经济核算、成本分析,正确掌握仓储经济信息,进行成本管理,进行价格管理和决策。

(6) 具有一般的管理素质,包括组织协调能力、评估能力、策划能力和控制能力。

(7) 具有现代物流管理的知识和较强的物流运作管理能力。

2. 仓库保管员的职责

(1) 认真贯彻和执行仓库保管工作的方针、政策、法律法规和制度,具有高度的责任感,忠于职守,廉洁奉公,热爱仓库工作,具有敬业精神;树立为客户服务、为生产服务的观念,具有合作精神;树立讲效率、讲效益的思想,关心企业的经营。

(2) 严格遵守仓库管理的规章制度和工作规范,严格履行岗位职责,及时做好物资的入库验收、保管保养和出库发运工作;严密各项手续制度,做到收有据、发有凭,及时准确登记销账,手续完备,账物相符,把好收、发、管三关。

(3) 熟悉仓库的结构、布局、技术定额,熟悉仓库规划;熟悉堆码、苫垫技术,掌握堆垛作业要求;在库容使用上做到:妥善地安排货位,合理高效地利用仓容,堆垛整齐、稳固、间距合理,方便作业、清数、保管、检查、收发。

(4) 熟悉仓储物质的特性、保管要求,能针对性地进行保管,防止货物损坏,提高仓储质量;熟练地填写表账、制作单证,妥善处理各种单证业务;了解仓储合同的义务约定,完整地履行义务;妥善处理自然灾害对仓储物质的影响,预防和减少损失。

(5) 重视仓储成本管理,不断降低仓储成本。妥善保管好剩料、废旧包装,收集和处理好地脚货,做好回收工作。用具、苫垫、货板等要妥善保管,细心使用,促使其使用寿命延长。重视研究物资仓储技术,提高仓储利用率,降低仓储物耗损率,提高仓储的经济效益。

(6) 加强业务学习和训练,做到熟能生巧。掌握计量、衡量、测试用具和仪器的使用;掌握所分管的物资的货物特性、质量标准、保管知识、作业要求和工艺流程;及时掌握仓库管理的新技术、新工艺,适应仓储自动化、现代化、信息化的发展,不断提高仓储的管理水平;了解仓库设备和设施的性能和管理要求,督促设备维护和维修。

(7) 严格执行仓库安全管理的规章制度,时刻保持警惕,做好防火、防盗、防破坏、防虫鼠害等安全保卫工作,防止各种灾害和人身伤亡事故,确保人身、物资、设备的安全。

六、仓储在物流管理中的地位

现代物流是从原材料的采购、产品生产到产品销售过程的实物流的统一管理,有助于促进产品销售和降低物流成本。物流过程需要经过众多的环节,其中仓储过程是最为重要的环节,也是必不可少的环节。仓储从传统的物资存储、流通中心发展到成为物流的节点,作为物流管理的核心环节而存在,并发挥着整体物流协调的作用,亦成为产品制造环节的延伸。

（一）仓储在物流操作中的作用

1. 运输整合和配载

基于运输的费用率随着运量的增多而减少的规模经济现象，尽可能大批量地运输是节省运费的有效手段。将连续不断产出的产品集中成批运输，或者将众多供货商所提供的产品整合成一票运输等运输整合需要通过仓储来进行。

通过整合不仅可以实现大批量运输，还可以通过比重整合、轻重搭配，实现运输工具空间和载重能力的充分利用。整合服务还可以由多个厂商合并使用，以减少仓储和运输成本。在运输整合中还可以对商品进行成组、托盘化等作业，使运输作业效率提高。

运输服务商也通过在仓储中整合众多小批量的托运货物开展集拼运输，进行运输配载，以便充分利用运输工具，降低物流成本。

2. 分拣和产品组合

对于通过整合运达消费地的产品，需要在仓库里根据流出去向、流出时间的不同进行分拣分类，分别配载到不同的运输工具上，配送到不同的目的地或消费者手中。

仓储的整合作用还包括：在不同产地生产的系列产品在仓库先整合成系列体系，再向销售商供货；对于众多的零配件，生产商要把分散的供应商的供应品送到指定的仓库，由仓库进行虚拟配装组合，再送到生产线上进行装配；将众多小批量的货物组合成大的运输单元，实现运输成本的降低。

3. 流通加工

流通加工是将产品加工工序从生产环节转移到流通环节所进行的作业安排。流通加工包括产品包装、装潢包装、贴标签、改型、上色、定量、组装、成型等。

虽然流通加工往往比在生产地加工成本更高，但能够及时满足销售、促进销售，还能降低整体物流成本。

4. 平衡生产和保证供货

众多的产品具有季节性销售的特性，在销售高峰前才组织大批生产显然不经济而且不可行。只有通过一定时间的持续经济生产，将产品通过仓储的方式储存，才能在销售旺季集中向市场供货，并通过仓储点的妥善分布及时向所有市场供货。

同样，也有部分集中生产而常年销售的产品需要通过仓储的方式稳定地、持续地向市场供应。可以说仓储是物流的时间控制开关，通过仓储的时间调整，使物品按市场需求的节奏进行流动，满足生产与销售的平衡需要。

对于一般商品、生产原材料，适量进行安全储备是保证生产稳定进行和促进销售的重要手段，也是对抗偶发事件对物流产生破坏的重要应急手段，如交通堵塞、不可抗力、意外事故等。

5. 存货控制

除了大型在现场装配的设备,绝大多数通用产品的现代生产很难做到完全无存货,而存货就意味着资金运转停滞,资金成本、保管费用增加,并会产生耗损、浪费等风险,对于存货的控制以至降低成本是物流管理的重要内容之一。存货控制就是对仓储中的商品存量进行控制的工作,并且是对整个供应链的仓储存量进行控制。仓储存货控制包括存量控制、仓储点的安排、补充控制、出货安排等工作。

(二)仓储在物流成本管理中的作用

物流管理是为了系统地降低物流成本,以便降低产品的最终成本。物流成本分摊在具体的操作过程之中,分为仓储成本、运输成本、作业成本、风险成本等。

仓储成本是物流成本的组成部分,仓储环节是从整体上对物流成本实施管理的控制环节。仓储成本的控制和降低直接促成物流成本的降低。产品在仓储中的组合、妥善配载和流通包装、成组等流通加工就是为了提高装卸效率,充分利用运输工具,从而降低运输成本的支出。合理和准确的仓储会减少商品的换装、流动,减少作业次数,采取机械化和自动化的仓储作业有利于降低作业成本。良好的仓储管理、对商品实施有效的保管和养护、准确的数量控制,都会大大减少风险成本。

(三)仓储是物流增值服务功能的实现环节

优秀的物流管理不仅要满足促进产品销售、降低产品成本的需要,更应该进行增值服务,提高产品销售的收益。增加的收益主要来自产品质量的提高、功能的扩展、及时性的时间价值、削峰平谷的市场价值、个性化服务的增值等。

众多的物流增值服务在仓储环节进行,流通加工在仓储环节(物资流动停顿时)开展,通过加工提高产品的质量、改变产品的功能、实现产品的个性化;通过仓储的时间控制,使生产节奏与消费节奏同步,实现物流管理的时间效用的价值;通过仓储的商品整合,开展消费个性化的服务等。

虽然良好的物流管理能对销售进行支持,保证按时将商品交到消费者手中,但绝大多数消费者具有看样购货的习惯,在仓储中的现货会使客户产生信任感,有利于交易的达成。近距离的仓储存货,对客户的服务更快、更及时,能获得更多的利益。产品准时到达和合适的仓储可以充分体现企业的管理水平,树立效率高、管理先进的企业形象。

拓展阅读 1.1 物流中心与配送中心的区别

第四节　仓储合理化

仓储的合理化就是在保证仓储功能实现的前提下，用各种办法实现仓储的经济性。

以生产物流为例，工厂需要储存一定数量的原材料，否则，原材料供应不上，生产就会中断。反之，如果原材料仓储过多，会造成积压，占用库房，浪费资金，影响企业的经济效益。

而从销售物流来看，批发企业或物流中心必须保持一定的合理库存量：商品仓储过多，会造成积压，占压资金；而仓储过少，会造成脱销，并失去销售机会，影响企业的经济效益。

一、仓储合理化的标志

1. 质量标志

仓储最重要的就是要保证在仓储期间，商品的质量不会降低，这样商品才能够销售出去。所以质量标志是仓储合理化中最为重要的标志。

2. 时间标志

在确保功能实现的前提下，尽量缩短储存时间。储存时间与储存量成正比，与消耗速度成反比。常用周转速度指标，如周转天数和周转次数来反映时间指标。

3. 结构标志

不同的仓储商品之间总是存在一定的相互关系，特别是对于那些相关性很强的商品来说，它们之间必须保证一定的比例。

4. 分布标志

企业不同的市场区域对于商品的需求也是不同的，所以，不同地区仓储商品的数量也应该是不同的。

5. 费用标志

根据仓储费、维护费、保管费、损失费及资金占用利息支出等财务指标，从实际费用上判断仓储合理与否。

二、仓储合理化的内容及措施

仓储的合理化内容及措施主要包括以下几个方面。

1. 选址点合理

仓库设置的位置，对于商品流通速度的快慢和流通费用的大小有着直接的影响。仓库的布局要与工农业生产布局相适应,应尽可能地与供货单位靠近,这就是所谓“近厂近储”的原则,否则,就会造成工厂远距离送货的矛盾。供应外地的商品,仓库选址要考虑邻近的交通运输条件,力求接近车站、码头以利于商品发运,这就是所谓“近运近储”的原则;如仓储的商品主要供应本地区,仓库则宜建于中心地,与各销售单位呈辐射状。

总之,在仓库布局时应掌握物流距离最短的原则,尽可能避免商品运输的迂回倒流;选择建设大型仓库的地理位置时,最好能具备铺设铁路专用线或兴建水运码头的条件;考虑到集装箱运输的发展,仓库还应具有大型集装箱运输车进出的条件,附近的道路和桥梁要有相应的通过能力。

2. 仓储量合理

仓储量合理是指商品仓储要有合理的数量,在新的产品运到之前,有一个正常的、能保证供应的库存量。影响合理量的因素很多,首先是社会需求量,社会需求量越大,库存储备量就越多;其次是运输条件,运输条件好,运输时间短,则仓储数量可以相应减少;再次是物流管理水平和技术装备条件,如进货渠道、中间环节、仓库技术作业等,都将直接或间接地影响商品库存量的水平。

3. 仓储结构合理

仓储结构合理,就是指对不同品种、规格、型号的商品,根据消费的要求,在库存数量上确定彼此之间合理的比例关系,它反映了库存商品的齐备性、配套性、全面性和供应的保证性。仓储结构主要根据消费的需要和市场的需求变化等因素确定。

4. 仓储时间合理

仓储时间合理,就是每类商品要有恰当的储备保管天数。储备天数不能太长也不能太短,储备天数过长就会使资金占用时间延长;储备天数过短,就不能保证供应。仓储时间主要根据流通销售速度来确定,其他如运输时间、验收时间等也是应考虑的影响因素。

此外,某些商品的仓储时间还由该商品的性质和特点决定。如仓储时间过长,产品就会发生物理、化学和生物变化,造成变质或损坏。

5. 仓储合理化的措施

(1) 在自建仓库和租用公共仓库之间做出合理选择,找到最优的解决方案。

(2) 注重第三方仓储的应用。

(3) 进行仓储物资的ABC分类,并在ABC分类的基础上实施重点管理。

(4) 加速总的周转,提高单位产出。仓储现代化的重要目标是将静态仓储变为动态仓储,周转速度加快,从而带来一系列的合理化好处:资金周转快、资本效益高、货损小、仓库吞吐能力增加、成本下降等。

(5) 采用有效的“先进先出”方式。保证每个仓储物品的仓储期不至于过长,“先进先出”是一种有效的方式,也是仓储管理的准则之一。

(6) 提高仓储密度及仓库利用率。主要目的是减少仓储设施的投资，提高单位存储面积的利用率，以降低成本、减少土地占用。

(7) 采用有效的仓储定位系统。如果定位系统有效，就能大大节省寻找、存放、取出的时间，节省不少物化劳动及活劳动，而且能防止差错，便于清点及实行订货点等管理方式。

(8) 采用有效的监测清点方式。

(9) 根据商品的特性，采用现代化仓储保养技术，保证仓储商品的质量。

(10) 采用集装箱、集装袋、托盘等储运装备一体化的方式。

课后复习题

一、单选题

1. 仓储的功能不包括以下哪一项？(　　)。

A. 调节功能　　B. 检验功能　　C. 集散功能　　D. 销售功能

2. 仓储按照仓储经营主体划分，可分为企业自营仓储、营业仓储、公共仓储和(　　)。

A. 战略储备仓储　B. 普通物品仓储　C. 特殊物品仓储　D. 物流中心仓储

3. 传统仓储业与现代仓储业的区别主要包括(　　)。

A. 功能不同、过程不同

B. 功能不同、服务范围不同、对客户的要求不同

C. 功能不同、服务范围不同、对仓库的要求不同

D. 条件不同、设施设备要求不同

二、名词解释

1. 仓储
2. 仓储管理
3. 仓储的合理化

三、简答题

1. 简述仓储的特点。
2. 简述仓储的作用。
3. 说明仓储管理的基本特点。

拓展阅读 1.2　第二届中物联仓储技术年会在湖州召开

第二章

仓库分类与仓储规划

知识目标

1. 掌握仓库的分类、仓储的设施设备；
2. 掌握仓库结构与布局；
3. 了解仓储规划与布局的基本知识。

能力目标

1. 能够分析仓储管理的基本要素，描述组织结构的形式；
2. 能够按仓库的不同用途对仓库进行分类；
3. 能够选择合适的仓储设施与设备。

案例引导

走进认养一头牛，探访“地瓜经济”下的乳企样本

近日，第二十六届杭州西湖国际博览会盛大开幕。

本届杭州西湖国际博览会正值西博会95周岁生日之际，纵览百年西博，科技与创新、时尚与潮流已深深刻入基因中。而直播成为本届西博会的一大亮点。

作为西博会上的直播电商品牌优秀案例奖获得者，认养一头牛的发展历程，契合杭州电商经济的发展脚步。认养一头牛集团成立于2014年，品牌2016年正式在杭州成立。经过十年的发展，认养一头牛立足浙江、面向全国，已经成长为一二三产业高度融合的大型农业产业化集团。

一、搭上“数字化”快车

生产牛奶，最重要的还是奶牛的养殖和品质的把控。在数字化养殖奶牛方面，认养一头牛很有自己的心得。养一头奶牛首先需要什么？当然要让奶牛吃得好、吃得放心。

玉米是奶牛非常重要的口粮，一般牧场每年在9月、10月要做青贮玉米收购，但在广袤的土地上收贮玉米，传统农业难免会显得忙乱。认养一头牛和钉钉合作，把青贮收购系统搬到了钉钉上，进行了数字化技术升级。

这套系统让农户和牧场高效协作，大大提升了效率，青贮饲料质量也能及时反馈。通过管理，饲料的品控提升25%，收贮效率提高20%。

如果奶牛出现健康异常，系统将发出预警并提醒饲养员及时查看，采取相应的治疗措施。每个奶牛的耳朵上都有耳标，饲养员通过扫描二维码就可以调出奶牛的动态。

奶源和牧场管理被认为是衡量乳业发展水准的核心标准之一，认养一头牛借助新质生产力，实现了从田间地头的饲料收储、奶源追溯到经营数据呈现的集成，通过全链路数字化和精细管理，认养一头牛集团奶牛的平均单产超过13.2吨，全国排名前三。原奶平均蛋白质含量、品质不仅超过国家标准，还高于欧盟标准。

二、以“智”提效

除了养殖数智化、原奶处理和仓储过程，认养一头牛也有自己的一系列先进管理手段。

走进“认养一头牛”的山东智造基地，科技感十足的智造生产场景扑面而来。进一步打通了原奶检验、前处理、灌装、包装物流、仓储等全环节的数智化中控管理。

在挤奶大厅，原奶在手机端生成唯一ID，管理员直接派送运输任务，过磅、装车、铅封状态，运输过程中司机状态，车内温度、湿度以及后续原奶质检结果都会通过手机，进行数据的监控和留存。

随着原奶过滤、分离、杀菌、均质等前处理阶段的智能化、无人化操作，新鲜的牛奶源源不断地完成分装，从工厂被运送出来。

在数智化仓储方面，认养一头牛搭建智能仓储和物流，与世界先进供应商合作，搭建了自动化立体仓库搭配智能仓储系统。

“我们的物流立体仓库，智能化码垛机自动上架下架，实现了无人化操作，大大提升了仓储效能。”据相关负责人介绍，和依靠人力、叉车的普通平库相比，立体仓库的无人化作业如同科幻电影的场景，更高效、更精细。比如，河北工厂的物流立库可以同时存储超过200万箱牛奶，并发往全国。

如今，认养一头牛已经实现全集团仓储作业环节的自动化、精细化管理。5大区、7大仓、2个工厂仓的仓网配送体系覆盖全国；先进自有OMS、WMS系统实现灵活调度执行。日发货量可达到2500吨，全国仓储面积约10万平方米，仓储吞吐能力达到12万吨。

随着数字化技术的不断发展，认养一头牛也持续不断地在数字化能力提升上进行了很大的投入，借助AI大模型、数字化业务中台等新质生产力为企业管理、线上销售等提供更多的数字化解决方案。

认养一头牛全产业链的高度数字化应用，大大赋能企业效益，作为数实融合的优秀案例，认养一头牛也入围了浙江省第一批制造业“云上企业”。

向“新”而行，向“新”而生，认养一头牛作为一家新锐创新型企业，将传统农业产业进行了高度数字化创新升级，完善了供应链和高效精细管理，立足浙江，一步步发展成“以虚带实、以实促虚、虚实融合”的“新实体经济”。

资料来源：钱江晚报. https://baijiahao.baidu.com/s?id=1801734036656113455&wfr=spider&for=pc,2024-06-13.

案例思考

1. 认养一头牛集团通过哪些途径，快速发展线上经济？

2. 在数智化仓储方面，认养一头牛集团是如何进行建设的？

第一节　仓库的分类

仓库是物流企业中最常见的物流设施，根据使用范围不同、存储商品不同、保管条件不同、建筑结构不同、库内形态不同、仓库功能不同，其有不同的类型。

一、按仓库保管条件分类

1. 普通仓库

普通仓库指用于存放无特殊保管要求的物品的仓库，如图 2-1 所示。

2. 保温、冷藏、恒湿恒温库

保温、冷藏、恒湿恒温库指用于存放要求保温、冷藏或恒湿恒温的物品的仓库，如图 2-2 所示。

图 2-1　普通仓库

图 2-2　保温、冷藏、恒湿恒温库

3. 特种仓库

特种仓库指用于存放易燃、易爆、有毒、有腐蚀性或有辐射性的物品的仓库，如图 2-3 所示。

4. 气调仓库

气调仓库指用于存放要求控制库内氧气和二氧化碳浓度的物品的仓库，如图 2-4 所示。

图 2-3 特种仓库

图 2-4 气调仓库

二、按使用范围分类

1. 自用仓库

自用仓库是指生产或流通企业为本企业经营需要而修建的附属仓库，完全用于储存本企业的原材料、燃料、产成品等货物。

2. 出口监管仓库

出口监管仓库是指经海关批准，在海关监管下存放已按规定领取了出口货物许可证或批件，已对外买断结汇并向海关办完全部出口海关手续的货物的专用仓库，如图 2-5 所示。

3. 营业仓库

营业仓库是指一些企业专门为了经营储运业务而修建的仓库。

4. 保税仓库

保税仓库是经海关批准，在海关监管下专供存放未办理关税手续而入境或过境货物的场所，如图 2-6 所示。

图 2-5 出口监管仓库

图 2-6 保税仓库

5. 公用仓库

公用仓库是由国家或某个主管部门修建的为社会服务的仓库，如机场、港口、铁路的货场、库房等仓库。

三、按仓库建筑结构分类

1. 露天式仓库

这种仓库俗称“货场”，其最大优点是装卸作业极其方便，适宜存放较大型的货物，如图 2-7 所示。

2. 封闭式仓库

这种仓库俗称“库房”，该结构的仓库封闭性强，便于对库存物进行维护保养，适宜存放保管条件要求比较高的物品，如图 2-8 所示。

图 2-7 露天式仓库

图 2-8 封闭式仓库

3. 半封闭式仓库

这种仓库俗称“货棚”，其保管条件不如库房，但出入库作业比较方便，且建造成本较低，适宜存放那些对温湿度要求不高且出入库频繁的物品，如图 2-9 所示。

四、按建筑结构分类

1. 平房仓库

平房仓库的构造比较简单，建筑费用便宜，人工操作比较方便，如图 2-10 所示。

图 2-9　半封闭式仓库

图 2-10　平房仓库

2. 楼房仓库

楼房仓库是指二层楼以上的仓库，它可以减少土地占用面积，进出库作业可采用机械化或半机械化，如图 2-11 所示。

3. 高层货架仓库

在作业方面，高层货架仓库主要使用电子计算机控制，能实现机械化和自动化操作，如图 2-12 所示。

图 2-11　楼房仓库

图 2-12　高层货架仓库

4. 罐式仓库

罐式仓库的构造特殊,呈球形或柱形,主要是用来储存石油、天然气和液体化工品等,如图 2-13 所示。

5. 简易仓库

简易仓库的构造简单、造价低廉,一般是在仓库不足而又不能及时建库的情况下采用的临时代用办法,包括一些固定或活动的简易货棚等,如图 2-14 所示。

图 2-13 罐式仓库

图 2-14 简易仓库

五、按保管物品种类的多少分类

1. 综合库

综合库指用于存放多种不同属性物品的仓库,如图 2-15 所示。

2. 专业库

专业库指用于存放一种或某一大类物品的仓库,如图 2-16 所示。

图 2-15 综合库

图 2-16 专业库

六、按库内形态分类

1. 自动化立体仓库

自动化立体仓库指出入库用运送机械存放取出，用堆垛机等设备进行机械化自动化作业的高层货架仓库，如图 2-17 所示。

2. 货架型仓库

这种仓库指采用多层货架保管的仓库，如图 2-18 所示。在货架上放着货物和托盘，货物和托盘可在货架上滑动。货架分固定货架和移动货架。

图 2-17 自动化立体仓库

图 2-18 货架型仓库

3. 地面型仓库

这种仓库一般指单层地面库，多使用非货架型的保管设备，如图 2-19 所示。

七、按仓库功能分类

图 2-19 地面型仓库

现代物流管理力求进货与发货同期化，使仓库管理从静态管理转变为动态管理，仓库功能也随之改变。

1. 集货中心

将零星货物集中成批量货物称为“集货”。集货中心可设在生产点数量很多，每个生产点产量有限的地区；只要这一地区某些产品的总产量达到一定水平，就可以设置这种有“集货”作用的物流据点。

2. 分货中心

将大批量运到的货物分成批量较小的货物称为“分货”，分货中心是主要从事分货工作的物流据点。企业可以采用大规模包装、集装货散装的方式将货物运到分货中心,然后按企业生产或销售的需要进行分装。利用分货中心可以降低运输费用。

3. 转运中心

转运中心的主要工作是承担货物在不同运输方式间的转运。转运中心可以进行两种运输方式的转运,也可进行多种运输方式的转运,在名称上有的称为卡车转运中心,有的称为火车转运中心,还有的称为综合转运中心。

4. 加工中心

加工中心的主要工作是进行流通加工。设置在供应地的加工中心主要进行以物流为主要目的的加工,设置在消费地的加工中心主要进行以实现销售、强化服务为主要目的的加工。

5. 储调中心

储调中心以储备为主要工作内容,其功能与传统仓库基本一致。

6. 配送中心

配送中心是从事配送业务的物流场所或组织,它基本符合下列要求:

(1) 主要为特定的用户服务;

(2) 配送功能健全;

(3) 具有完善的信息网络;

(4) 辐射范围小;

(5) 多品种、小批量;

(6) 以配送为主,储存为辅。

7. 物流中心

物流中心是从事物流活动的场所或组织,它基本符合下列要求:

(1) 主要面向社会服务;

(2) 物流功能健全;

(3) 完善的信息网络;

(4) 少品种、大批量;

(5) 存储、吞吐能力强;

(6) 统一经营管理物流业务。

拓展阅读2.1　物流中心的主要功能

第二节　仓储设施设备

仓储设施设备是进行仓储管理的重要工具和手段。为了更高效地实现仓储的基本功能，必须借助于机械等设备的帮助和支持。仓储设施设备配置齐全与否直接影响仓储及整个物流流程的效率，因而要根据仓库的功能、储存的对象要求等确定主要设施设备的配置。

一、托盘

（一）托盘的概念

托盘是指在运输、搬运和存储过程中，将物品规整为物品单元时，作为承载面并包括承载面上辅助结构件的装置(引自 GB/T 18354—2021《物流术语》)。

托盘的特点与用途为：台面下有供叉车从下部插入并将台板托起的插入口；便于机械化操作，减少货物堆码作业次数，提高运输效率，减小劳动强度；以托盘为单位，货运件数变少，便于点数和理货交接，减少货损货差。

（二）托盘的种类

1. 按使用面分

可分为单面使用型、双面使用型，如图 2-20 及图 2-21 所示。

图 2-20　单面使用型托盘

图 2-21　双面使用型托盘

2. 按进叉方向分

可分为双向叉入型、四向叉入型，如图 2-22 及图 2-23 所示。

3. 按材质分

可分为金属托盘、塑料托盘和木制托盘，如图 2-24 至图 2-26 所示。

图 2-22　双向叉入型托盘

图 2-23 四向叉入型托盘

图 2-24 金属托盘

图 2-25 塑料托盘

图 2-26 木制托盘

二、货架

货架是用支架、隔板或托架组成的立体储存货物的设施。货架在物流及仓库中占有非常重要的地位,随着现代工业的迅猛发展,物流量的大幅度增加,为实现仓库的现代化管理,改善仓库的功能,不仅要求货架数量多,而且要求具有多功能,并能实现机械化、自动化要求。

(一) 货架的种类

1. 按层架存放货物的重量等级划分

可分为重型货架、中型货架、轻型货架,如图 2-27 至图 2- 29 所示。

图 2- 27 重型货架

图 2-28 中型货架

图 2-29 轻型货架

2. 按层架结构划分

可分为层格式货架、抽屉式货架、托盘式货架、悬臂式货架、高层货架、阁楼式货架等，其中一些形式的货架如图 2-30 至图 2-32 所示。

图 2-30 托盘式货架

图 2-31 悬臂式货架

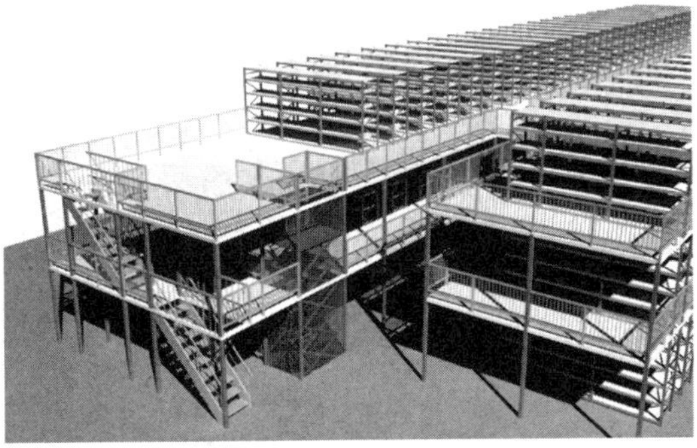

图 2-32 阁楼式货架

（二）货架的作用

（1）可充分利用空间，提高库容利用率，扩大仓库储存能力。

（2）可保证储存货物的安全，减少货物的损失。由于货架隔板的承托作用，存入货架的货物互不挤压，物资损耗小。

（3）可提高存取、分拣作业的效率。存入货架的物资，由于有货架层格的分隔，易于定位，便于清点及计量，可做到先进先出。

（4）有利于实现机械化、自动化管理。新型货架系统进一步实现了仓储作业的机械化、自动化，为减少人力消耗、降低成本、提高效率奠定了基础。

三、叉车

叉车是仓库装卸搬运机械中应用最广泛的一种机械，如图 2-33 所示。它主要用于仓库内货物的装卸搬运，也可堆垛和装卸卡车、铁路平板车，能够减轻装卸工人繁重的体力劳动，提高效率，缩短车辆停留时间，降低装卸成本。

图 2-33　叉车

叉车的特点与用途：机械化程度高；机动灵活性好；能提高仓库容积的利用率；有利于开展托盘成组运输和集装箱运输；成本低、投资少，能获得较好的经济效果；可以“一机多用”。

四、输送机

输送机是一种连续搬运货物的机械，如图 2-34 所示。其特点是在工作时连续不断地沿同一方向输送散料或者重量不大的单件物品，装卸过程无须停车，因此生产率很高。其

图 2-34　输送机

优点是生产率高、设备简单、操作简便。缺点是一定类型的连续输送机只适合输送一定种类的物品，不适合搬运温度较高的物料或者形状不规则的单件货物；只能沿一定线路定向输送，因而在使用上具有一定局限性。

根据用途和所搬运货物形状的不同，输送机可分为带式输送机、辊子输送机、链式输送机、重力式辊子输送机、伸缩式辊子输送机、振动输送机、液体输送机等。此外，还有移动式输送机和固定式输送机、重力式输送机和电驱动式输送机等多种划分方法。

五、巷道式堆垛机

堆垛机是专门用来堆码或提升货物的机械。普通仓库使用的堆垛机是一种构造简单、用于辅助人工堆垛、可移动的小型货物垂直提升设备。商业储运系统定型生产的一种堆垛机，其外形尺寸为 1260 毫米×712 毫米×2550 毫米(长×宽×高)，最大起重量 300 千克，提升高度 3.4 米，提升速度 20 米/分钟，自重 500 千克，电动机功率 2.2 千瓦。

这种机械的特点是：构造轻巧，人力推移方便，能在很窄的走道内操作，可以减轻堆垛工人的劳动强度，且堆码或提升高度较高，仓库的库容利用率较高，作业灵活。所以在中小型仓库内广泛使用。它有桥式堆垛机、巷道式堆垛机等类型。图 2-35 所示为巷道式堆垛机。

图 2-35 巷道式堆垛机

六、起重机

起重机是在采用输送机之前曾被广泛使用的具有代表性的一种搬运机械，它是指将货物吊起，在一定范围内作水平运动的机械，如图 2-36 所示。

起重机按照其所具有的机构、动作繁简程度以及工作性质和用途，可以归纳为简单起

图 2-36 起重机

重机械、通用起重机械和特种起重机械三种。简单起重机械一般只作升降运动或一个直线方向的运动,只需要一个运动机构,而且大多数是手动的,如绞车、葫芦等。通用起重机械除一个使物品升降的起升机构外,还有使物品作水平方向直线运动或旋转运动的机构。该类机械主要用电力驱动。这类起重机械主要包括通用桥式起重机、门式起重机、固定旋转式起重机和移动旋转式起重机等。特种起重机械是具有两个以上机构的多动作起重机械,专用于某些专业性的工作,构造比较复杂。如冶金专用起重机、建筑专用起重机和港口专用起重机等。

第三节 仓储规划概述

一、仓库总平面布局设计

仓库总平面布局是对一个仓库的各个组成部分如库房、货棚、货场、辅助建筑物、铁路专用线、库内道路、附属固定设备等在规定的范围内进行平面和立体的全面安排。仓库的总平面布局是一项复杂而又细致的工作,要求周密地考虑各方面的因素。

(一) 总平面布局要求

一个合理的仓库总平面布局应满足以下要求:

(1) 有利于仓储生产的正常进行,并适应仓储生产流程的要求,合理存放各种物资,库容利用率高,费用低,保证物资安全和进出方便。

(2) 能充分和合理地利用各种设备。

(3) 布局整齐,紧凑适用,节约用地,方便生产和管理。

(4) 长远规划与目前需要相结合,既要考虑今后发展,又要适应当前需要。

(5) 符合防火要求。

(6) 有利于文明生产。注意仓库环境绿化,按照储存物资的保管要求,种植适宜的花草树木。

（二）总平面布局的影响因素

1. 仓库的专业化程度

仓库储存商品的种类越少，则仓库的专业化程度越高；反之，仓库储存商品的种类越多、越杂，则仓库的专业化程度越低。各种商品性质不同，其装卸搬运方式和存储方法也会有所区别。在仓库总平面布局设计前和布局时，应考虑各种不同商品的作业需要，按专业分工原则，确定商品种类、主要储存商品的要求和作业特点。

2. 仓库规模

仓库总平面布局、库房规模、专用线的布局形式、水电供应等都取决于仓库规模的大小。一般仓库规模越大，库房、设备越多，辅助设施也越多。设计时要从生产和安全两个方面考虑。

（三）总平面布局构成

进行仓库总平面布局时首先进行功能分区，即根据仓库各种建筑物的性质、使用要求、运输和安全要求等，将性质相同、功能相近、联系密切、对环境要求一致的建筑物分成若干组，再结合仓库用地内外的具体条件，合理地进行功能分区，在各个区中布置相应的建筑物。

仓库一般由生产作业区、辅助生产区、行政生活区三部分构成。

1. 生产作业区

生产作业区是仓储作业的主要场所，是库区的主体部分。主要包括库房、料棚、露天货场、铁路专用线、道路、装卸站台等。现代仓库已由传统的储备型仓库转变为以收发作业为主的流通型仓库，其各组成部分的构成比例通常为：合格品储存区面积占总面积的40%～50%；通道占总面积的8%～12%；待检区及出入库收发作业区占总面积的20%～30%；集结区占总面积的10%～15%；待处理区和不合格品隔离区占总面积的5%～10%。

铁路专用线和库区道路是货物的运输通道，因铁路专用线具有运输能力强大、安全快速等特点，所以有条件的企业应尽量铺设，同时应考虑铺设地点，以便于物资装卸和集散，有利于库内短距离搬运，并尽可能缩短库内搬运距离。库区道路要通畅、简洁，要有足够的宽度。

装卸站台是火车或汽车装卸货物用的建筑平台。站台高度与铁路货车车厢底面或汽车车厢底面高度相等，以便于叉车作业，站台的宽度和长度要根据作业方式和作业量大小而定。

用汽车运输时，根据汽车的一般类型，站台应高出地面0.9～1.2米。用火车运输时，站台的高度应与车厢底板平行,各参数如表 2-1 及表 2-2 所示。

表 2-1 各车辆适应的站台高度

车型	站台高度/米
集装箱卡车	1.40
冷藏车	1.32
作业拖车	0.91
载重车	1.17
长途挂车	1.22
普通卡车	1.17

表 2-2 仓库站台主要参数

项目	汽车站台	铁路站台
一般站台自身高度/米	2.0～2.5	3.5
小型作业叉车站台宽度/米	3.4～4.0	≥4.0
站台高度/米	高于地面 0.9～1.2	高于轨顶 1.1
站台上雨棚高度/米	高于地面 4.5	高于轨顶 5.0
站台边距铁路中心距离/米	—	1.75
站台端头斜坡道坡度/°	≤10	≤10

2. 辅助生产区

辅助生产区包括机修车间、车库、包装间、配电室等,虽然不直接参与仓储作业,但它是完成仓储作业所必需的,所以辅助生产区的布局应尽量减少占地面积,保证仓库安全。

3. 行政生活区

行政生活区是仓库行政管理机构和生活区域,包括办公楼、宿舍、食堂、学校、幼儿园等。一般设置在仓库出入口附近,便于业务接洽和管理,并且行政生活区与生产作业区应隔开,并保持一定距离,以保证仓库的安全及行政办公和居民生活的安静。

在划定各个区域时,必须注意使不同区域所占面积与仓库总面积保持适当的比例。其中商品的储存规模决定了主要作业场所规模的大小,同时仓库主要作业的规模又决定了各种辅助设施和行政生活场所的大小。各区域的比例必须与仓库的基本职能相适应,保证货物接收、发运和储存保管场所尽可能占最大的比例,以提高仓库的利用率。

实际上,在物流企业的大中型仓库内设有库区和生活区,两区之间应有高 2 米以上的实体围墙,围墙与库区内建筑的距离不宜小于 5 米,并应满足围墙两侧建筑物间的防火距离要求。

将仓库内各区域的相对位置反映在一张平面图上,即为仓库总体布局示意图,如图 2-37 所示。

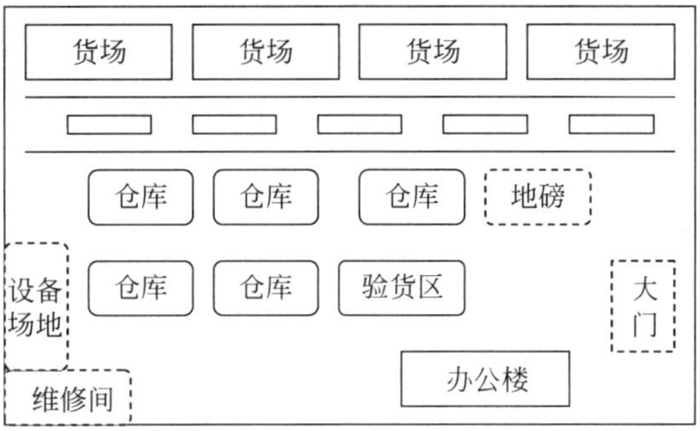

图 2-37 仓库总体布局示意图

二、功能区域划分

(一) 仓库空间需求分析

在进行仓库布局设计时,首先考虑物流公司仓库空间有哪些需求。确定所需仓库空间的第一步是对公司产品的需求做个预测,即根据产品种类,估计在一定的销售时期(通常为 30 天)产品的销量,然后估计各类产品包括安全储备在内的数量,接下来计算各部分所占的空间。这样,公司对所需的基本储存空间就有了大致的估计。公司还必须为过道以及诸如电梯、会议室之类设施留出所需空间。仓库总空间的 1/3 通常无储存功能,很多公司通过计算机模拟来进行对这些空间的决策。

1. 收货区与发货区

此空间需求为物流系统中的运输部分提供一个接口,即收货与出货接口。通常把它设在两个不同的位置以保证较高的效率。考虑到这些空间需求,公司必须决定是将接货点设在仓库外部,还是将货物直接利用运输工具卸载到仓库内部。公司必须考虑到装卸货物以及存放设备与托盘所需的空间。

2. 按订单进行分拣、组装的空间

此空间需求是出于按要求进行分拣和组装,所需的空间大小取决于产品的自然属性以及处理时所采用的设备。这一场所的布局对高效运作和为客户服务起着关键性作用。

3. 实际存储空间

按照仓储作业的功能特点和 ISO 9000 国际质量体系认证的要求,储存区域可分为待检区、待处理区、合格品储存区和不合格品隔离区等。待检区用于暂存处于检验过程中的商品,处于待检状态的商品一般采用黄色的标识。待处理区用于暂存不具备验收条件或质量暂时不能确认的商品,处于待处理状态的商品一般采用白色的标识。不合格品隔离区用于暂存质量不合格的商品,处于不合格品隔离状态的商品一般采用红色的标识。合格品储存区用于储存合格的商品,处于合格状态的商品一般采用绿色的标识。

仓库内除设置上述基本区域外,还应根据仓储业务的需要,设置卸货作业区、流通加工区和出库备货区等。为方便有关业务的处理和保障库内货物的安全,待检区、待处理区和不合格品隔离区应设置在出库的入口处。

4. 其他空间需求

公司还必须考虑三类额外的空间:①许多配送仓库须有空间进行回收工作,即将未损坏的部件从损坏了的包装箱中分离出来;②管理和工作人员日常所需的办公空间;③休息室、职工食堂、公共场所及更衣室也需要空间。这三类空间的大小取决于相关变量。

例如,货物的平均损坏量和重新包装未受损货物的难易程度决定了回收工作所需空间的大小,而员工数量多少决定了所需食堂和更衣室的空间大小。

(二)仓库作业区设计

对于仓库的内部空间布局,主要考虑仓库作业区的规划设计。

1. 存储区的设计

对于货物周转率低的仓库,首先要考虑的是存储区的设计。对于这类仓库,货位可以设置得较宽较深,堆码的高度可以直达天花板或者在货物稳定摆放容许的范围内,货位间的通道也不需要很宽。但是,随着货物周转率的提高,应逐步降低货物堆码的高度并加大通道的宽度,这样可以缩短摆放和提取货物的时间。

2. 拣货区的设计

最简单的拣货区布局就是利用现有的存储区域,只是在必要时对堆码高度、相对于出库站台的存货位置、货位的尺寸进行调节以提高效率。

如果仓库货物的周转率较高,且客户的订单履行时需要拆装货物,那么对货位的要求可能太高,使其既满足存储的要求,又满足拣货的需要,这样可能会导致物料搬运成本过高,仓容利用率过低。造成这种现象的主要原因是:在订单履行过程中,由于货物在仓库内的搬运距离比较长,耗费的时间也就延长了;成组化装运的货物被拆散,造成按顺序堆码和摆放的货物减少,因此会降低仓容的利用率。

还有一种被称为改良的区域系统的布局方案,即根据存储货物在仓库中的主要功能进行设置。在布局设计中指定某些区域系统作为存储区,这部分区域的设计原则是满足拣货的需要并且尽量减少客户的订单履行中的移动时间。

存储货位用于存放半永久性的货物,当拣货区的货物减少时,可以用存储区的货物来补充,但大件、散装货物除外,这些货物仍放在存储区拣选,而成组装运的货物应在拣货区拆散。通常来说拣货货位比存储货位小,一般只有两个托盘那么深,其货架大小只有存储区货架的一半。在拣货区内货物堆码的高度应以工作人员方便为限。

3. 收货和发货区的设计

在仓库的布局设计中还应留出一部分额外的空间，作为物流系统中的运输部分。通常会把它们设在两个不同的位置以保证效率，也就是单独辟出专门的收货区和发货区。在收货区与发货区的设计中，需要重点考虑装卸货物以及存放设备与托盘所需的空间，还要留出必要的核对、点数和检查工作的空间。

三、库内货区布局

货区布局的目的一方面是提高仓库平面和空间利用率，另一方面是提高物品保管质量，方便进出库作业，从而降低物品的仓储处置成本。

仓库货区布局分为平面布局和空间布局。

（一）平面布局

平面布局是指对货区内的货垛、通道、垛间距、收发货区等进行合理的规划，并正确设置它们的相对位置。平面布局的形式可以分为垂直式和倾斜式。

1. 垂直式布局

垂直式布局是指货垛或货架的排列与仓库的侧墙互相垂直或平行，具体包括横列式布局、纵列式布局和纵横式布局。

（1）横列式布局

这是指货垛或货架的长度方向与仓库的侧墙互相垂直，如图 2-38 所示。这种布局的主要优点是：主通道长且宽，副通道短，整齐美观，便于存取查点，如果用于库房布局，还有利于通风和采光。

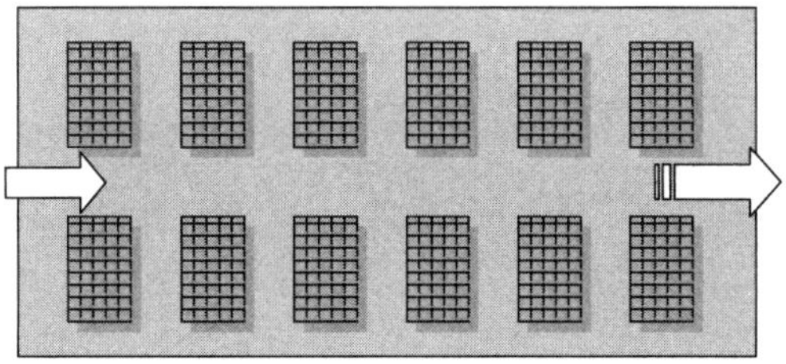

图 2-38　横列式布局

（2）纵列式布局

这是指货垛或货架的长度方向与仓库侧墙平行，如图 2-39 所示。这种布局的优点主要是可以根据库存物品在库时间的不同和进出频繁程度安排货位：在库时间短、进出频繁的物品放置在主通道两侧；在库时间长、进库不频繁的物品放置在里侧。

(3) 纵横式布局

这是指在同一保管场所内,横列式布局和纵列式布局兼而有之,如图 2-40 所示。这种布局方式可以综合利用两种布局的优点。

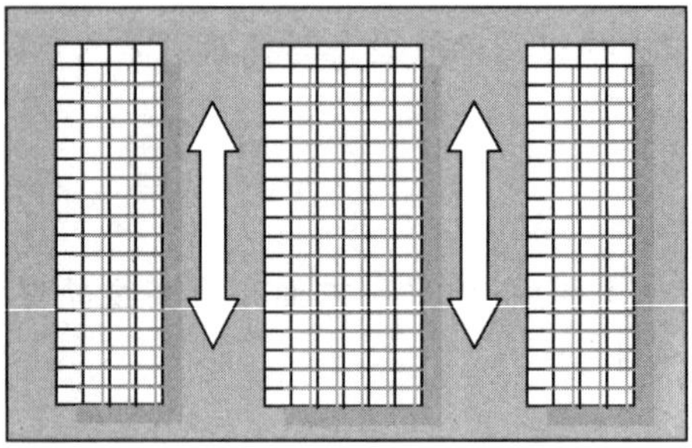

图 2-39 纵列式布局

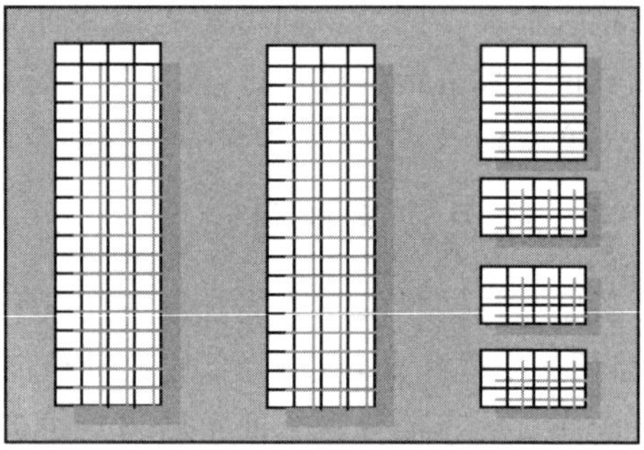

图 2-40 纵横式布局

2. 倾斜式布局

倾斜式布局,是指货垛或货架与仓库侧墙或主通道成 60°、45°或 30°夹角。具体包括货垛倾斜式布局和通道倾斜式布局。

(1) 货垛倾斜式布局

它是横列式布局的变形,是为了便于叉车作业、缩小叉车的回转角度、提高作业效率而采用的布局方式,如图 2-41 所示。

(2) 通道倾斜式布局

它是指仓库的通道斜穿保管区,把仓库划分为具有不同作业特点的形式,如大量存储和少量存储的保管区等,以便进行综合利用,如图 2-42 所示。这种布局形式,仓库内形式复杂,货位和进出库路径较多。

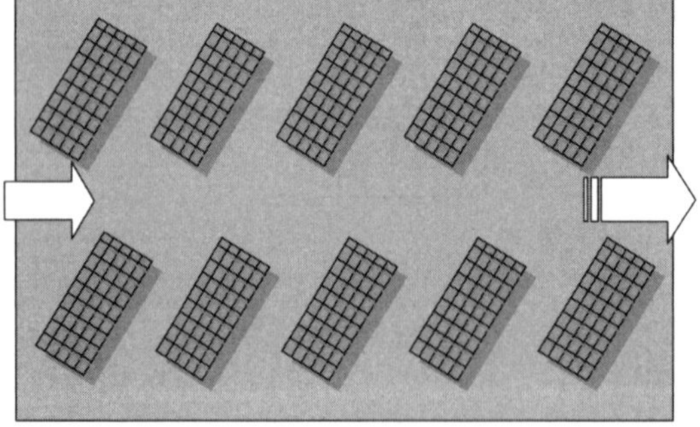

图 2-41 货垛倾斜式布局

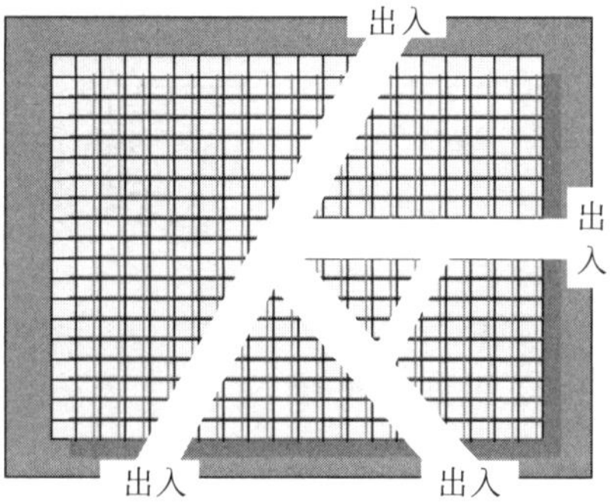

图 2-42 通道倾斜式布局

（二）空间布局

空间布局是指库存物品在仓库立体空间上布局，其目的是充分有效地利用仓库空间。空间布局的主要形式有就地堆码、上货架存放、空中悬挂等。

其中使用货架存放物品有很多优点，概括起来有以下几个方面：

(1) 便于充分利用仓库空间，提高库容利用率，扩大存储能力；

(2) 物品在货架中互不挤压，有利于保证物品本身和其包装完整无损；

(3) 货架各层中的物品可随时自由存取，便于做到先进先出；

(4) 物品存入货架，可防潮、防尘，某些专用货架还能起到防损伤、防盗、防破坏的作用。

四、货位编号

货位编号就是将商品存放场所按照位置排列，采用统一标记编上顺序号码，并作出明显标志。科学合理的储位编号在整个仓储管理中具有重要的作用，在商品保管过程中，根据储位编号可以对库存商品进行科学合理的养护，有利于对商品采取相应的保管措施；在商品收发作业过程中，按照储位编号可以迅速、准确、方便地进行查找，不但可以提高作业效率，而且可以减少差错。

货位编号应按一定的规则和方法进行。首先确定编号的先后顺序规则，规定好库区、编排方向及排列顺序。其次采用统一的方法进行编排，要求在编排过程中所用的代号、连接符号必须一致，每种代号的先后顺序必须固定，每一个代号必须代表特定的位置。

1. 区段式编号

把储存区分成几个区段，再对每个区段编号。区域大小根据物流量大小而定，如图 2-43 所示。

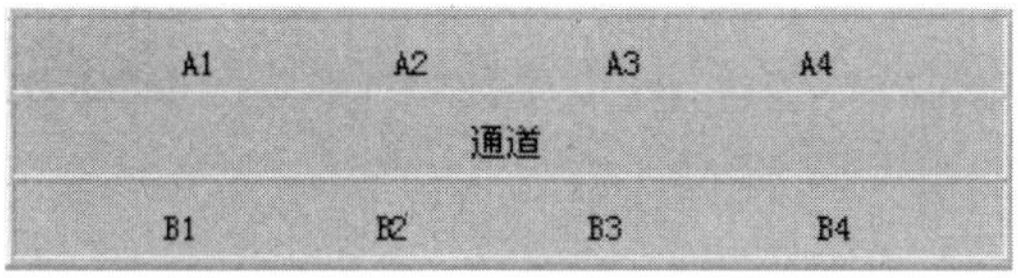

图 2-43　区段式编号

2. 品项群式编号

把一些相关性强的商品经过整合后，分成几个品项群，再对每个品项群进行编号。这种编号方式适用于容易按商品群保管和品牌差异大的商品，如服饰群、五金群等。

3. 地址式编号

利用保管区仓库、区段、排、行、层、格等进行编码。如在货架存放商品的仓库,可采用四组数字来表示商品存储的位置,四组数字代表库房的编号、货架的编号、货架层数的编号和每一层中各格的编号。

课后复习题

一、单选题

1. 仓库按照使用范围分类可分为多种类型,其中不包括下面哪一种?(　　)

A. 自用仓库　B. 营业仓库　C. 公用仓库　D. 普通仓库

2. (　　)的构造特殊,呈球形或柱形,主要用来储存石油、天然气和液体化工品等。

A. 平房仓库　B. 楼房仓库　C. 罐式仓库　D. 简易仓库

3. 仓库一般由生产作业区、(　　)、行政生活区三部分构成。

A. 人工作业区　B. 辅助生产区　C. 生产作业区　D. 装卸作业区

二、名词解释

1. 露天式仓库
2. 货架
3. 叉车

三、简答题

1. 简述货架的作用。
2. 简述托盘的种类。
3. 简述一个合理的仓库总平面布局的要求。

拓展阅读 2.2　海外仓如何实现高质量发展?

第三章

仓储作业管理

知识目标

1. 掌握入库作业的基本操作流程；
2. 掌握盘点作业方式，掌握货物保管的基本原理；
3. 掌握出库的要求和基本流程，熟悉物品出库的原则。

能力目标

1. 能够准确办理货物的入库验收，审核仓库入库的单证；
2. 能够根据货物属性进行物品的堆码、苫盖、垫垛等；
3. 能够制定与填写出库订单、拣选单、补货单等单据报表。

案例引导

丰企通——仓储与配送解决方案

一、应用企业简况

齐鲁动物保健品有限公司，隶属齐鲁制药集团，是专业从事兽用生物制品、兽用化学药品、兽用原料药和饲料添加剂的研发、生产、销售的大型综合性现代化动物保健品企业，荣获"中国动物保健品行业50强企业"。客户于2018年引进丰企通仓储与配送解决方案，年收入贡献逾3000万元。

二、应用企业面临的物流侧难题

1. 下单难

手动填写订单信息，一单1～2分钟

人工记录整理订单，耗时2～3小时/天

2. 分拣难

手工贴单，需逐单核对药品，现场货物杂乱，效率差，一箱货平均处理时

长3～4分钟

货物信息数量核对难，1～2小时/天

3. 路由确认难

货物路由跟踪需逐个电话确认，0.5～1小时/天

货物路由跟踪只能单票查询，0.3～0.8小时/天

4. 追溯码采集难

药品追溯码采集需客户自行完成，1小时/1000箱

三、丰企通应对解决方案

(1) SAP推单至丰企通，无须人工二次确认，1秒完成。

(2) 扫描追溯码进行分拣贴单，无须人工核对药品信息，货物摆放有序，效率高，一箱货平均处理时长5～6秒。

(3) 订单信息实时回传至SAP，无须人工处理，耗时0。

(4) 货物路由跟踪线上进行，可根据销售代表区分订单，2分钟内就可知晓所属订单状态。

(5) 药品追溯码无须客户采集，分拣完即采集完成，直接导出给予客户，耗时0。

(6) 分拣全过程可追溯，可随时查询。

四、丰企通——企业订单/仓储/配送全链路解决方案

丰企通服务行业运输领域，专注仓内下单分拣出库多运输场景融合，线上商品(药品)全流程监控追溯，助力企业信息化建设，降本增效。

1. 产品优势

(1) 专注医药行业赋能全行业：立足服务医药行业，专注提供药品及商品全链条运输解决方案。助力药企及全行业企业数字化转型，提供快速部署上线的轻量级全场景产品方案。

(2) 智能分拣+全程可追溯：专注仓内下单分拣出库运输场景，一键扫码打印运单。商品(药品)全流程监控及追溯，满足客户实时查看订单在途状态及溯源要求。

(3) 助力企业降本增效：基于顺丰配送服务，通过在线订单、智能分拣、个性化面单打印、智能产品类型匹配及对账、追加子母单等功能，提高企业作业效率，降低运输成本。

2. 产品核心价值

构建订单+分拣+仓储+行业电商新模式，助力企业信息化建设，同时铸造自身行业壁垒。

(1) 提供仓储功能：为无WMS系统客户提供仓储功能，管理分拨仓及子仓业务。对

有 WMS 系统的客户直接对接，商品出库下单、流水化作业，无须手工导单。

(2) 智能 OMS 系统：通过标准化接口对接自动化下单、一键打单。无 ERP 系统，通过批量导入订单，规模化下单、打单。

(3) 智能化分拣：支持按堆、按条码分拣及二次分拣、多场景智能分拣、智能追加子单、智能匹配。

(4) 追溯码自动上传：分拣扫描过程实时采码，实现采码、上传自动化，助力企业合规。

(5) 低成本快速降本增效：相比大型企业物流系统，丰企通更加轻量化，1～3 天对接，快速部署，快速响应需求，成本低、见效快。

资料来源：中国物流与采购联合会. http://www.chinawuliu.com.cn/xsyj/202305/18/606347.shtml.

案例思考

1. 齐鲁动物保健品有限公司目前面临哪些物流侧难题?

2. 丰企通是如何帮助企业客户打造企业订单、仓储、配送全链路解决方案的?

第一节 入库作业

商品入库业务也叫收货业务，它是仓储业务的开始。商品入库管理是根据商品入库凭证，在接收入库商品时所进行的卸货、查点、验收、办理入库手续等各项业务活动。

货物入库的基本要求是：根据货主的入库凭证，清点货物数量，检查货物和包装的质量，检验货物的标志，并按照规程安排货物入库存放。在入库业务环节中，应注意认真做好入库记录，并与承运人共同签字，以便分清责任。对于负责入库的业务人员来说，在进行货物入库的工作中应做到手续简便清楚、作业快且稳定、计数准确，认真把好入库关。

入库作业阶段由入库前准备、货物接收、验收作业、办理交接手续、入库上架等五个环节构成。

一、入库前准备工作

1. 了解各种入库货物的状况

仓库管理人员需了解入库货物的品种、规格、数量、包装状态、体积、到库时间、存储期限、货物的理化特性以及保管的要求，精确、妥善地进行库场安排、准备。

2. 制订仓储计划

根据货物情况、仓库情况、设备情况，仓库管理人员制订出仓储计划，并将计划下发各相应的作业人员。

3. 掌握仓库库场情况

了解货物入库期间、保管期间仓库的库容、设备及人员的变动情况,安排好工作。出库需使用重型设备操作的货物,要确保可使用设备的货位。必要时对仓库进行清查,清理归类以便腾出仓容。

4. 仓库妥善安排货位

仓库根据入库货物的性能、数量和类别,结合仓库分区分类保管的要求,核算货位的大小,根据货位使用原则严格验收场地,妥善安排货位,确定苫垫方案及堆垛方法等。

5. 做好货位准备

彻底清洁货位,清除残留物,清理排水管道(沟),必要时安排消毒、除虫、铺地。仔细检查照明、通风等设备,如发现损坏及时通知相关人员修理。

6. 准备必要的苫垫材料、作业用具

在货物入库前,根据所确定的苫垫方案,准备相应材料以及所需用具,并组织衬垫铺设作业。

7. 装卸搬运流程设定

根据货物、货位、设备条件和人员等情况,合理科学地制定装卸搬运流程,保证作业效率。

8. 文件单证准备

仓库管理员应妥善保管货物入库所需的各种报表、单证和记录簿等,如入库记录、理货检验单、存卡和残损单等,以备使用。

9. 合理安排人力、设备

根据入库货物的数量和时间,安排好物资验收人员、搬运堆码人员、物资入库工作过程,以及用来验收用的点数、测试、开箱等工具,确定各个工作环节所需要的人员和设备。由于仓库、物资业务性质不同,入库准备工作也有所差别,这就需要根据具体情况和仓库制度做好充分准备。

二、货物接收

入库作业主要包括送达货物的卸货作业,核对货物数量及状态的验收作业以及入库上架作业。由于配送中心的收货工作非常繁忙,通常会有几辆卡车接连到达,为了节约时间,一般采取"先卸后验"的办法,几辆卡车同时卸车,先卸完的先验收,交叉进行,既可节省人力,又可加快验收速度,还可有效防止差错。

（一）接运卸货作业

物品入库除了一小部分由供货商直接运到仓库外，大部分要经过铁路、公路、航运、空运和短途运输等运输方式转运。凡经过交通运输部门转运的商品，均需经过仓库接运后才能进行入库验收。因此，商品的接运是商品入库业务流程的第一道作业环节，也是商品仓库直接与外部发生的经济联系。它的主要任务是及时而准确地向交通运输部门提取入库商品，要求手续清楚，责任分明，为仓库验收工作创造有利条件。因为接运工作是仓库业务活动的开始，是商品入库和保管的前提，所以接运工作好坏直接影响商品验收和入库后的保管保养。

由于接运工作直接与交通运输部门接触，所以做好接运工作还需要熟悉交通运输部门的要求和制度。例如，发货人与运输部门的交接关系和责任的划分，铁路或航运、海运等运输部门在运输中应负的责任，收货人的责任，铁路或其他运输部门编制普通记录和商务记录的范围，向交通运输部门索赔的手续和必要的证件等。

做好商品接运业务管理的主要意义在于：防止把在运输过程中或运输之前已经发生的商品损害和各种差错带入仓库，减少或避免经济损失，为验收和保管保养创造良好的条件。

1. 场站接货

车站、码头接货一般是指仓储企业受存货人委托或合约约束到车站、码头接运物品到储存地。一般零担托运和小批量物品采用此方法，需要注意以下几点：

（1）提货人员对所提取的商品应了解其品名、型号、特性和一般保管知识、装卸搬运注意事项等。在提货前应做好接运货物的准备工作，如装卸运输工具，腾出存放商品的场地等。提货人员在到货前应主动了解到货时间和交货情况，根据到货多少组织装卸人员、机具和车辆，按时前往提货。

（2）提货时应根据运单及有关资料详细核对品名、规格、数量，并要注意检查商品外观，查看包装、封印是否完好，有无玷污、受潮、水浸、油渍等异状。若有疑点或不符，应当场要求运输部门检查。对短缺损坏情况，凡属铁路方面责任的，应做出商务记录；属于其他方面责任需要铁路部门证明的应做出普通记录，由铁路运输员签字。注意记录内容与实际情况要相符合。

（3）在短途运输中，要做到不混不乱，避免碰坏损失。危险品应按照危险品搬运规定办理。

（4）商品到库后，提货员应与保管员密切配合，尽量做到提货、运输、验收、入库、堆码成一条龙作业，从而缩短入库验收时间，并办理内部交接手续。

2. 专用线接车

所谓专用线就是专门为某企业修建或使用的铁路专用线，一般为支线。通过专用线

接车,是指仓储企业在本企业的专用线上接货,一般大批整车物品接运采用此方法。其接车步骤及注意事项如下:

(1) 接到专用线到货通知后,应立即确定卸货货位,力求缩短场内搬运距离;组织好卸车所需要的机械、人员及有关资料,做好卸车准备。

(2) 车皮到达后,引导对位,进行检查。看车皮封闭情况是否良好(即车窗、铅封、苫布等有无异状),根据运单和有关资料核对到货品名、规格、标志和清点件数;检查包装是否有损坏或有无散包;检查是否有进水、受潮或其他损坏现象。在检查中若发现异常情况,应请铁路部门派员复查,做出普通或商务记录,记录内容应与实际情况相符,以便交涉。

(3) 卸车时要注意为商品验收和入库保管提供便利条件,分清车号、品名、规格,不混不乱;保证包装完好,不碰坏,不压伤,更不得自行打开包装。应根据商品的性质合理堆放,以免混淆。卸车后在商品上应标明车号和卸车日期。

(4) 编制卸车记录,记明卸车货位规格、数量,连同有关证件和资料尽快向保管人员交代清楚,办好内部交接手续。

3. 仓库自行接货

仓库自行接货是指仓储企业直接到存货委托人指定的企业接货的一种方式。其步骤及注意事项如下:

(1) 仓库接受货主委托直接到供货单位提货时,应将这种接货与检验工作结合起来同时进行。

(2) 仓库应根据提货通知,了解所提取货物的性能、规格、数量,准备好提货所需要的机械、工具、人员,配合保管人员在供方当场检验质量、清点数量,并做好验收记录,接货与验收合并一次完成。

4. 库内接货

存货单位或供货单位将商品直接接运送到仓库储存时,应由保管人员或验收人员直接与送货人员办理交接手续,当面验收并做好记录。若有差错,应填写记录,由进货人员签字证明,据此向有关部门提出索赔。

(二) 核查入库凭证

1. 入库通知单与订货合同

入库通知单和订货合同副本是仓库接收物品的凭证,应与所提交的随货单证及货物内容相符。

2. 供货商单证

供货商单证主要包括送货单、装箱单、磅码单、原产地证明等。送货单由供货商开具,通常包括五联：白联为存根，由发货部门留存；红联为记账联，交财务；绿联为回单，由收货人签字确认后带回；蓝联交收货人留存；黄联为出门证，交门卫。

装箱单、磅码单是商业发票的一种补充单据，是对商品的不同包装规格条件、不同花色和不同重量逐一分别详细列表说明的一种单据。它是仓库收货时核对货物品种、花色、尺寸、规格的主要依据。

原产地证明用以证明物品的生产国别，进口国海关凭此核定应征收的税率。在我国，普通产地证可由出口商自行签发，或由进出口商品检验局签发，或由中国国际贸易促进委员会签发。实际业务中，应根据买卖合同或信用证的规定，提交相应的产地证。

3. 承运人单证

承运人单证主要指运单。运单是由承运人或其代理人签发的，证明物品运输合同和物品由承运人接管或装船，以及承运人保证将物品交给指定的收货人的一种单证。

运单由承运单位开出，内容包括承运物品名称、包装状况、单位、单价、数量、承运时间、联系方式等信息，通常运单包括三至五联，主要作用如下：

一是“两次三方”的物品交接的凭证。“三方”指的是托运人、承运人、收货人；“两次”指的是托运人与承运人物品交接、承运人与收货人物品交接。

二是承运方与托运方财务核算的凭证。

三、验收作业

验收是按照订购的要求或合同规定，对到达物资进行检验和接收。商品在供应商与仓储配送中心之间相互有交接关系，所以验收的目的首先在于与送货单位分清责任，避免将商品在运输过程中造成的商品溢缺、损失带入配送中心；其次，可了解货物状况，方便后续储存工作。验收工作是做好保管工作的首要环节，也是企业进行全面质量管理的重要内容之一。验收的具体过程如下：

1. 验收准备

为了保证验收工作及时而准确地完成，验收前要进行充分的准备。主要包括全面了解验收物资的特性、准备验收设备工具材料、收集和熟悉验收凭证及有关资料。

2. 核对资料

需核对的资料有：物资采购单、入库通知单、供货合同；供货单位提供的质量证明书或合格证、装箱单、磅码单、发货明细表以及运输部门提供的运单、途中残损记录等。

3. 检验货物

检验货物是仓储业务中的一个重要环节，必须经过商品条形码、数量、质量、包装四个方面的验收。

(1) 条形码验收

在条形码验收时要抓住两个关键,一是检验该商品是否是有送货预报的商品,二是检验该商品的条形码与商品数据库内已登录的资料是否相符。

(2) 数量验收

数量检验是保证物资数量准确不可缺少的措施,要按供需双方约定或供货合同规定的计量方法来点检。一般情况下,按重量供货的应过磅验收;按理论货重换算供货的应按理论换算验收;按件供货的应点件验收;按体积供货或以体积为计量单位的物品,要先检尺,后求积;按定尺或定量包装供货的,可适量抽验,把点检的结果作为到货的实收数量;某些产品需要在收货方的技术人员指导下点检。

(3) 质量验收

由于交接时间短促等条件的限制,在验收时,一般只能用“看”“闻”“听”“摇”“拍”“摸”等感官检验方法,检查范围也只能是包装外表。

对于流汁商品的验收,应检验包装外表有无污渍(包括干渍和湿渍),若有污渍,必须拆箱检验并调换包装;对于玻璃制品的验收(包括部分是玻璃制作的制品),要件件摇动或倾倒细听声响;对于香水、花露水等商品的验收,除了“听声响”外,还可以在箱子封口处“闻”;对针织品等怕湿商品的验收,要注意包装外表有无水渍;对于有有效期的商品的验收,必须严格注意商品的出厂日期,并按规定把关,防止商品失效和变质。

(4) 包装验收

包装验收是为了保证商品在运行途中的安全。物流包装一般在正常的保管、装卸和运送途中,要经得起颠簸、挤压、摩擦、污染的影响。在包装验收时,应具体检查纸箱封条是否破裂、箱盖(底)是否粘牢、纸箱内包装或商品是否外露、纸箱是否受过潮湿等。

四、办理交接手续

(一) 交接记录

(1) 商品检验后,仓库保管员应按验收情况进行记录,填写相关验收单据,完成验收交接手续,填写接运记录单,如表3-1所示。

表3-1 接运记录单

序号	到达记录									接运记录					交接记录			
	通知到达时间	运输方式	发货站	发货人	运单号	车号	货物名称	件数	重量	日期	件数	重量	缺损情况	接货人	日期	接货通知单编号	附件	收货人

（2）填写验收单据时，质量合格的实际数量填制商品入库验收单，如表 3-2 所示。

表 3-2 商品入库验收单

发货单位：

发货单号数：

合同编号： 年 月 日 存放仓库：

商品编号	品名	规格型号	包装系数	单位	单价	应收		实收	
						数量	金额	数量	金额
合计									

会计 记账 验收 制单

（3）如果数量不符，还应填制商品溢余短缺报告单，如果有轻微质量问题，还应对这些商品填写商品残损变质报告单，如表 3-3、表 3-4 所示。经仓库负责人核对签字后，作为今后与供货方、运输方交涉的凭证。验收过程中如遇严重问题应填写物资异常报告，如表 3-5 所示，交货主确认。

表 3-3 商品溢余短缺报告单

仓库： 年 月 日 №：

商品编号	品名	规格型号	包装系数	单位	单价	应收	实收	溢余	短缺	金额
溢余（短缺）原因										
处理意见										

仓库主管 保管 复核 制单

表 3-4　商品残损变质报告单

仓库：　　　　　　　　　　　　年　　月　　日　　　　　　　　　No：

商品编号	品名	规格型号	包装系数	单位	数量	原来单价	原来金额	重估单价	重估金额	原因
审核意见						领导批示				

表 3-5　物资异常报告

序号：　　　　　　　　　　　　　　　　　　　　　　　日期：

物资编号	品　　名	规　　格	数　　量	异常情况

送货人：　　　　　　　　检验：

（二）立卡

“卡”又称“物品保管卡”，能够直接反映该垛货物品名、型号、规格、数量、单位及进出动态和积存数，如表 3-6 所示。

表 3-6　物品保管卡

No：

<table>
<tr><td colspan="2">来源</td><td></td><td></td><td colspan="7">年　月　日</td><td>名称</td><td></td></tr>
<tr><td rowspan="5">到货通知单</td><td colspan="2">到货日期</td><td></td><td colspan="2">名称</td><td colspan="3"></td><td rowspan="5">验收情况</td><td></td><td>型号</td><td></td></tr>
<tr><td colspan="2">合同号</td><td></td><td colspan="2">型号</td><td colspan="3"></td><td></td><td>规格</td><td></td></tr>
<tr><td colspan="2">车号</td><td></td><td colspan="2">规格</td><td colspan="3"></td><td></td><td>单位</td><td></td></tr>
<tr><td colspan="2">运单号</td><td></td><td>件数</td><td>单位</td><td>数量</td><td>单价</td><td>交货</td><td></td><td>技术条件</td><td></td></tr>
<tr><td colspan="2">运输号</td><td></td><td></td><td></td><td></td><td></td><td></td><td></td><td>存放地点</td><td></td></tr>
</table>

续表

年		凭证号	摘要	收入			付出			结存			备料		情况	
月	日			件数	数量	金额	件数	数量	金额	件数	数量	金额	厂名	件数	数量	结存

卡片应按“入库通知单”所列内容逐项填写。货物入库堆码完毕，应立即建立卡片，一垛一卡。对于此卡片的处理，通常有两种方式：

一是由保管员集中保存管理。这种方式有利于责任制的贯彻，即专人专责管理。但是如果有进、出业务而该保管员缺勤时就难以及时进行。

二是将填制的料卡直接挂在货物垛位上。挂放位置要明显、牢固。这种方式的优点是便于随时与实物核对，有利于物资进、出业务的及时进行，可以提高保管人员作业活动的工作效率。

（三）登账

货物入库，仓库应建立“实物保管明细账”，登记货物进库、出库、结存的详细情况。“实物保管明细账”按货物的品名、型号、规格、单价、货主等分别建立账户。此账采用活页式，按货物的种类和编号顺序排列。在账页上要注明货位号和档案号，以便查对。

实物账必须严格按照货物的入、出库凭证及时登记，填写清楚、准确。记账发生错误时，要按“画红线更正法”更正。账页记完后，应将结存数结转新账页，旧账页应保存备查。登账凭证要妥善保管，装订成册，不得遗失。实物保管要经常核对，保证账、卡、物相符。

按照账目管理分工，企业的财务部门负责总账的管理，一般只分物资大类记账，并凭此进行财务核算。货物保管部门负责物资明细大类记账，并凭此进行财务核算。

货物保管部门负责物资明细账目的管理，凭此进行货物进、出业务活动。明细账除有货物的品名、规格、批次之外，还要标明货物存放的具体位置、物资单价和金额等。

（四）建档

建档是将货物入库业务作业全过程的有关资料证件进行整理、核对，建立资料档案，以便进行货物管理和与客户保持联系，若将来发生争议时提供凭据，同时也有助于总结和积累仓储管理经验，为货物的保管、出库业务创造良好的条件。

（五）签单

货物验收入库后，应及时按照“仓库货物验收记录”要求签回单据，以便向供货单位和货主表明收到货物的情况。另外，如果出现短少等情况，也可作为货主向供货方交涉的依据，所以签单必须准确无误。

五、入库上架

(一) 入库步骤

1. 安排货位

安排货位时,必须将安全、方便、节约的思想放在首位,使货位合理化。货物因自身的自然属性不同而具有不同的性质,如有的怕冻、有的怕热、有的怕潮、有的怕虫蛀等。如果货位不能适应储存货物的特性,就会影响货物质量,发生霉腐、锈蚀、熔化、干裂、挥发等变化;为了方便出入库业务,要尽可能缩短收、发货作业时间;以最少的仓容储存最大限量的货,提高仓容使用效能。

2. 搬运

经过充分的入库准备及货位安排后,搬运人员就可把验收场地上经过点验合格的入库货物按每批入库单开制的数量和相同的唛头集中起来,分批送到预先安排的货位。要做到进一批、清一批,严格防止唛头互串和数量溢缺。

分类工作应力争送货单位的配合,在装车启运前做到数量准、批次清。对于批次多和批量小的入库货物,分类工作一般可由保管收货人员在单货核对、清点件数过程中同时进行;也可将分类工作与搬运结合一起进行。

在搬运过程中,要尽量做到"一次连续搬运到位",力求避免入库货物在搬运途中的停顿和重复劳动。对于一些批量大、包装整齐,送货单位又具备机械操作条件的入库货物,要争取送货单位的配合,利用托盘实行定额装载,往返厂库之间,从而提高计数准确率,缩短卸车时间,加速货物入库。

3. 堆码

物品堆码是指根据物品的包装、外形、性质、特点、种类和数量,结合季节和气候情况,以及储存时间的长短,将物品按一定的规律码成各种形状的货垛。堆码便于对物品进行维护、查点等管理,可以提高仓库利用率。

(二) 入库凭证流转程序

货物验收工作由理货员、计量员、复核员和业务受理员分工负责。理货员组织对货物的数量与外观质量进行验收、计量、堆码和记录等,并向业务受理员提交货物验收的结果和记录。

入库凭证流转程序如下:

(1) 业务受理员接收存货人的验收通知(也可由存货人委托仓库开具)、货物资料(如质保书、码单、装箱单、说明书和合格证等),登建货物档案,并将存货人验收通知单作为货物储存保管合同附件的形式进行管理,其信息录入计算机中生成验收通知单。然后将存货人验收通知单作为验收资料、收货单及其他验收资料一并交理货员。

(2) 理货员根据业务受理员提供的收货单、验收资料、计量方式等确定验收方案、储存货位、堆码方式、所需人力和设备等，做好验收准备工作。

(3) 理货员开具作业通知单，进行验收入库作业，做好有关记录和标识。

(4) 货物验收完毕后，理货员手工出具验收单，一式一联，一并交给复核员。同时负责作业现场与货位的清理和货牌的制作、悬挂。

(5) 复核员依据收货单、验收码单对实物的品名、规格、件数和存放货位等逐项核对，签字确认后返回给理货员。

(6) 理货员在经复核员签字的收货单、验收码单等诸联加盖“货物验收专用章”后，将验收码单录入计算机中，据此生成仓单附属码单，根据验收结果填写存货人验收通知和收货单，并与其他验收资料一并转回业务受理员处。

(7) 业务受理员在对理货员返回的单据和验收资料审核无误后，由计算机打印仓单附属码单一式两联，依据收货单、验收码单、计算机打印的仓单附属码单第一联和第二联、存货人验收通知以及有关验收资料、记录，报主管领导签字后，连同存货人验收通知、收货单、仓单附属码单第一联和第二联转给收费员。

(8) 收费员依据仓单、物资储存保管合同约定的收费标准，结算有关入库费用并出具收费发票。

(9) 业务受理员将仓单正联、存货人验收通知、仓单附属码单一联及收费单据等一并转交(寄)给存货人，其余单证资料留存并归档管理。

拓展阅读 3.1 做好进货入库计划需了解的情况

第二节 在库作业

通常我们认为，物品在入库之后出库之前处于保管、养护阶段。而现代物品的在库作业是伴随着物品储运全过程的技术性措施，是保证储运物品安全的重要环节，它的一个活动过程贯穿整个物流的各个环节。

物品保管养护的任务主要是根据物品的性能和特点，提供适宜的保管环境和保管条件，保证库存物品数量正确，质量完好，并充分利用现有仓储设施，为经济合理地组织物品供应打下良好的基础。

货物的在库作业由保管、养护、盘点等几个环节构成。

一、物品的保管作业

物品保管的原则是：质量第一原则；科学合理原则；效率原则；预防为主原则。

（一）物品的堆码

堆码是指将物品整齐、规则地摆放成货垛的作业(引自 GB/T 18354—2021《物流术语》)。它根据物品的性质、形状、轻重等因素,结合仓库储存条件,将物品堆码成一定的货垛。

1. 堆码的基本原则

1）分类存放

分类存放是仓库储存规划的基本要求,是保证物品质量的重要手段,因此也是堆码需要遵循的基本原则。具体要求如下：

（1）不同类别的物品分类存放,甚至需要分区分库存放；

（2）不同规格、不同批次的物品也要分位、分堆存放；

（3）残损物品要与原货分开；

（4）对于需要分拣的物品,在分拣之后应分位存放,以免混串。

此外,分类存放还包括不同流向物品、不同经营方式物品的分类分存。

2）选择适当的搬运活性

为了减少作业时间、次数,提高仓库物流速度,应该根据物品作业的要求,合理选择物品的搬运活性。对搬运活性高的入库存放物品也应注意摆放整齐,以免堵塞通道,浪费仓容。

3）面向通道,不围不堵

货垛以及存放物品的正面尽可能面向通道,以便察看；另外,所有物品的货垛、货位都应有一面与通道相连,处在通道旁,以便能对物品进行直接作业。只有在所有的货位都与通道相通时,才能保证不围不堵。

2. 商品堆码操作要求

（1）牢固

操作工人必须严格遵守安全操作规程,防止建筑物超过安全负荷量。码垛必须不偏不斜,不歪不倒,牢固坚实,与屋顶、梁柱、墙壁保持一定的距离,确保堆垛的安全和牢固。

（2）合理

不同商品其性能、规格、尺寸不相同,应采用各种不同的垛形。不同品种、产地、等级、批次、单价的商品应分开堆码,以便收发、保管。货垛的高度要适度,不能压坏底层商品和地坪,并与屋顶、照明灯保持一定距离为宜；货垛的间距,走道的宽度,货垛与墙面、梁柱的距离等,都要合理、适度。垛距一般为 0.5～0.8 米,主要通道宽度为 2.5～4 米。

(3) 整齐

货垛应按一定的规格、尺寸叠放,排列整齐、规范。商品包装标识应一律向外,便于查找。

(4) 定量

商品储存量不应超过仓储定额,即应储存在仓库的有效面积、地坪承压能力和可用高度允许的范围内。同时,应尽量采用“五五化”堆码方法,这样便于记数和盘点。

(5) 节约

堆垛时应注意节省空间位置,适当、合理地安排货位,以提高仓容利用率。

3. 物品堆码方式

要根据商品的品种、性质、包装、体积、重量等情况,同时还要依照仓库的具体储存要求和有利于商品库内管理来确定商品的堆码形式,做到科学合理。

1) 散堆法

散堆法是一种将无包装的散货直接堆成堆码的货物存放方式,如图 3-1 所示。它特别适合于露天存放的没有包装的大宗货物,如煤炭、矿石、散粮等。这种堆码方法简便,便于采用现代化的大型机械设备,可以节约包装成本,提高仓容利用率。

2) 垛堆法

对于有包装的货物和裸装的计件货物一般采取垛堆法,具体方式有重叠式、压缝式、纵横交错式、通风式、栽柱式、俯仰相间式等。货物堆垛方式的选择主要取决于货物本身的性质、形状、体积、包装等。一般情况下多采用平放(卧放),使重心降低,最大接触面向下,这样易于堆码,货垛稳定牢固。

(1) 重叠式。重叠式又称层叠式,货物逐件、逐层向上整齐地码放,如图 3-2 所示。这种方式稳定性较差,易倒垛,一般适合袋装、箱装、平板式的货物。

图 3-1 散堆法

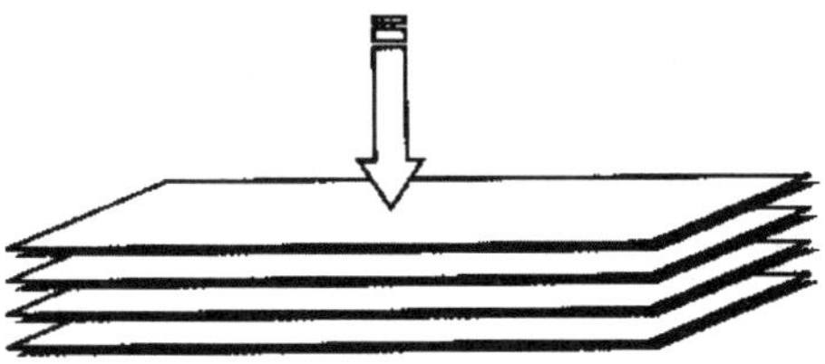

图 3-2 重叠式

(2) 通风式。采用通风式堆垛时,每件相邻的货物之间都留有空隙,以便通风防潮、散湿散热,如图 3-3 所示。这种方式一般适合箱装、桶装以及裸装货物。

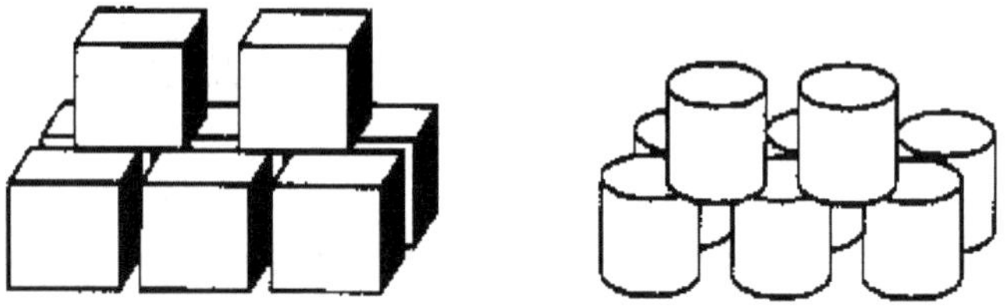

图 3-3　通风式

(3) 纵横交错式。纵横交错式即每层货物都改变方向向上堆放,如图 3-4 所示。采用这种方式码货稳定性较好,但操作不便,一般适合管材、扣装、长箱装货物。

图 3-4　纵横交错式

(4) 压缝式。压缝式即上一层货物跨压在下一层两件货物之间,如图 3-5 所示。如果每层货物都不改变方向,则形成梯形形状。如果每层都改变方向,则类似于纵横交错式。

(5) 栽柱式。码放货物前在货垛两侧栽上木桩或钢棒,形成 U 形货架,然后将货物平放在桩柱之间,码了几层后用铁丝将相对两边的桩柱拴连,再往上摆放货物。这种方式一般适合棒材、管材等长条形货物,如图 3-6 所示。

(6) 俯仰相间式。对上下两面有大小差别或凹凸的货物,如槽钢、钢轨、箩筐等,将货物仰放一层,再反一面俯放一层,仰俯相间相扣,如图 3-7 所示。采用这种方式码货,货垛较为稳定,但操作不便。

图 3-5　压缝式

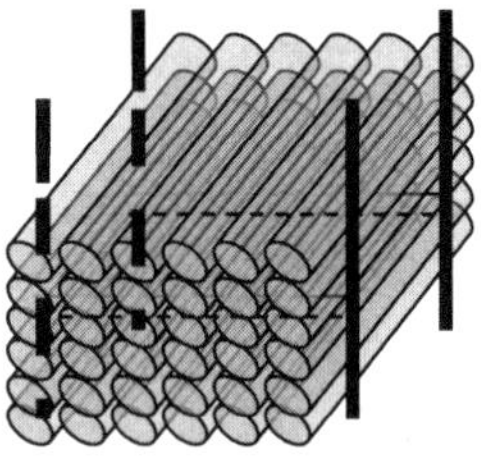

图 3-6　栽柱式

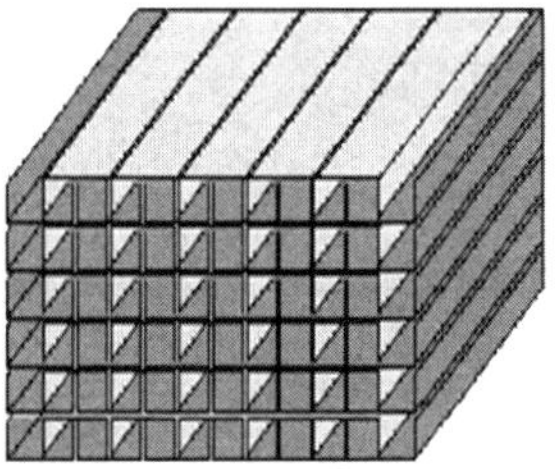

图 3-7　俯仰相间式

3) 货架法

货架法即直接使用通用或专用的货架进行货物堆码。这种方法适用于存放不宜堆高,需要特殊保管的小件、高值、包装脆弱或易损的货物,如小百货、小五金、医药品等。

4）成组堆码法

成组堆码法即采取货板、托盘、网格等成组工具使货物的堆存单元扩大，一般以密集、稳固、多装为原则，同类货物组合单元应高低一致。这种方法可以提高仓容利用率，实现货物的安全搬运和堆存，适合半机械化和机械化作业，可以提高劳动效率，减少货损货差。

5）对某些具有特殊要求货物的堆码

（1）需要经常通风的货物堆码时，可在每件或每层的前后左右留出一定的空隙，码成通风垛，以散发货物的温度或水分，如潮湿的木板等。

（2）堆码怕压的货物，应根据货物承压力的大小适当控制垛的高度。为了充分利用库容，最好利用架子摆放。

（3）容易渗漏的货物堆码时，为了便于检查，货垛不宜过大，适宜排列成行，行与行之间留出适当空隙，如油漆及桶装化工产品等。

（4）危险品（指易燃、易爆及爆炸物等）储放场所应干燥、阴凉、通风，库内电器、照明等设备要采用防爆装置，并设有安全消防设施。堆码不宜过高。

（5）毒害品（氰化钾、氰化钠等）都应单独存放，严密保存。切忌与酸类相遇，储放场所也必须干燥、阴凉、通风。堆码不宜过高。

（6）腐蚀品（各类酸、碱等）应单独存放。避免露天存放，适宜在干燥、阴凉、通风场所，堆码不宜过高。要经常检查，防止渗漏、腐蚀，切忌水浸。

4. 货垛的规范要求

1）货垛的五距

货垛的规范要求主要是指“五距”，即垛距、墙距、柱距、顶距和灯距，如图 3-8 所示。叠垛时，不能倚墙、靠柱、碰顶、贴灯；不能紧挨旁边的货垛，必须留有一定的间距。

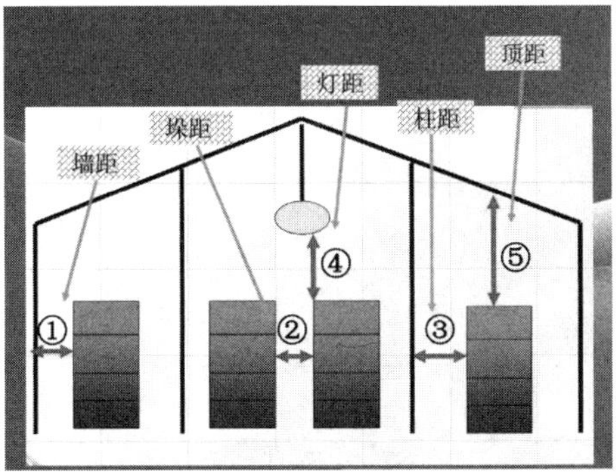

图 3-8　五距

（1）垛距

货垛与货垛之间的必要距离称为垛距，常以支道作为垛距。适当的垛距能方便存取作业,起通风、散热的作用,方便消防工作。库房的垛距一般为 0.5~1 米,货场的垛距一般不小于 1.5 米。

(2) 墙距

为了防止库房墙壁和货场围墙上的潮气对货物的影响,也为了开窗通风、进行消防工作、保障建筑安全、进行收发作业,货垛必须留有墙距。墙距分为库房墙距和货场墙距,其中,库房墙距又分为内墙距和外墙距。内墙是指墙外还有建筑物相连,因而潮气相对少些;外墙则是指墙外没有建筑物相连,所以墙上的湿度相对大些。库房的外墙距为 0.3~0.5 米,内墙距为 0.1~0.2 米;货场只有外墙距,一般为 0.8~3 米。

(3) 柱距

为了防止库房柱子的潮气影响货物,也为了保护仓库建筑物的安全,必须留有柱距,一般为 0.1~0.3 米。

(4) 顶距

货垛堆放的最大高度与库房、货棚屋顶间的距离称为顶距。适当的顶距便于搬运作业,能通风散热,有利于消防工作,有利于收发、查点。顶距的一般规定是:平库房 0.2~0.5 米;人字形库房以屋架下弦底为货垛的可堆高度;多层库房,底层与中层为 0.2~0.5 米,顶层须大于等于 0.5 米。

(5) 灯距

货垛与照明灯之间的必要距离称为灯距。为了确保储存货物的安全,防止照明灯产生的热量引起邻近货物的燃烧而发生火灾,货垛必须留有灯距。灯距须不小于 0.5 米。

2) 货垛的形状

垛形是指仓库场地码放的货物外部轮廓形状。按垛底的平面形状可分为矩形、正方形、三角形、圆形、环形等。按货垛立面的形状可分为矩形、正方形、三角形、梯形、半圆形,还可以组成矩形-三角形、矩形-梯形等复合形状,如图 3-9 所示。

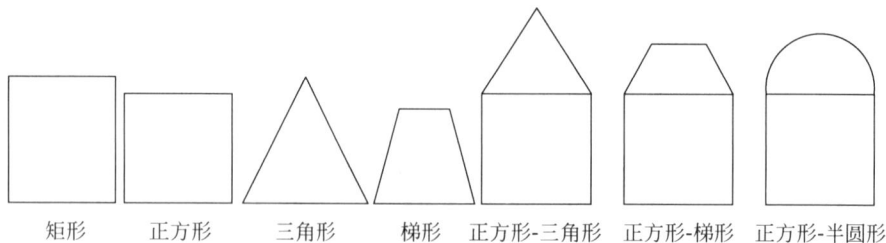

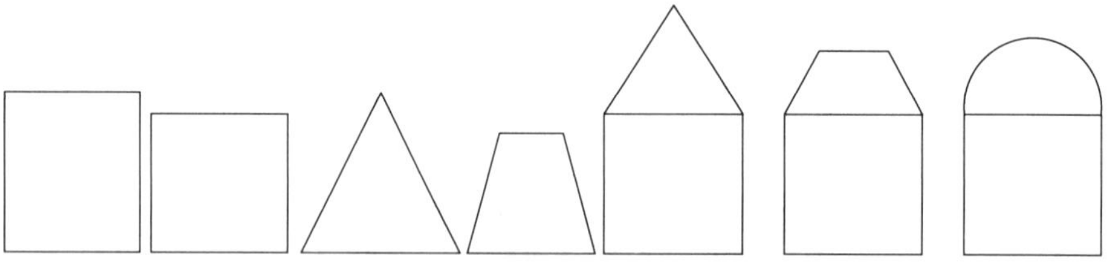

图 3-9 货垛立面示意图

各种不同的立面货垛的特点如下:

矩形垛、正方形垛易于堆码,盘点计数方便、库容整齐,能充分利用仓库空间,但稳定性较差。

梯形垛、三角形垛、正方形-半圆形垛的稳定性好、易苫盖、排水性能好，但不易堆码，不便于计数，不能充分利用仓库空间。

正方形-三角形、正方形-梯形等复合型货垛兼有两者的优点，多用于露天存货的堆垛。

（二）物品苫垫

苫垫是指对堆码成垛的货物上苫下垫。货物在堆码时，为了避免使其受到日光、雨水、冰雪、潮气、风露的损害，必须妥善放置苫垫。只有这样才能使货物避免受潮、淋雨、暴晒等，保证储存养护货物的质量。

1. 货物垫垛

垫垛就是在货物堆垛前，根据货垛的形状、底面积大小、货物保管养护的需要、负载重量等要求，使用合适的衬垫材料进行铺垫，如图 3-10 所示。

图 3-10　垫垛

1）垫垛的目的

垫垛是为了使货垛底部货物与地面隔离并垫高，可隔离地面潮湿，便于通风，避免潮气侵入货物而受损，使垛底通风透气，提高储存货物的保管养护质量，它是仓储保管作业中不可缺少的一个环节。

2）垫垛的基本要求

（1）所使用的衬垫物不会对拟存物品产生不良影响，并具有足够的抗压强度；

（2）地面要平整坚实，衬垫物要摆放平整，并保持同一方向；

（3）衬垫物间距适当，直接接触物品的衬垫面积与货垛底面积相同，衬垫物不伸出货垛外；

（4）要有足够的高度，露天堆场要达到 0.3～0.5 米，库房内 0.2 米即可。

3）垫垛材料

通常采用水泥墩、条石、枕木、模板、垫架等垫高材料和苇席、防潮纸、塑料薄膜等垫隔材料，根据不同的储存条件、货物的不同要求采用不同的垫垛材料。

4）垫垛方法

常用的垫垛方法主要有三种：

（1）码架式

采用若干个码架，拼成所需货垛底面积的大小和形状，以备堆垛。码架是以垫木为脚，上面钉着木条或木板的构架，专门用于垫垛。码架规格不一，常见的有：长 2 米、宽 1 米、高 0.2 米或 0.1 米。不同储存条件，所需码架的高度不同：楼上库房使用的码架，高度一般为 0.1 米；平库房使用的码架，高度一般为 0.2 米；货棚、货场使用的码架，高度一般为 0.3～0.5 米。

（2）垫木式

采用规格相同的若干根枕木或垫石，按货位的大小、形状排列，作为垛垫。枕木和垫石一般都是长方体，其宽度和高度相等，约为 0.2 米。枕木较长，约 2 米，而垫石较短，约 0.3 米。这种垫垛方法最大的优点是拼拆方便，不用时节省储存空间。适用于底层库房及货棚、货场垫垛。

（3）防潮纸式

在垛底铺上一张防潮纸作为垛垫。常用芦席、油毡、塑料薄膜等防潮纸，当库房地面干燥，储存的货物对通风要求又不高时，可在垛底垫一层防潮纸防潮。

此外，若采用货架存货，或采用自动化立体仓库的高层货架存货，则货垛下面可以不用垫垛。

2. 货物苫盖

1）苫盖的目的

苫盖是为了防止货物直接受到风吹、雨打、日晒、冰冻的侵蚀。存放在露天货场的货物一般都需苫盖，因此货物在堆垛时必须堆成易苫盖的垛形，如屋脊形、方形等，并选择适当的苫盖物。对于某些不怕风吹、雨淋、日晒的货物，如生铁、石块等，如果货场排水性能好，可以不进行苫盖。

2）苫盖材料

通常使用的苫盖材料有塑料布、席子、油毡纸、苫布等，也可以利用一些货物的旧包装材料改制成苫盖材料，如图 3-11 所示。若货垛需苫盖较长时间，一般可用二层席子，中间夹一层油毡纸作为苫盖材料，这样既通风透气，又可防雨雪、日晒；若货垛只需临时苫盖，可用苫布。为了节省苫盖成本，还可以制成适当规格通用型的苫瓦，方便实用，可以反复使用。

图 3-11　苫盖材料

3）苫盖方法

苫盖方法主要有以下三种：

（1）就垛苫盖法

这种方法是直接将大面积苫盖材料覆盖在货垛上遮盖，如图 3-12 所示，适用于屋脊形货垛、方形货垛及大件包装货物的苫盖，一般采用大面积的帆布、油布、塑料膜等。就垛苫盖法操作便利，但基本不具备通风条件。

（2）鱼鳞苫盖法

即用席子、苫布等苫盖材料，自下而上、层层压茬围盖的一种苫盖方法，因从外形看酷似鱼鳞，故称鱼鳞苫盖法，如图 3-13 所示。此法适用于怕雨淋、日晒的货物，采用面积较小的席、瓦等材料苫盖。若货物还需要通风透气的储存条件，可将席子、苫布等苫盖材料的下端反卷起来，使空气流通。鱼鳞苫盖法具有较好的通风条件，但每件苫盖材料都需要固定，操作比较烦琐复杂。

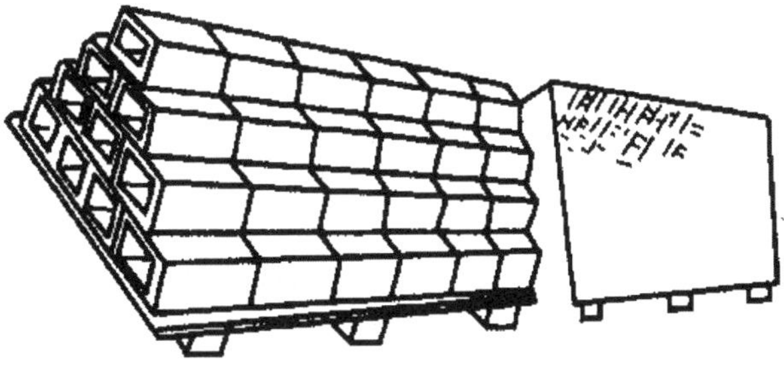

图 3-12　就垛苫盖法

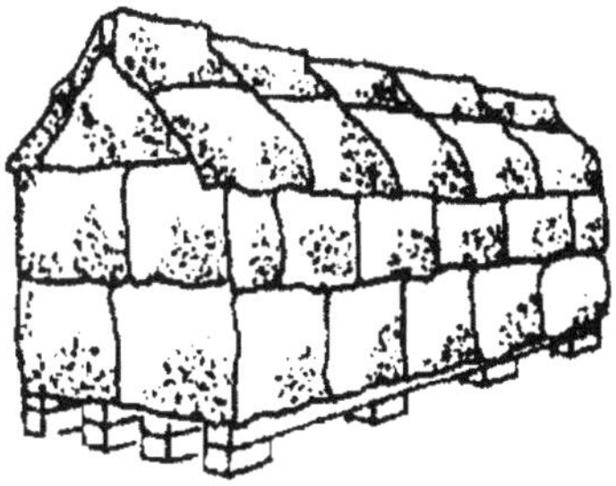

图 3-13　鱼鳞苫盖法

（3）活动棚架苫盖法

这种方法是将苫盖物料制作成一定形状的棚架，棚架下还装有滑轮，可以推动，在货物堆垛完毕后移动棚架到货垛遮盖,或者采用即时安装活动棚架的方式苫盖。活动棚架需要时可以拼搭,并放置在货架上,用作苫盖,不需要时则可以拆除,节省空间,较为快捷,具有良好的通风条件。但活动棚本身需要占用仓库位置,成本较高。

4) 苫盖的要求

苫盖是为了给货物遮阳、避雨、挡风、防尘。

(1) 选择合适的苫盖材料。

选用符合防火要求且无害的安全苫盖材料;苫盖材料不会对货物产生不利影响;且成本低廉,不易损坏,能重复利用;没有破损和腐烂。

(2) 苫盖牢固。

每张苫盖材料都需要牢固固定,必要时在苫盖物外用绳索、绳网绑扎或者采用重物镇压,确保刮风揭不开。

(3) 苫盖的接口要有一定深度的互相叠盖,不能迎风叠口或留空隙;苫盖必须拉挺、平整,不得有折叠和凹陷,以防积水。

(4) 苫盖的底部与垫垛平齐,不腾空或拖地,并牢固地绑扎在外侧或地面的绳桩上;衬垫材料不露出垛外,以防雨水顺延渗入垛内。

(5) 使用旧的苫盖物或在雨水丰沛季节,垛顶或者封口需要加层苫盖,确保雨淋不透。

二、物品的养护作业

商品养护是指在商品储存过程中所进行的保养和维护。从广义上说,商品从离开生产领域而未进入消费领域之前这段时间的保养与维护工作都称为商品养护。

商品养护的基本任务就是针对库存商品,根据库存数量多少、发生质量变化速度、危害程度、季节变化,按轻重缓急分别研究制定相应的技术措施,使货物质量不变,以求最大限度地避免和减少商品损失,降低保管损耗。

(一) 物品特性的养护

1. 具有自然特性的物品

(1) 易吸潮物品

这是指空气湿度的改变,能引起商品含水量、化学成分、外形或结构发生变化,大部分物资都怕潮湿,如金属及其制品会锈蚀、仪器会失灵、水泥硬化而失效等。

(2) 易吸味物品

一些会互相串味的商品绝不能混存于同一个库房或同一个货区,必须采用分区分类的方法分开存放,如茶叶和化妆品、香水和香烟等。

(3) 易吸尘物品

毛皮、毛料服装可与固体精萘(白色易挥发晶体,有温和芳香气味,主要用于制造染料、皮革和木材保护剂等)同储于一个库区,后者能防虫、杀虫。

(4) 扬尘性物品

干燥粮食的麸壳、粉碎的粮食粉末以及煤炭等在流动和作业时会产生扬尘,危害人的呼吸系统。

(5) 受热易变形物品

例如,橡胶及其制品、塑料制品等,温度过高会发黏,老化变质;另外,石膏、硫酸铜、纸张和木材等,在高温下会逐渐失去水分而引起外形和性质的变化并造成重量损失。

(6) 自行发热性物品

新收获的粮食籽粒呼吸旺盛,在新陈代谢过程中会释放出大量的水汽与热量,出现粮温升高和水分增加的现象,并促进粮堆中有害生物的滋长,促使储粮自身发生劣变。

2. 具有危险性的物品

(1) 爆炸品

这类物质具有猛烈的爆炸性。当受到高热摩擦、撞击、震动等外来因素的作用或与其他性能相抵触的物质接触时,就会发生剧烈的化学反应,产生大量的气体和高热,引起爆炸。爆炸性物质如贮存量大,爆炸时威力更大。这类物质有三硝基甲苯(TNT)、苦味酸、硝酸铵、叠氮化物、雷酸盐、乙炔银及其他超过三个硝基的有机化合物等。

(2) 氧化剂

氧化剂具有强烈的氧化性,按其不同的性质遇酸、碱,受潮、受强热或与易燃物、有机物、还原剂等性质有抵触的物质混存能发生分解,引起燃烧和爆炸。这类物质可以分为一级无机氧化剂、一级有机氧化剂、二级无机氧化剂、二级有机氧化剂。

(3) 压缩气体和液化气体

气体压缩后贮于耐压钢瓶内,从而具有危险性。钢瓶如果在太阳下暴晒或受热,当瓶内压力升高至大于容器耐压限度时,就会引起爆炸。钢瓶内气体按性质分为四类:剧毒气体,如液氯、液氨等;易燃气体,如乙炔、氢气等;助燃气体,如氧等;不燃气体,如氮、氩、氦等。

(4) 自燃物品

此类物质暴露在空气中,依靠自身的分解、氧化产生热量,使其温度升高到自燃点即能发生燃烧。如白磷等。

(5) 遇水燃烧物品

此类物质遇水或在潮湿空气中能迅速分解,产生高热,并放出易燃易爆气体,引起燃烧爆炸。如金属钾、钠和电石等。

(6) 易燃液体

这类液体极易挥发成气体,遇明火即燃烧。可燃液体以闪点作为评定液体火灾危险性的主要根据,闪点越低,危险性越大。闪点在45℃以下的称为易燃液体,45℃以上的称为可燃液体(可燃液体不纳入危险品管理)。易燃液体根据其危险程度分为两级:

① 一级易燃液体闪点在28℃以下(包括28℃)。如乙醚、石油醚、汽油、甲醇、乙醇、苯、甲苯、乙酸乙酯、丙酮、二硫化碳、硝基苯等。

② 二级易燃液体闪点在29～45℃(包括45℃)。如煤油等。

(7) 易燃固体

此类物品着火点低,如受热、遇火星、受撞击、摩擦或与氧化剂作用等能引起急剧的燃烧或爆炸,同时放出大量有毒害气体。如赤磷、硫黄、萘、硝化纤维素等。

(8) 毒害品

这类物品具有强烈的毒害性,少量进入人体或接触皮肤即能造成中毒甚至死亡。毒品分为剧毒品和有毒品。

(9) 放射性物品

此类物品具有放射性。人体受到过量照射或吸入放射性粉尘能引起放射病,如硝酸钍及放射性矿物独居石等。

3. 非金属材料

非金属材料通常指木材、水泥、玻璃等材料,一般无金属光泽,是电和热的不良导体。

(1) 木材的保管

木材根据树种、材种、保管要求和保管条件的不同,可因地制宜采用干存法、湿存法等保管方法。

干存法是将木材存放在库房、料棚或露天场地,利用自然通风,使木材的含水量降到20%以下,以防止菌类侵害。为防止木材两端开裂,可以在断面上涂上防裂材料。硬杂木的制材、车辆用板材等应存入库房,不宜让木材干得太快,以免开裂。

湿存法是将木材放在阴湿的场地,使木材保持高度的含水率。应保留树皮作为保护层,堆成紧密的大垛,并定期喷水;保存时间不能太长,夏季最长不超过40天,冬季最长不超过100天。

(2) 玻璃的保管

在玻璃的保管中,应按照玻璃的不同种类、规格、等级分别将其存放在干燥通风的库房,不得露天存放,不得与潮湿或有挥发性的物品(水泥、石灰、盐、酸、碱、油脂、酒精等)放在一起。应立放,严禁平放,不得重压或碰撞。在保管中如发生霉变,可用棉布蘸煤油擦除,再用干布擦干。遇水后要尽快擦干,如果两块玻璃粘在了一起,可浸于水中分开。

(3) 水泥的保管

水泥一般以直观验收为主,重点对包装和密封进行认真检查,以防在运输途中因受潮而硬化结块。在保管中应注意以下几点：

① 应按品种、批号、标号分别堆垛，严禁混存。

② 必须保存在干燥的库房内，避免漏雨渗水。

③ 袋装水泥的堆垛高度一般以10袋为宜，一车一堆，垛堆距离墙壁不小于50厘米。

④ 露天存放时要严格注意防潮、防雨。

（4）汽油的保管

汽油容易燃烧，但一般不会自燃，保管时要注意以下几点：

① 尽可能用油罐储存，最好是地下的，以减少蒸发损失。

② 桶装汽油损耗太大，变质较快，应先进先出，露天存放汽油不要超过半年。

③ 汽油蒸发的气体与空气混合易燃，甚至会引起爆炸，储存时要严格防火防爆。

④ 装油时，输油管要浸入油面以下或接近底部，以减少油料的冲击和与空气的摩擦。

⑤ 装卸或运输油料时，不要在油管出口安装纤维过滤袋，也不要在汽油中擦洗纤维织物。

⑥ 用于输送、储存汽油的管道、油罐及装卸设备都必须有良好的接地装置，接地电阻应大于10Ω。

⑦ 运输用的油罐汽车必须有接地铁链条。

（5）沥青的保管

沥青是一种复杂的化合物，在20℃时为黏性液体，具有一定的弹性和塑性，容易着火，不溶于水。保管时要注意以下几点：

① 沥青是易燃品，存放时要断绝火源，保管作业时要穿戴防护用具，以免中毒。防护用具主要包括衣服、帽子、鞋、口罩、眼镜、手套等。

② 不能将不同规格、品种的沥青混存在料棚内，注意防止沙土、杂质和水混入。避免日晒雨淋导致的变质。

（6）防水卷材的保管

防水卷材是以植物、矿物或动物纤维制品，浸渍沥青所制成的防水建筑材料。在储存时一定要立放，严禁挤压，垛堆高度不要超过两层，库温在40℃以下，避免日光直射，注意通风和防潮，远离易燃易爆品。

（7）润滑油的保管

保管润滑油时要注意以下几点：

① 必须按品牌、种类分别存放，并做明显标志，最好在油库保管。

② 保管器皿清洁密封，要远离电源。

③ 取油工具要干净，不允许有沙砾杂质混入。

④ 不能用木制的容器储存。

⑤ 坚持先进先出原则，储存时间不要过长，以免氧化变质。

(8) 电石的保管

电石应包装后放在密封的铁桶内,打开或损坏的电石桶不要放在库房内。仓库要保持干燥、通风良好。库温保持在30℃以下,相对湿度在80%以下,进出货必须在库外进行,在安全地点放气,人员要在上风处。电石桶破损不要电焊,可以用环氧树脂修补。储存时间不要超过6个月。如果失火,只能用干粉或二氧化碳灭火器,严禁使用泡沫灭火器。

(9) 橡胶板的保管

保管时可平放,也可卷起来立放,保持通风和清洁,库温在−15~35℃,相对湿度在50%~80%。远离矿物油、硫化物质。可撒些滑石粉,避免黏结。

(10) 涂料的保管

涂料涂覆在物体表面,干结成膜后,使物体表面与外界无氧隔开,防止腐蚀变形,起到保护和装饰的作用。保管涂料时要注意以下几点:

① 涂料一般含有可燃或易燃物,在保管中特别要注意防火、防毒。库温在−15~32℃之间,相对湿度在50%~80%之间。防止日光直射。

② 注意防潮,垛高不要超过2米。标志向外,不可倒放。

③ 涂料挥发的气体对人体有害,要注意库房的通风。

④ 调和漆最好隔月翻倒一次,防止沉淀黏结造成损失。

(二) 仓库温湿度的控制技术

1. 仓库温度、湿度的含义

温度和湿度是影响物品质量变化的重要因素。物品在储存保管期间都要有一个适宜的温湿度。

仓库里平常采用的温度有几种:库房外叫气温;库房内叫库温;储存物品的温度叫垛温。表3-7所示为食品的保存温度标准。

表3-7 食品的保存温度标准

温 度 带	物 品 类 型
10~5℃	蔬菜、水果、奶类加工食品、火腿、香肠
5~−5℃	生食用鱼贝类、牛奶、鸡蛋、生鲜肉
−15℃以下	冷冻肉类、冷冻食品、浓缩果汁、冰激凌

空气湿度是表示空气中水蒸气含量的指标,一般以绝对湿度、相对湿度和饱和湿度表示。在判断仓库是否应该通风时应用绝对湿度。相对湿度的大小在很大程度上决定水分蒸发的快慢,因此物品吸湿受潮时间的长短、金属生锈的快慢由相对湿度决定。在仓库的湿度管理中,检查库房的湿度大小,主要就是检测相对湿度的大小。

三种湿度的值可以通过如下公式计算：

相对湿度＝绝对湿度/饱和湿度×100％

引起金属生锈的相对湿度的范围称为金属生锈的临界湿度，铁的临界湿度为65％～70％，钢的临界湿度为70％～80％。不管采取什么防潮措施，都应使库房内的相对湿度降低到金属的临界湿度以下。

表3-8所示为部分物品的温湿度储存要求。

表3-8 物品的温湿度储存要求

商品	温度/℃	相对湿度/％	商品	温度/℃	相对湿度/％	商品	温度/℃	相对湿度/％
搪瓷制品	≤35	≤80	卷烟	≤25	55～70	毛皮制品	≤30	≤75
竹木制品	≤30	60～75	食糖	≤30	≤70	皮革制品	≤30	≤75
纸制品	≤35	≤75	棉织品	≤35	≤75	人造革制品	－10～25	≤75
鱼肉罐头	－5～25	≤75	毛织品	≤30	≤75	金属制品	≤35	≤75
青菜罐头	0～25	≤75	丝织品	≤35	≤75	干电池	－10～25	≤75
糖水罐头	－5～15	≤75	麻织品	≤35	≤75	洗衣粉	≤25	≤75
炼乳罐头	－5～15	≤75	涤纶织品	≤35	≤80	肥皂	≤25	60～80
白酒	≤30	≤75	腈纶织品	≤35	≤80	化妆品	≤30	60～80
果酒	－5～20	≤75	毛皮	≤30	≤75	香水	≤20	70～85

2. 仓库温度、湿度的控制和调节方法

要观测和掌握温湿度的变化，就要在库内外适当的地点设置必要的温湿度仪器，并建立管理制度。库内一般将仪器悬挂在库房的中央，库外应放在百叶箱内，而且要坐南朝北，离地面2米以上。

控制和调节库房温湿度的方法一般有通风、密封、吸潮等。

(1) 通风

通风是根据空气自然流动规律，有计划地组织库内外的空气交换，以达到库内温湿度所要求的范围。为达到通风的目的和避免不合理的通风给储存物品带来不利影响，通风除湿应注意以下几点：

① 应尽量在晴天进行，风力不要超过5级，库外温度高于库内温度一般不能超过3℃。

② 必须注意储存物品本身的温湿度和空气温湿度变化的关系。避免造成通风中物品表面结露。

③ 通风时要不断观察通风效果和天气的变化，另外，在大风、雾天、雨雪天时尽量不

要通风。

(2) 密封

密封是采用一定的方法，将储存物品尽可能严密地封闭起来，以防止和减弱外界空气对物品的影响。密封与通风和吸潮结合起来，可以起到防霉、防潮、防锈、防虫的作用。

仓库常用的密封方法有以下几种：

① 货架密封：将货架用塑料薄膜等密封起来，防止外界空气的影响和结尘。适于出入频繁，怕潮易锈、易霉的小件物品。

② 货垛密封：用油毡等密封材料将货垛上下和四周封闭起来。适于露天货场和仓库内一些要求保管条件高的物品。

③ 库内小室密封：在仓库内选择适当的地方，用密闭的材料围成临时的密封小屋，以保管一些贵重、怕潮的物品。

④ 整库密封：将库房全部密封起来。对储量大、整进整出的物品可采用此方法。

上述方法可以单独使用，也可以结合使用。物品密封后要加强管理，定期检查，观察和记录密封内的温湿度情况。

(3) 吸潮

用吸湿剂或除湿机去湿是降低仓库内空气湿度的有效方法。吸湿剂去潮是仓库常用的方法。吸湿剂一般有生石灰、氯化钙、硅胶、木炭、炉灰等，几种主要的吸湿剂的性质和使用方法如下。

① 生石灰：即氧化钙。吸湿性较强，速度较快。使用时捣成小块，放在小木箱中，不要装满，以免膨化后溢出，最好在吸湿后还没有变成粉末前换掉。生石灰不要直接接触保管物品。

② 氯化钙：一种白色多孔的颗粒固体，吸湿效果显著。有无水(含水3%)和有水(含水23%)两种。氯化钙吸湿到饱和状态后融化为液体，吸湿后的溶液加热后仍可使用。

③ 硅胶：又叫矽酸，是一种白色多孔的颗粒固体，性能与氯化钙基本相同，但颗粒小一些，也可反复使用。

(三) 霉变和虫害的防治技术

1. 霉变防治技术

1) 霉变

霉菌是一种微生物，如果环境适宜，其生长繁殖速度惊人，它对橡胶制品、纤维制品的危害很大。

库存物资并不是在什么条件下都会发生霉变，水分是微生物繁殖的必要条件。工作中，我们经常把相对湿度75%作为物质霉变的临界湿度，低于75%时，多数物资不会霉变。温度是微生物生长的另一个重要条件。它在10℃以下不易生存，40℃以上停止活动，80℃时多数微生物死亡，在25～35℃时生长最好。日光对多数微生物影响也很大，日光直射1～4小时，大部分微生物会死亡。

2）防止霉变的技术

（1）仓库管理

物资入库要严格检查有无霉变现象，入库后容易霉变的物资分库存放，注意通风，降温防湿，把相对湿度控制在75%以下。

（2）用药剂防范霉变

把抑制和杀灭微生物的化学药剂喷洒在容易霉变的物资上，主要药剂有五氯芬钠、水杨酰苯胺、多聚甲醛等。

（3）气相防霉

气相防霉是一种无毒、无害的防霉技术，其原理是将一种具有抑制霉菌生长的化学物质以气态的形式释放到空气中，达到杀菌、去味的效果。

（4）低温防霉

低温防霉一般具有良好的效果，主要因为低温能够减低生物体内酶的活性。但是不同的物品对温度的要求不同，如鲜鸡蛋最好在－1℃条件下保管；果蔬的温度要求在0～10℃；鱼、肉物品采用速冻方法，在－16～－28℃时可以保存较长时间。

（5）物品霉变的救治

霉变后如果早期发现是可以救治的，采用的方法主要有晾晒、高温烘烤、药剂熏蒸、紫外线杀菌等。

2. 虫害的防治技术

虫害不仅侵害仓库的物资，还会对仓库本身造成损坏。仓库保管员需要掌握仓库内害虫的来源、特性、种类与危害方式。常见害虫感染途径及预防方法如表3-9所示。

表3-9 常见害虫感染途径及预防方法

感染途径	途径说明	预防方法	防治方法
货物内潜伏	货物入库前已有害虫潜伏其中	做好入库前的检疫工作，确保入库货物不携带害虫及虫卵	可以使用趋避剂、杀虫剂、熏蒸剂等药物对货物直接进行杀灭害虫；不能直接在货物上使用药剂的采用高、低温杀虫，缺氧以及辐射防治等
包装内隐藏	仓库包装内藏有害虫	对重复利用的包装物进行定期消毒	使用趋避剂、杀虫剂、熏蒸剂等药物对包装进行消毒
运输工具感染	运输工具装运过带有害虫的货物，害虫潜伏其中感染其他商品	注意运输工具的消毒	使用趋避剂、杀虫剂、熏蒸剂等药物对车厢进行消毒

续表

感染途径	途径说明	预防方法	防治方法
仓库内隐藏	害虫长期潜伏在仓库建筑的缝隙及各种器具中	做好库房内、外环境的清洁工作	对库房定期进行消毒
邻垛间相互感染	当某一货垛感染了害虫后,害虫可能爬到邻近的货垛	对已经感染了害虫的货垛及时隔离	对感染害虫的货垛使用趋避剂、杀虫剂、熏蒸剂等药物进行消杀害虫

三、在库物品的盘点

盘点是为确定仓库内或其他场所内的库存材料、半成品或成品的实际数量,而对其库存量加以清点。这一工作能够帮助管理人员掌握实际库存量,明确损耗并加以改善,加强库存管理和物料控制。

(一) 盘点准备

1. 盘点人员编组

进行盘点工作之前,根据盘点类别、盘点范围确定盘点人员。盘点类别根据时间分为定期盘点和临时盘点,根据工作需要划分为全面盘点和部分盘点。仓库盘点范围主要是指存货,包括原材料、半成品、在制品、产成品、包装物、低值易耗品等。

仓库盘点人员的确定是选定总盘人、主盘人、会点人、协点人以及监点人。总盘人负责盘点工作的总指挥,督导盘点工作的进行及异常事项的裁决。主盘人负责实际盘点工作实施。会点人由财务部门指派专人担任,负责数量点计。协点人由经营部门人员担任,负责盘点材料物品的搬运及整理工作。监点人由单位负责人派人担任,负责盘点过程的抽查监督。选定人员后编制盘点人员编组表,报领导审批后实施。

2. 盘点工具准备

如果采用盘点机盘点,需检查盘点机是否正常运行;如果采用人工方式盘点,需要准备盘存单、盘点表、红色和蓝色圆珠笔等工具。

(二) 盘点程序和方法

由盘点负责人确定盘点程序,盘点程序主要包括仓库盘点的准备、仓库物资的清理、仓库盘点作业实施、盘点差异分析以及盘点事后处理等。盘点方法大致有两类:定期盘点法和循环盘点法。

1. 定期盘点法

定期盘点是选择固定时间,将所有物资加以全面盘点。定期盘点根据企业的情况不同来确定，一般每半年或一年进行一次。定期盘点因采用的盘点工具不同有三种方法：一是盘点单盘点法，二是盘点签盘点法，三是货架签盘点法。

盘点单盘点法是以货物盘点单汇总记录盘点结果的方法。盘点签盘点法是特别设计一种盘点签，盘点后贴在实物上，经复盘人复核后撕下。货架签盘点法是以原有货架的标签作为盘点记录工具，不必设计专门盘点标签，盘点计数人员盘点完毕后将盘点数量写在货卡上。

2. 循环盘点法

循环盘点法是将物资逐区、逐类、分批、分期、分库连续盘点。循环盘点法可细分为三种类型：一是分区轮盘法，二是分批分堆盘点法，三是最低存量盘点法。

分区轮盘法是由盘点专业人员将仓库分为若干区，依序盘点货物存量，一定日期后周而复始。

分批分堆盘点法是准备一张发料记录签放置于透明塑料胶带内，拴在某批收料包装上。一旦发料，立即在记录签上记录并将领料单副本存在透明塑料袋内。盘点时对未动用的包装件不做盘点，承认其存量毫无差误。将动用的存量进行盘点。

最低存量盘点法是指当库存货物达到最低存量或订购点，即通知盘点专业人员清点仓库。盘点后开出对账单，以便核查误差。

（三）清理盘点现场

盘点之前仓库物资的清理工作主要包括对所保管的物资进行整理，最好按照5S[整理(seiri)、整顿(seiton)、清扫(seiso)、清洁(seiketsu)和素养(shitsuke)]活动中的整理、整顿来进行，做到货垛、货架整齐有序。对尚未办理入库手续、不在盘点之列的货物予以标明；对已经办理出库手续的物资要全部搬出；对损失变质的物资加以标记以示区别；对已认定为呆滞物资的要单独设库，单独保管，单独盘点。

（四）盘点作业实施

仓库盘点作业实施首先从实物盘点开始。盘点实物可分库、分区、分类、分组进行，责任到个人。常见的方法是对实物进行点数、过磅或检尺，以确定实际储存的数量。

对实物盘点后，将初盘的结果填入盘存单，并由初盘人签字确认；复盘人对实物进行核对盘点后，将实际盘点数量填入盘存单，在表上签字确认后结束点数作业。仓库盘点作业实施的流程如下。

(1) 设置盘点工作办公室。盘点工作办公室一般由总盘人负责，具体的工作由主盘人执行。办公室主要负责盘点表发放，盘点工具准备，核实盘点表是否符合规定以及协调盘点相关事宜。

(2) 人员报到明确任务，领取盘点单。参加盘点人员前往办公室签字报到，明确本次盘点的任务和完成时间,领取盘点资料和工具。

(3) 盘点进行。发完盘点资料和工具,盘点人对仓库商品按照盘点方法和程序进行实物点数,并做记录。

(4) 监盘人抽点。监盘人对盘点的品项进行检查,检查有问题的必须重新盘点。

(5) 回收盘点单。所有完成的盘点单经过盘点人员审核完成所有手续后,汇总到盘点办公室。

(五) 填写盘点表

盘点人填写盘点表时,应注意如下事项。

(1) 填表人员拿起盘点表后,应注意是否重复。

(2) 填表人员和盘点人员分别在表上签字。

(3) 盘点时,应先核对货架编号。

(4) 填表人员应复诵盘点人员所念的各项物资名称及数量。

(5) 对于预先填表错误更正重新写在下一行即可,同样应在审核栏写"更正第×行"。

(6) 对于写错需更正的行次,必须用直尺划去,并在审核栏写"更正第×行",然后请监盘人在更正的行次签名即可。

(六) 盘点差异分析

实际盘点结果与账面结果相核对,若发现账物不一致,则积极查明账物差异的原因。差异的原因追查可从以下事项着手。

(1) 是否因记账员素质不高,致使货品数目不正确。

(2) 是否因料账处理制度不完善,致使货品数目不正确。

(3) 是否因盘点制度的不完善导致货账不符。

(4) 盘点所得的数据与账簿的资料,差异是否在容许误差内。

(5) 盘点人员是否尽责,或盘点人员事先培训工作不充分造成错误的现象。

(6) 是否产生漏盘、重盘、错盘等情况。

(7) 盘点的差异是否可事先预防,是否可以降低料账差异的程度。

(七) 盘点盈亏汇总表

盘点表全部收回,并加以汇总,计算盘点结果,做出盘点盈亏汇总表,报表中应计算出盘亏、盘盈数量,找出差异原因,并提出改善建议。

(八) 调整库存盈亏

经盘点后,发现账载错误,如漏记、记错、算错、未结账或账记不清,有关人员要按照财务规章进行处理。盘点盈亏汇总表报相关领导审批后的意见，财务和仓储部门根据审批意见进行库存盈亏调整。

拓展阅读 3.2　验收作业中出现问题的处理

第三节　出库作业

货物出库是库存保管工作的最后阶段，把货物及时、准确地发送到客户手中，是仓储配送中心工作的最终任务。为此，对出库的货物应按入库的时间安排好出库顺序，对有保管期限的货物应在限期内发出，货物出库凭证必须符合要求，确保出库工作迅速、顺利地进行。

物资出库是仓储业务过程的最后阶段。仓储配送中心根据购销业务部门开出的物资出库凭证，按其所列物资编号、名称、规格、型号和数量等项目进行核对，组织发货等一系列工作就是物资出库业务。

一、物资出库的基本要求

1. 严格贯彻“先进先出，推陈出新”的原则

根据物资入库时间的先后，先入库的物资先出库，以确保物资储存的质量。易霉易腐、机能退化及老化的物资先出，接近失效期的物资和变质失效的物资不准出库。

2. 出库凭证和手续必须符合要求

虽然出库凭证的格式不尽相同，但不论采用何种格式记录都必须真实、有效。否则，属于擅自发货。特殊情况发货必须符合仓储配送中心的有关规定。

3. 严格遵守仓储配送中心有关出库的各项规章制度

(1) 物资出库必须遵守各项规章制度，按章办事。发出物资必须与提货单、领料单或调拨通知单上所列的名称、规格、型号、单价和数量相符合。

(2) 未验收的物资以及有问题的物资不得发放出库。

(3) 物资入库检验与出库检验的方法应保持一致，以避免人为的库存盈亏。

4. 提高服务品质，满足用户需要。

物资出库要求做到及时、准确、保值、保量，防止差错事故的发生。工作尽量一次完成，以提高作业效率。为用户提货创造各种方便条件，协助用户解决实际问题。

5. 贯彻“三不”“三核”“五检查”的原则

(1) “三不”，即未接单据不翻账、未经审单不备货、未经复核不出库。

(2)“三核”,即在发货时要核实凭证、核对账卡、核对实物。

(3)“五检查”,即对单据和实物要进行品名检查、规格检查、包装检查、件数检查、重量检查。

二、出库作业程序

为了使货物出库迅速,加快物流速度,仓库在货物出库前应安排好出库的时间和批次。同时做好出库场地、机械设备、装卸工具及人员的安排。

为了使仓储活动的管理实现良性循环,出库作业程序如图3-14所示。

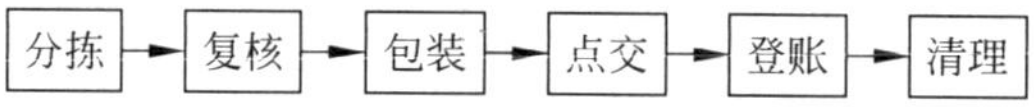

图3-14 出库作业程序

(一)分拣

分拣就是在接受订单的商业活动中,将顾客的订购品从仓库储位中选出,并进行相应的出库业务。由于仓储配送中心客户订单中至少包含一项以上的商品,因此,将这些不同种类及数量的商品由仓库中取出集中在一起就是分拣作业的内容。

分拣作业的目的在于正确且迅速地集合客户所订购的商品。在物流中心内部所涵盖的作业范围里,分拣作业是其中十分重要的一环,其所扮演的角色相当于人体内的心脏或空调系统中的压缩机,而其动力的产生来自客户的订单。

1. 分拣形式选择

摘果式拣选是针对每一份客户订单要求,进行单独拣选,拣货人员或设备巡回于各个货物储位,将所需的货物取出,形似摘果。

播种式拣选又称商品别汇总分播,是把多个客户的要货需求集合成一批,先把其中每种商品的数量分别汇总,再逐个品种对所有客户进行分货,形似播种。

两种拣货方式的优缺点及适用范围如表3-10所示。

表3-10 摘果式与播种式拣货的优缺点及适用范围

拣货方法	优点	缺点	适用范围
摘果式	作业方法简单;订单处理前置时间短;拣货后不必再进行分拣作业	拣货行走路线过长,拣货路径重复度高,耗时长,效率低,差错率高	用户共同需求小,需求差异大;用户对配送时间有明确的要求且要求不一;用户需求种类比较多
播种式	缩短拣取时的行走搬运距离;提高单位时间的拣货量;节省人力	作业前置时间长;对订单无法做出及时处理;增加分货作业	用户共同需求大,需求差异小;用户需求种类比较少;用户对配送时间没有明确要求

2. 分拣作业过程

从实际运作过程来看，分拣作业是在拣货信息的指导下，通过行走和搬运拣取货物，再按一定的方式将货物分类、集中。因此，分拣作业的主要过程包括以下四个环节。

(1) 产生拣货信息

拣货作业必须在拣货信息的指导下完成，拣货信息来源于访销员取得顾客的订单或配送中心的送货单。因此，有些配送中心直接利用访销员的访销订单作为人工拣货指示，但这种信息传递方式无法准确标示所拣货物的储位，使拣货人员寻找货物的时间和拣货行走路径延长。

目前，多数配送中心一般先将订单等原始信息经系统处理后，转换成"拣货单"或电子拣货信号，指导拣货人员或自动拣取设备进行拣货作业，以提高作业效率。

(2) 行走搬运

行走搬运是分拣作业人员或机器设备直接接触并拿取和移动货物的过程。实现形式主要有三种：

① 人员通过步行或搭乘运载工具到达货物储位；

② 货物随自动化货架到达人员面前；

③ 无人参与的自动分拣系统中，完全由机械自动完成。

(3) 拣货

拣货是按照拣选信息的指示抓取货物并确认的过程。拣货是分拣作业的核心。根据货物体积、重量、出货频率等不同，分为手工、机械辅助及自动化设备等实现形式。

(4) 分类或集中

在批量拣选时，分类或集中是为了衔接出货装运作业而进行的再加工，在实际中也有人力分货、机械辅助和自动分货等实现形式。

（二）复核

仓库发放货物必须有正式的出库凭证。物流保管人员接到发货通知后，经过仔细核单，检查无误后方可按照出库凭证上的要求进行分拣备货。为防止差错，备好货物后必须再度与出库凭证核对出库货物的名称、型号、规格、数量、包装等，以防错发、漏发和重发等事故的发生，确保出库的准确性。

出库物品应附有质量证明书或副本、磅码单、装箱单等，机电设备、电子产品等物品，其说明书及合格证应随货同付。备料时应本着"先进先出、推陈出新"的原则，易霉易坏的先出，接近失效期的先出。

备货过程中，凡计重货物，一般以入库验收时标明的重量为准，不再重新计重。需分割或拆捆的应根据情况进行。

复核是针对实行送货制的出库货物，将货物按地区代号搬运到备货区号，再进行核对、置唛、复核和待运装车等。

1. 核对

理货员根据货物场地的大小、车辆到库的班次,对到场货物按照车辆配载、地区到站编配分堆,然后对场地分堆的货物进行单货核对。核对工作必须逐车、逐批地进行,以确保单货数量、品唛、去向完全相符。

2. 置唛

搞好理货工作,必须准确置唛。实行送货制的出库货物,为方便收货方的收转,理货员必须在应发货物的外包装上刷置"收货单位"简称。置唛应在货物外包装两头,字迹清楚,不错不漏。对于复用的旧包装必须刷除原有标志,如粘贴标签,必须粘贴牢固,便于收货方收转。

3. 复核

为了保证出库物品不出差错,备货后应进行复核。出库的复核形式主要有专职复核、交叉复核和环环复核三种。除此之外,在发货作业的各道环节上都贯穿着复核工作。例如,理货员核对单货,守护员(门卫)凭票放行,账务员(保管会计)核对账单(票)等。这些分散的复核形式可以起到分头把关的作用,都十分有助于提高仓库发货业务的工作质量。

复核的内容包括:品名、型号、规格、数量是否同出库单一致;配套是否齐全;技术证件是否齐全;外观质量和包装是否完好。只有加强出库的复核工作,才能防止错发、漏发和重发等事故的发生。

(三)包装

出库物品的包装必须完整、牢固,标记必须正确清楚,如有破损、潮湿、捆扎松散等,不能保障运输中安全的,应加固整理,破包破箱不得出库。各类包装容器上若有水渍、油迹、污损,也均不能出库。

出库物品如需托运,包装必须符合运输部门的要求,选用适宜包装材料,其重量和尺寸便于装卸和搬运,以保证货物在途的安全。

包装是仓库生产过程的一个组成部分。包装时,严禁互相影响或性能互相抵触的物品混合包装。包装后,要写明收货单位、到站、发货号、本批总件数、发货单位等。

(四)点交

货物复核无误后即可出库。发货时应把货物直接点交给提货人,办清交接手续。车辆到库装载待运货物时,理货员要亲自在现场监督装载全过程,要按地区到站逐批装车,防止错装、漏装,对于实际装车件数,必须与随车人员一起点交清楚,由接收人签章,以划清责任。再将送货通知单和随货同行单证交付随车人员一起送达车站、码头。

（五）登账

点交后，保管员应在出库单上填写实发数、发货日期等内容并签名，同时，将出库单连同有关证件资料及时交给货主，以便货主办理货款结算。

（六）清理

经过出库的一系列工作程序之后，实物、账目和库存档案等都发生了变化。应按下列几项工作彻底清理，使保管工作重新趋于账、物、资金相符的状态。

(1) 按出库单核对结存数。

(2) 如果该批货物全部出库，应查实损耗数量，在规定损耗范围内的进行核销，超过损耗范围的查明原因，进行处理。

(3) 一批货物全部出库后，可根据该批货物入出库的情况、采用的保管方法和损耗数量总结保管经验。

(4) 清理现场，收集苫垫材料，妥善保管，以待再用。

在整个出库业务程序过程中，复核和点交是两个最为关键的环节。复核是防止差错的重要和必不可少的措施，而点交则是划清仓库和提货方两者责任的必要手段。

三、出库中发生问题的处理

出库过程中出现的问题是多方面的，应分别对待处理。

1. 出库凭证（提货单）上的问题

(1) 凡出库凭证超过提货期限，用户前来提货，必须先办理手续，按规定缴足逾期仓储保管费，然后方可发货。任何非正式凭证都不能作为发货凭证。提货时，用户发现规格开错，保管员不得自行调换规格发货。

(2) 凡发现出库凭证有疑点，以及出库凭证有假冒、复制、涂改等情况时，应及时与仓库保卫部门以及出具出库单的单位或部门联系，妥善处理。

(3) 商品进库未验收，或者期货未进库的出库凭证，一般暂缓发货，并通知货主，待货到并验收后再发货，提货期顺延。

(4) 如客户因各种原因将出库凭证遗失，客户应及时与仓库发货员和账务人员联系挂失；如果挂失时货已被提走，保管人员不承担责任，但要协助货主单位找回商品；如果货还没有提走，经保管人员和账务人员查实后，做好挂失登记，将原凭证作废，缓期发货。

2. 提货数与实存数不符

若出现提货数量与商品实存数不符的情况，一般是实存数小于提货数。造成这种问题的原因主要有以下四个。

(1) 商品入库时,由于验收问题,增大了实收商品的签收数量,从而造成账面数大于实存数。

(2) 仓库保管人员和发货人员在以前的发货过程中因错发、串发等差错而形成实际商品库存量小于账面数。

(3) 货主单位没有及时核减开出的提货数,造成库存账面数大于实际储存数,从而开出的提货单提货数量过大。

(4) 仓储过程中造成了货物的毁损。

当遇到提货数量大于实际商品库存数量的情况时,无论是何种原因造成的,都需要和仓库主管部门以及货主单位及时取得联系后再作处理。

3. 串发和错发货

所谓串发和错发货,主要是指发货人员由于对物品种类、规格不是很熟悉,或者由于工作中的疏漏把错误规格、数量的物品发出库的情况。

如果物品尚未离库,应立即组织人力,重新发货。如果物品已经离开仓库,保管人员应及时向主管部门和货主通报串发和错发货的品名、规格、数量、提货单位等情况,会同货主单位和运输单位共同协商解决。一般在无直接经济损失的情况下,由货主单位重新按实际发货数冲单(票)解决。如果形成直接经济损失,应按赔偿损失单据冲转调整保管账。

4. 包装破漏

包装破漏是指在发货过程中,因物品外包装破损引起的渗漏等问题。这类问题主要是在储存过程中因堆垛挤压、发货装卸操作不慎等情况引起的,发货时都应经过整理或更换包装,方可出库,否则造成的损失应由仓储部门承担。

5. 漏记和错记账

漏记账是指在出库作业中,因没有及时核销明细账造成账面数量大于或小于实存数的现象。错记账是指在商品出库后核销明细账时没有按实际发货出库的商品名称、数量等登记,从而造成账实不相符的情况。

无论是漏记账还是错记账,一经发现,除及时向有关领导如实汇报情况外,同时还应根据原出库凭证查明原因调整保管账,使之与实际库存保持一致。如果因漏记和错记账给货主单位、运输单位和仓储部门造成了损失,应予赔偿,同时应追究相关人员的责任。

四、退货处理

退货作业属于逆向物流。作业对象包含来自客户的包装物、不合格品和可回收利用的物资。退货作业可以简单概括为从客户手中回收用过的、过时的或者损坏的商品和包装开始,直至最终处理环节的过程。在配送实务中,返品就是仓储配送中心按订单或合同将货物发出后,由于某种原因,客户退回仓库的货物。

可以说，退货处理是对产品和货物的完整、有效和高效的利用过程的协调。

1. 退货原因

客户的退货原因主要有以下四种。

（1）供应商在促销期间的代销货物，在促销期结束后未出售的货物可退给供应商。

（2）货物过期或破损无法继续销售。

（3）货物存在质量问题无法销售。

（4）客户订货过量，短期销售不出去。

2. 退货处理流程

仓储配送中心对于客户的退货处理流程如下。

（1）退货部根据退货清单清点客户退货数量，当实际数量与退货单上的退货数量出现差异时以实际数量为准。

（2）在系统中确认所有退货，将客户退货库存转到不可用库存。

（3）对客户订货过量，短期销售不出去的退货可由退货库存调整成可用库存继续销售，将未出售的代销品退货重新包装退给供应商。

（4）对因质量问题的退货由质量控制主管查看、检验、定性。如属于采购合同中质量问题范畴之列的情况，质量部将定性为质量问题，货物继续放在退货区，质量部通知供应商提取退货。如不属于质量问题，质量部如认为可以继续销售，则退给客户继续销售；反之，则视同于无法继续销售的退货。

（5）货物过期或破损无法继续销售的退货按照采购部与供应商签订的退货条款操作。可以退货的货物继续留在退货区等待供应商退货，不可退货的货物则由不可用库存转移到报废状态，并由退货部集中销毁。

（6）直接退货给供应商。退货部将可以退货的货物按货物种类归类制作出每周退货计划表并交给采购部，由采购部通知供应商退货。在供应商提取退货时，退货部在系统中确认退货后冲减应付账款。

课后复习题

一、单选题

1. 验收作业不包括以下哪一项？（　　）

   A. 场站接货　　B. 核对资料　　C. 检验货物　　D. 验收准备

2. 物品保管的原则包括科学合理原则、效率原则、预防为主原则和（　　）。

   A. 不丢失原则　　B. 效率第一原则　　C. 事后补救原则　　D. 质量第一原则

3. 物品采用垛堆法进行堆码，具体的方式有（　　）。

   A. 重叠式、散堆法　　B. 通风式、交错式

C. 压缝式、晾晒式　　　　D. 栽柱式、顺序式

二、名词解释

1. 堆码
2. 建档
3. 商品养护

三、简答题

1. 简述入库的步骤。
2. 简述堆码的基本原则。
3. 简述苫盖的三种基本方法。

拓展阅读3.3　顺丰数科：基于物流仓储大数据的供应链金融服务

第四章

仓储商务管理

知识目标

1. 了解仓储商务的内容；
2. 熟知仓储合同中的当事人和标的物；
3. 熟知仓储合同的条款。

能力目标

1. 能够熟练草拟仓储合同；
2. 能够正确处理仓储合同纠纷；
3. 掌握仓单的内容及仓单业务。

案例引导

正确认定海外仓服务合同权利义务，促进跨境电商发展

近年来，江苏法院着力提升涉外司法效能，完善国际商事争议解决机制，依法妥善审理了一批具有较大影响、有规则指引作用的案件。2023年12月18日，江苏省高级人民法院(以下简称“江苏高院”)发布8起涉外商事海事审判典型案例。

在其中的一起案例中，公众公司从事跨境电商出口，在德国亚马逊平台销售商品。2020年，公众公司将真丝枕套投放至德国亚马逊平台仓库。2021年4月，德国亚马逊平台要求公众公司下架全部商品，并要求公众公司提供位于德国的收件地址用以接收退货。公众公司得知肯亚公司在德国当地提供海外仓服务，遂委托肯亚公司代为接收德国亚马逊平台退货1936件，并将货物转运回中国。肯亚公司转委托一家德国海外仓公司实际履行上述合同。公众公司最终确认收到退货1355件，后起诉要求肯亚公司赔偿损失75 526.12元。

苏州市中级人民法院审理认为，肯亚公司以自己的名义向公众公司发

送海外仓服务的报价单,并且肯亚公司的工作人员与公众公司进行联络,结算费用,因此可以认定肯亚公司与公众公司之间存在海外仓服务合同关系。

肯亚公司为公众公司提供海外仓服务,将其收到的德国亚马逊平台退货转运回中国并交给公众公司。虽然肯亚公司委托德国当地公司实际提供海外仓服务,但是肯亚公司应当赔偿公众公司货物丢失的损失。根据德国亚马逊平台签收信息、公众公司签收单据等证据,认定肯亚公司丢失货物581件,并综合考虑报关单价、折旧等因素,酌定货物损失55 000元。在抵销公众公司应付肯亚公司费用12 159.92元后,判令肯亚公司赔偿公众公司损失42 840.08元。本案一审判决后,双方当事人均未上诉。

江苏高院认为,海外仓在跨境电商的发展中发挥着重要作用,企业将货物批量出口到境外仓库,实现本地销售、本地配送,有效降低物流成本、提高物流时效。中小卖家一般会选用第三方海外仓,由第三方海外仓提供仓储、收件、拆件、打包、标签、邮寄等服务。苏州法院结合在案件审理中发现的海外仓业务发展情况,向行业协会发送了司法建议,获得积极反馈,以能动司法有效促进地区跨境电商行业健康发展。

资料来源:新京报. https://www.bjnews.com.cn/detail/1702961014168226.html,2023-12-19.

案例思考

1. 在此次事件中,肯亚公司需要承担什么责任?

2. 结合案例,试分析海外仓服务合同的权利、义务分别有哪些。

第一节 仓储商务管理概述

一、仓储商务与仓储商务管理

仓储商务是指仓储经营人利用所具有的仓储保管能力向社会提供仓储保管产品和为获得经济收益所进行的交换行为。仓储商务是仓储企业基于仓储经营而进行的对外的经济交换活动,是一种商业性的行为,因而,仓储商务发生在公共仓储和营业仓储之中,企业自营仓储则不发生仓储商务。

仓储商务活动的内容主要有:仓储商情调查和发现商业机会;市场分析和选择商业机会;商务磋商和签订商业合同;合同履行的协调;争议处理和风险控制;企业形象塑造;制定竞争战略并发展市场;保持企业可持续发展。

仓储商务管理则是仓储经营人对仓储商务所进行的计划、组织、指挥和控制的过程,是独立经营的仓储企业对外商务行为的内部管理,属于企业管理的一个方面。仓储商务管理涉及企业的经营目标、经营收益,因而更为重视管理的经济性、效益性。

相对于其他企业项目管理,仓储商务管理具有外向性,围绕着仓储企业与外部发生的经济活动进行管理；仓储商务管理又有整体性的特性，商务工作不仅是商务职能部门的工作，涉及仓储企业整体的经营和效益，也是其他部门能否获得充足工作量的保证。因而仓储商务管理是仓储企业的高层管理的核心工作，也是企业其他各部门应关心的工作和需要各部门支持的工作。

仓储商务管理的目的是使仓储企业充分利用仓储资源，最大限度地获得经济收入和提高经济效益，具体表现在以下几方面。

1. 充分利用企业资源

在良好的仓储管理之下，仓储企业获得大量的商业机会，也承担了按时完整提供产品的义务，这就需要仓储企业充分利用企业的一切资源，包括仓储能力和作业能力、生产的资金和人力资源，完成生产任务。

2. 满足社会需要

仓储商务管理就是为了使仓储企业能进行尽可能大的产品交换，向社会提供尽可能多的仓储产品，满足社会对仓储产品的需要。仓储商务管理的任务就是有效地开发市场，跟随市场的需要改变产品结构，提高服务水平，降低产品价格，提高产品竞争力。通过市场开发、挖掘商业机会、促进交易，使产品被更广泛的市场和客户接受。

3. 降低成本

生产成本、交易成本的高低是决定产品能否被社会接受的基本条件。仓储商务管理不仅要尽可能地提高交易回报，在市场竞争之下，更重要的是控制成本，提高产品竞争力。仓储商务管理要采取先进的经济管理理论、现代化技术同传统的有效经营相结合的方法，控制和减少交易成本；还要通过将限定的产品价格分解到每个生产环节，促使仓储生产的每一个环节有针对性地进行成本管理，实现整体生产成本的控制。

4. 减少风险

企业的经营风险绝大部分来自商务风险，高水平的商务管理就在于避免发生商务风险，防止责任事故和规避经营风险。建立和规范风险防范机制，及时发现风险隐患，妥善地处理协议纠纷，建立仓储商务质量管理体系是仓储商务管理的重要任务。

5. 塑造企业形象

商务人员对外交往，代表着企业的形象。通过以人为本、任人唯贤、职责明确的原则建立的商务队伍，在对外商业交往中可以体现出商务人员的精明能干、业务熟练，再加上提倡合作和服务的精神，企业守合同、讲信用的商务管理，形成仓储企业高水平、可信赖的企业形象。仓储商务管理的每一项工作都会对企业形象产生直接的影响。

6. 提高经营收益

通过充分利用仓储企业的有效资源、提供满足社会需要的产品，可以使产品被市场广泛接受,促进产量的提高;另外,严格的成本管理、最少的风险承担使得成本降低,实现仓储企业经济收益的提高。而良好的企业形象还能促进企业社会效益的提高。提高整体收益是仓储商务管理的最终目的。

二、仓储商务管理的内容

仓储商务管理是仓储企业管理的一个组成部分,包括对商务工作的人财物的组织和管理,涉及企业资源的使用、制度建设、激励机制以及商务队伍的教育培养、发展提高等各方面,具体来说有以下几方面:

(1) 确定仓储商务机构和商务人员的选用和配备,以及商务工作制度、商务管理制度的设立。

(2) 有效地组织市场搜寻,广泛收集并高质量地分析市场信息,捕捉有利的商业机会,科学制订竞争策略。

(3) 根据市场的发展和需要,科学规划并设计产品营销策略,督促产品推销。

(4) 进行科学合理的组织,充分利用先进的技术和传统的有效方法降低交易成本。

(5) 准确地进行成本核算,确定合适的价格,提高产品的竞争力。

(6) 细致地进行成本分解,促进企业整体成本管理的效果,进一步降低成本。

(7) 以优质的服务满足用户的需要,实现企业的经济效益和社会效益。

(8) 加强交易磋商管理和合同管理,严格依合同办事,讲信用、保证信誉。

(9) 建立风险防范机制,妥善处理商务纠纷和冲突,防范和减少商务风险。

(10) 加强商务人员管理,以人为本,充分发挥全体商务人员的积极性和聪明才智。重视商务人员业务能力的培养,确保商务人员能跟上时代发展的要求并保持发展后劲。

三、仓储商务管理所遵循的原则

1. 满足社会需要

社会主义生产的目的就是满足社会不断增长的需要。仓储生产同样也是为了满足社会对仓储的需要。仓储商务管理就是保持仓储产品社会交换的不断进行,使仓储资源能被最大限度地利用,服务于社会,为社会创造更大的财富。

在仓储商务管理中以社会的需要来组织产品的供应,当产品供不应求时,充分挖掘仓储潜力,发展仓储能力,使需要仓储的物资都能获得必要的储存;当供过于求时,通过组织增值服务,开展多元服务,进一步提高服务质量,使仓储总供给量与市场需求平衡。要避免垄断经营、歧视经营、囤积仓储能力等不满足社会需要的经营方式。随着社会需求的不断发展和不断变化,仓储商务管理也应不断求新、求变,不断创新,跟上社会发展的步伐。

2. 适应市场竞争

市场经济的基本特征就是广泛的市场竞争,没有竞争就没有市场。作为进入门槛较低的仓储业,供给的增长极快,也就必然成为竞争激烈的行业。仓储商务工作面临的是竞争激烈的局面,既要敢于开展积极的竞争,也要勇于面对竞争的挑战。

仓储业需要制定完整的市场竞争策略,建立成本优势、价格优势、服务优势、技术优势,充分利用资本经营手段,进行规模化发展,实现规模效应,形成网络服务和竞争优势,在市场竞争中求生存、求发展。

3. 守法、依法进行商务

市场经济是法制的经济,需要通过法律规范市场,防止恶性竞争和不正当竞争,防止侵害合法权益的现象,维护合法行为和利益。商务工作需要严格遵守法律法规开展商务行为,守法、依法进行商务活动。

商务工作涉及与企业外的经济利益关系,商务管理部门要特别重视利用法治的手段保护企业自身的利益,防止合法利益受到侵犯,维护自身的合法权益。

4. 追求效益最大化

追求效益最大化是市场经济主体的生产经营目的。作为商业活动,仓储经营显然也是为了在向社会提供仓储产品的过程中获得最大的经济效益。获得收益最大化也是仓储商务管理的基本原则。在仓储商务管理中需要通过合理地利用企业资源、有效的营销手段和竞争策略、广泛的市场开发、准确的产品定位、优质的服务、以人为本的激励措施促进产品的销售,使仓储资源能被充分、高效率地利用。

另外,通过不断降低交易成本,控制生产成本,防止责任风险的发生使得企业成本降低,实现仓储经营的效益最大化,使企业能保持正常经营和进一步发展。

四、仓储商务的内容

1. 仓储经营决策

仓储企业根据社会对仓储产品的需要,以及仓储企业所具有的能力和实力、仓储市场的供给水平,遵循充分运用企业资源、满足社会需要和获得最大利润的原则,合理制定实现企业经营发展目标的方法和经营决策。

根据市场的需求和自身的能力,仓储企业可以选择租赁、公共仓储、物流中心或者配送中心方式经营,或者采用单项专业经营或综合经营方式,实行独立经营或者联合经营的经营定位。根据企业所选择的经营方式,合理组织商务队伍,制定仓储商务管理和作业规章制度,形成科学、合理的管理体系。

2. 市场调查和市场宣传

市场调查不仅是企业经营决策的依据,也是仓储企业经营的日常工作。商务部门需要不断进行市场调查并发现商业机会,以便建立商业关系。商务市场调查主要针对市场的供求关系、消费者对产品需求的变化,以及将来的发展进行准确调查和科学预测,以便企业进行经营决策、产品设计和商务宣传。

市场宣传是建立企业形象的一种手段,也是企业获得商业机会的手段之一。商务部门应合理、充分利用企业的有限资源,采取有针对性的有效措施,对潜在客户和竞争对手的客户进行有效宣传和推广,促进业务关系的建立。市场宣传可以采用广告宣传、企业联系、宣传推广、人员促销等方法进行。

3. 积极营销和妥善选择商机

营销也称为市场营销,是从市场需要出发,构思、设计、定价、促销和分销的规划和实施过程,其核心是交换,即实现双方互利的变换。仓储企业按照市场对产品的需求,设计仓储方案并向社会推广、实现交易,达到仓储营销的目的。积极营销就是细致地开展市场、分析产品,准确地选择目标市场和产品定位,合理地确定营销组合,严格管理营销的活动过程。

仓储推销可以采用人员推销和非人员推销的方式。人员推销是选择合适的员工采取上门推销、柜台推销、会议推销等方式进行面对面的推销;非人员推销则是采用广告、营业推广、公共宣传等方式使产品被社会接受。

在获得商机之后,仓储企业应根据企业的经营目标和客户的资信选择合适的对象开展交易活动。

4. 订立仓储合同

订立合同是市场经济主体之间期望发生民事关系的手段。通过订立合同,两个独立的经济主体发生了债权债务关系。需要仓储服务的存货人与经营仓储的保管人通过订立仓储合同发生了货物保管和被保管的经济关系,并通过仓储合同调整双方的关于仓储的权利和义务。仓储合同需要经过双方要约和承诺的过程,当双方意见一致时合同成立。

由于物资仓储往往需要较长的时间,还可能需要对仓储物的加工处理、分拆等作业进行流通管理,为了保证保管人严格按照存货人的要求进行处理,避免时间久远以致遗忘而出现争议,甚至涉及仓单持有人的第三方关系,需要订立较为完备的仓储合同,要求合同条款细致、内容充分。由于仓储保管是双务的行为,因此需要较为完整的合同订立程序,明确地表示合同成立,以及完整的合同形式。

5. 存货人向仓库存货

存货人应按合同的约定向保管人交付仓储物。存货人交付仓储物是存货人履行合同的行为。存货人交付仓储物时必须对仓储物进行妥善处理,保证仓储物适合仓储。对危险品或者易变质物品,应提供有关资料,说明仓储物的性质和处理方式。对仓储物的状态、质量程度提供相应的证明。

存货人须按合同的约定将仓储物准备好,在合同约定的地点或者仓储地点为仓库卸货提供方便,在货物交付给仓库时与仓库工作人员共同理货、查验货物。合同约定预付仓储费的,存货人在存货时应向保管人支付约定的保管费。

6. 保管人接收货物和保管货物

保管人应按照合同约定在接收仓储物之前准备好仓储场地,使场地适合仓储物存放和保管。保管人在接收仓储物之前必须对其进行理货检验,确认仓储物的状态、质量和准确数量。

合同约定由保管人负责仓储物装卸、堆放的,保管人应安排并妥善进行卸载、堆放。仓储物接收完毕,保管人应根据约定向存货人签发仓单。约定由存货人卸货存放的,存货人按照仓库的安排,将货物运至指定的地点卸货并按仓库的要求进行堆码摆放。

在仓储物入仓后,保管人应按照合理的方法、有效的措施对仓储物进行妥善的管理和相应的作业。在存放期间若仓储物损害或发生变化,应及时通知存货人处理,并采取必要的处理措施,以减少损失。同意存货人或者仓单持有人检查仓储物或提取样品。

7. 存货人(仓单持有人)提货

仓储期届满,存货人或者仓单持有人凭仓单向保管人提取仓储物,交付仓储费用和保管人的垫费、由仓储物的性质造成的保管人的损失、超期存货费和超期加收费等费用。提货人在提货时要对仓储物进行检验,确认仓储物的状态和数量。

提货人提货完毕,在仓单上签署后,将仓单交回保管人。

如果合同在约定存储期限,存货人或者仓单持有人可以随时要求提取仓储物,但应有合理的通知期。提货人对仓储中产生的残损货物、收集的地脚货、货物残余物等应一并提取。

仓储物在存放期间产生的孳息,没有约定由保管人享受的,保管人应交给仓单持有人。

第二节 仓储合同

一、仓储合同基本知识

(一) 仓储合同的定义

仓储合同,又称仓储保管合同,是保管人储存存货人交付的仓储物,存货人支付仓储费的合同。在仓储合同关系中,存入货物的一方是存货人,保管货物的一方是保管人,交付保管的货物为仓储物。仓储业是专为他人储藏、保管货物的商业营业活动,也是现代化大生产和国际、国内商品货物的流转中一个不可或缺的环节。

仓储合同双方当事人分别为存货人和保管人。

（二）存货人

1. 存货人的含义

存货人是指将仓储物交付仓储的一方。存货人必须是具有将仓储物交付仓储的处分权的人,可以是仓储物的所有人,如货主；也可以是只有仓储权利的占有人,如承运人；或者是受让仓储物但未实际占有仓储物的拟似所有人,或者是有权处分人,如法院、行政机关等。

2. 存货人的义务

1）说明义务

(1) 仓储物的完整告知

所谓完整告知,是指在订立合同时存货人要完整细致地告知保管人仓储物的准确名称、数量、包装方式、性质、作业保管要求等涉及验收、作业、仓储保管、交付的资料,特别是危险货物,存货人还要提供详细的说明资料。存货人寄存货币、有价证券或者其他贵重物品的,应当向保管人声明,由保管人验收或者封存；存货人未声明的,该物品毁损、灭失后,保管人可以按照一般物品予以赔偿。

(2) 仓储物的瑕疵的说明

仓储物的瑕疵的说明,包括仓储物及其包装的不良状态、潜在缺陷、不稳定状态等已存在的缺陷或将会发生损害的缺陷。因存货人未告知仓储物的性质、状态造成的保管人验收错误、作业损害、保管损坏由存货人承担赔偿责任。

(3) 仓储物危险情况的说明

存货人储存易燃、易爆、有毒、有放射性等危险物品或者易腐等特殊货物的,应当向保管人说明货物的性质和预防危险、腐烂的方法,提供相关的保管、运输等技术资料,并采取相应的防范措施。存货人违反该义务的,保管人有权拒收该仓储物,也可以采取相应措施以避免损失的发生,因此产生的费用由存货人承担。保管人因接收该货物造成损害的,存货人应承担损害赔偿责任。

2）妥善处理和交付仓储物的义务

存货人应对仓储物进行妥善处理,根据性质进行分类、分储,根据合同约定妥善包装,使仓储物适合仓储作业和保管。存货人应在合同约定的时间向保管人交付仓储物,并提供验收单证。前文已述,交付仓储物为履行合同义务的行为,而非仓储合同的成立要件。存货人不能全部或部分按约定交付仓储物应承担违约责任。

3）支付仓储费和必要费用的义务

仓储合同是有偿合同,存货人应向保管人支付仓储费。仓储费即仓管人保管仓储物所应获得的报酬。如果存货人未支付仓储费,保管人有权对仓储物行使留置权利,有权拒绝将仓储物交还存货人或应付款人，并可通过拍卖留置的仓储物等方式获得款项。

另外，仓储物在仓储期间发生的应由存货人承担责任的费用支出或垫支费，如保险费、货物自然特性的损害处理费用、有关货损处理、运输搬运费、转仓费等，存货人应及时支付。

4）提取仓储物的义务

存货人应按照合同的约定，按时将仓储物提取。当事人对储存期间没有约定或者约定不明确的，存货人或者仓单持有人可以随时提取仓储物，保管人也可以随时要求存货人或仓单持有人提取仓储物，但应当给予必要的准备时间。合同约定了储存期间的，存货人或仓单持有人应当按照合同的约定及时提取仓储物。逾期提取的，应当加收仓储费。

在仓储合同期限届满前，保管人不得要求返还或要求由存货人或仓单持有人取回保管物。在存货人或仓单持有人要求返还时，保管人不得拒绝返还，但不减收仓储费。存货人或仓单持有人对于临近失效期或有异状的货物，应当及时提取或予以处理。存货人或仓单持有人提取货物时须出示仓单并缴回仓单。由于存货人或仓单持有人的原因不能使货物如期出库造成压库时，存货人或仓单持有人应负违约责任。

仓储合同一经成立，即发生法律效力。存货人和保管人在享有各自的权利的同时，都应严格按照合同的约定履行自己的法律义务。

3. 存货人的权利

（1）查验，取样权

在仓储保管期间存货人有对仓储物进行查验、取样查验的权利，能提取合理数量的样品进行查验。查验会影响保管人的工作，取样还会造成仓储物的减量，但存货人合理进行的查验和取样，保管人不得拒绝。

（2）保管物的领取权

当事人对保管期间没有约定或约定不明确的，保管人可以随时要求寄存人领取保管物；约定明确的，保管人无特别事由，不得要求寄存人提前领取保管物，但存货人可以随时领取保管物。

（3）获取仓储物孳息权

《中华人民共和国合同法》（以下简称《合同法》）第 377 条规定："保管期间届满或者寄存人提前领取保管物的，保管人应当将原物及其孳息归还寄存人。"可见，如果仓储物在保管期间产生了孳息，存货人有权获取该孳息。

（三）保管人

1. 保管人的含义

保管人为仓储货物的保管一方。根据合同法规定，保管人必须是有仓储设备并具有专门从事仓储保管业务资格的。也就是说保管人必须拥有仓储保管设备和设施，具有仓库、场地、货架、装卸搬运设施、安全、消防等基本条件;取得相应的公安、消防部门的许可。从事特殊保管的,还要符合特殊保管的条件要求。

保管人可以是独立的企业法人、企业分支机构,或个体工商户、其他组织等,可以是专门从事仓储业务的仓储经营者,也可以是贸易堆栈、车站、码头的兼营机构,从事配送经营的配送中心。

2. 保管人的义务

(1) 提供合适的仓储条件的义务

仓储人经营仓储保管的先决条件就是具有合适的仓储保管条件,有从事保管货物的保管设施和设备。包括适合的仓储人员、场地、容器、仓库、货架、作业搬运设备、计量设备、保管设备、安全保卫设施等条件。同时保管人所具有的仓储保管条件还要适合所要进行保管的仓储物的相对仓储保管要求,如保存粮食的粮仓、保存冷藏货物的冷库等。保管人若不具有仓储保管条件,则构成根本违约。

(2) 验收仓储物的义务

验收仓储物是保管人对存货人交付储存的货物进行检验,以确定其处于适合保管的良好状态的过程,也是保管人按照合同规定履行仓储保管义务,在期限届满后将处于完好状态下的货物返还给存货人的前提。

保管人应当按照约定对入库仓储物进行验收。保管人验收时发现入库仓储物与约定不符合的,应当及时通知存货人。保管人验收后,仓储物的品种、数量、质量不符合约定的,保管人应当承担损害赔偿责任。

(3) 给付仓单的义务

给付仓单是保管人的一项重要的合同义务。保管人在接收货物后,根据合同的约定或者存货人的要求,及时向存货人签发仓单。存期届满,根据仓单的记载向仓单持有人交付货物,并承担仓单所明确的责任。保管人根据实际收取的货物情况签发仓单。保管人应根据合同条款确定仓单的责任事项,避免将来向仓单持有人承担超出仓储合同所约定的责任。

(4) 妥善保管仓储物的义务

仓储合同在性质上为保管合同,并且为有偿合同。因此,保管人应当按照仓储合同的要求,以善良管理人的注意义务对仓储物加以妥善保管。国家对特殊物品的储存操作制定有专门标准的,保管人还须依照这些专门标准履行保管义务。

保管人储存易燃、易爆、有毒、有腐蚀性、有放射性危险物品时,应当具备相应的保管条件(《合同法》第 383 条第 3 款)。在储存期间,因保管人保管不善造成仓储物损毁、灭失的,保管人应当承担损害赔偿责任。

(5) 同意存货人或仓单持有人检查仓储物或提取样品的义务

保管人根据存货人或仓单持有人的要求,应当同意其检查仓储物或者提取样品,这就是保管人的容忍义务。所谓检查仓储物，是指对仓储物进行检验和核查。存货人或仓单持有人可以进行何种程度的检查，应根据仓库的状况及习惯决定。

提取样品，是存货人或仓单持有人为更彻底地检查仓储物的保管情况或为了在交易中作为货样向他人展示等，而随机抽取部分存储物。存货人或仓单持有人请求提取样品时，保管人可以请求其交付证明书或要求相当的担保。

(6) 危险告知的义务

保管人的危险告知义务，是指当仓储物出现危险时，保管人应及时通知存货人或仓单持有人。保管人对入库仓储物发现有变质或者其他损坏的，应当及时通知存货人或仓单持有人。在仓储物的保管过程中，仓储物的变质或损坏的原因主要有：

① 货物本身的性质所致；

② 不符合约定的保管条件所致；

③ 瑕疵本来存在，验收时没有发现；

④ 其他原因。

不管是何种原因造成，也不管这种变质或损坏的情况是谁造成的，都不影响保管人的这种通知义务。

所谓"及时"，应当理解为自保管人发现不良情况后的尽可能短的时间，使损坏不致因时间延误而扩大。如果保管人已尽到善良管理人的注意而仍未发现仓储物有变质或其他损坏的，则不承担因未通知而产生的损失责任。如果因为保管人的过失未发现仓储物之变质或其他损坏的，保管人应当承担未尽妥善履行保管义务的违约责任。如果保管人未尽到危险通知的义务，则保管人应对扩大部分的损失承担赔偿责任。

同时，如果保管人发现仓储物的变质或其他损坏，危及其他仓储物的安全和正常保管的，也应当催告存货人或仓单持有人作出必要的处置。根据《合同法》第 390 条的规定，因情况紧急，保管人可以作出必要的处置，但事后应当将情况及时通知存货人或仓单持有人。

(7) 返还仓储物的义务

保管人应在约定的时间和地点向存货人或仓单持有人交还约定的仓储物。仓储合同没有明确存期和交还地点的，存货人或仓单持有人可以随时要求提取，保管人应在合理的时间内交还存储物。作为一般仓储合同，保管人在交返仓储物时，应将原物及其孳息、残余物一并交还。

3. 保管人的权利

(1) 收取仓储费的权利

仓储费是保管人订立合同的目的，是对仓储物进行保管所获得的报酬，是保管人的合同权利。保管人有权按照合同约定收取仓储费或在存货人提货时收取仓储费。

(2) 提存权利

储存期间届满,存货人或者仓单持有人不提取货物的,保管人可以催告其在合理期限内提取,逾期不提取的,保管人可以提存仓储物。所谓提存,是指债权人无正当理由拒绝接受履行或下落不明,或数人就同一债权主张权利,债权人一时无法确定,致使债务人难于履行债务,经公证机关证明或法院的裁决,债务人可将履行的标的物提交有关部门保存。一经提存即认为债务人已经履行了其义务,债权债务关系即行终止。

债权人享有向提存物的保管机关要求提取标的物请求权,但须承担提存期间标的物损毁灭失的风险并支付因提存所需要的保管或拍卖等费用,且提取请求权自提存之日起5年内不行使而消灭。

提存程序一般为:首先,由保管人向提存机关呈交提存申请书。在提存书上应当载明提存的理由,标的物的名称、种类、数量,以及存货人或提单所有人的姓名、住所等内容。其次,仓管人提交仓单副联、仓储合同副本等文件,以此证明保管人与存货人或提单持有人的债权债务关系。最后,保管人还应当提供证据证明自己催告存货人或仓单持有人提货而对方没有提货,致使该批货物无法交付其所有人。

(3) 验收货物的权利

验收货物不仅是保管人的义务,也是保管人的一项权利。保管人有权对货物进行验收,在验收中发现货物溢短,对溢出部分可以拒收,对于短少的有权向存货人主张违约责任。对于货物存在的不良状况,有权要求存货人更换、修理或拒绝接受,否则需如实编制记录,以明确责任。

(四) 标的和标的物

1. 标的

仓储保管行为,包括仓储空间、仓储时间和保管要求。合同标的是指合同关系指向的对象,也就是当事人权利和义务指向的对象,即存货人按时交付货物、支付仓储费,保管人给予养护,保管期满,完整归还。因此仓储合同是一种行为合同,一种双方当事人都需要行为的双务合同。

2. 标的物

仓储物、标的物是标的的载体和表现,如仓储货物的质量、数量完好,则说明保管人保管行为良好。

作为仓储合同标的物的物品一般没有太大限制,无论是生产资料还是生活资料,无论是特定物还是种类物,抑或可分物与不可分物,都可以成为仓储合同的标的物。但是,就不动产而言,它不能成为仓储物,因为仓储保管合同之目的在于对物的安全储存,保管人要在存储期限届至时完好地返还存货人所储存的货物,仓储物若为不动产则无从谈起存储,所以,仓储合同的标的物只能是动产,而不能为不动产。

至于一些易燃、易爆、易腐烂、有毒的危险品等，以及一些易渗漏、超限的特殊货物，只需存货人与保管人在订立仓储合同时约定一些必要的特别仓储事项即可。另外，货币、知识产权、数据、文化等无形资产和精神产品也不能作为标的物。

二、仓储合同的订立

（一）仓储合同订立的原则

仓储合同的订立，是存货人与保管人之间依双方当事人意思表示而实施的能够引起权利与义务关系发生的民事法律行为。订立仓储合同应当遵循以下基本原则。

1. 平等原则

平等原则是指作为仓储合同的当事人双方在法律上地位一律平等。无论谁为存货人，也不论保管人是谁，双方均享有独立的法律人格，独立地表达自己的意思，双方是在平等基础上的利益互换。

2. 公平及等价有偿原则

该项原则原本是一项经济原则，是价值规律的要求。等价有偿原则，要求仓储合同的双方当事人依价值规律来进行利益选择，禁止无偿划拨、调拨仓储物，也禁止强迫保管人或存货人接受不平等利益交换。合同双方都要承担相应的合同义务，享受相应的合同利益。

3. 自愿与协商一致的原则

自愿意味着让存货人与保管人完全地依照自己的知识、判断去追求自己最大的利益。协商一致是在自愿基础上寻求意思表示一致，寻求利益的结合点。存货人与保管人协商一致的约定，具有与法律同等的约束力。仓储合同的订立只有在协商一致的基础上，才能最充分地体现出双方的利益，从而保证双方的履行约定。

（二）仓储合同订立的程序

一般来说，订立合同主要有两个阶段，即准备阶段和实质阶段。实质阶段又包括要约和承诺两个阶段。

1. 准备阶段

在许多场合，当事人并非直接提出要约，而是经过一定的准备，才考虑订立合同，其中包括接触、预约和预约邀请，其意义在于使当事人双方相互了解，为双方进入实质的缔约阶段（即要约和承诺阶段）创造条件，扫除障碍。

2. 实质阶段

根据《合同法》的规定，只要存货人与保管人之间依法就仓储合同的有关内容经过要约与承诺的方式达成意思表示一致,仓储合同即告成立。正因为要约与承诺直接关系到当事人的利益,决定合同是否成立,所以我们将之称为合同订立的实质阶段。

(1) 要约

要约,是指向特定人发出的订立合同的意思表示,发出要约的当事人称为要约人,而要约所指向的当事人则称为受要约人。要约具有两个特点:一是要约的内容必须明确具体,不能含糊其词、模棱两可,对方也不得对要约的内容做出实质性变更,否则视为对方的新要约;二是要约一经受要约人承诺,要约人即受该意思表示的约束,不得因条件的改变而对要约的内容反悔。

在仓储合同中,一般来说,要约至少应当包括以下内容:标的物数量、质量、仓储费用,即使没有具体的数量、质量和仓储费用表述,也可以通过具体的方式来确定这些内容。

(2) 承诺

承诺,是指受要约人做出的同意要约内容的意思表示。承诺必须在要约的有效期限或合理期限内做出,并与要约的内容一致。除受要约人之外的任何第三人所作的承诺不是法律上的承诺,而仅仅是一项要约,就像迟到的承诺只是要约一样。受要约人对要约内容的任何扩充、限制或者其他变更,都只能构成一项新要约,而非有效的承诺。

在仓储合同订立过程中,保管人一经承诺,仓储合同即告成立,且同时生效。也就是说仓储合同是诺成合同,合同的成立与生效同时发生,该效力的发生基于一个有效的承诺。

(三) 仓储合同的形式

根据合同法的规定,合同可以采取书面形式、口头形式或其他形式,因而仓储合同也可以采用书面形式、口头形式或者其他形式。订立仓储合同的要约、承诺也可以是书面、口头或者其他形式。

签订仓储保管合同应尽量使用全国统一的合同示范文本,或统一规范的仓单。

签订仓储合同一般应具备下列条款:

(1) 保管人和存货人名称或姓名、住所;

(2) 仓储物的品名、品种、规格、数量、质量、件数及标记;

(3) 验收项目及验收方法;

(4) 入库、出库手续;

(5) 仓储物的损耗标准;

(6) 储存场所及保管方法;

(7) 储存的时间;

(8) 仓储费的支付;

(9) 货物的包装要求;

（10）仓储物已经办理保险的，其保险金额、期间以及保险公司的名称；
（11）合同或存单签发人、签发地和签发日期；
（12）违约责任；
（13）合同纠纷解决方式；
（14）其他要说明的问题。

（四）仓储合同的主要内容

仓储合同的内容，又称仓储合同的主要条款，是经存货人和保管人双方协商一致订立的、规定双方的主要权利和义务的条款，同时也是检验合同的合法性、有效性的重要依据。下面就仓储合同的主要内容做出简要介绍。

1. 存货人、保管人的名称和地址

合同当事人是履行合同的主体，需要承担合同责任，需要采用完整的企业注册名称和登记地址，或者主办单位地址。主体为个人的必须明示个人的姓名和户籍地或常住地（临时户籍地）。有必要时可在合同中增加通知人，但通知人不是合同当事人，仅履行通知当事人的义务。

2. 货物的品名或种类

双方当事人必须在合同中对货物的品名和种类作出明确详细的规定。如果存放的是易燃、易爆、易渗漏、有毒等危险货物或易腐、超限等特殊货物，还必须在合同中加以特别注明。

3. 货物的数量、质量、包装

在此条款中，货物的数量应使用标准的计量单位，货物的质量应使用国家或有关部门规定的质量标准，也可以使用经批准的企业或行业标准。在没有上述质量标准时，可以由存货人与保管人在仓储合同中自行约定质量标准。如果双方在仓储合同中没有约定质量标准，则依《合同法》第 61 条，可以协议补充，不能达成补充协议的，按照合同有关条款或者交易习惯确定。

至于货物的包装，一般由存货方负责，有国家或专业标准的，按照国家或专业标准执行；没有国家或专业标准的，应根据货物的性能和便于保管、运输的原则由保管人与存货人双方约定。

4. 货物验收的内容、标准、方法、时间

验收存货人的货物是保管人的义务和责任，合同中应明确约定验收的内容、标准、方法和时间。

5. 货物保管条件和保管要求

合同双方当事人应根据货物性质、要求的不同，在合同中明确规定保管条件。保管人如因仓库条件所限,不能达到存货人要求,则不能接受。对某些比较特殊的货物,如易燃、易爆、易渗漏、有毒等危险物品,保管人保管时,应当有专门的仓库、设备,并配备有专业技术知识的人负责管理。

6. 货物入出库手续、时间、地点、运输方式

仓储合同的当事人双方应当重视货物入库环节,防止将来发生纠纷。因此在合同中要明确入库应办理的手续、理货方法、入库的时间和地点以及货物运输、装卸搬运的方式等内容。

出库时间由仓储合同的当事人双方在合同中约定,当事人对储存期间没有约定或者约定不明确的,存货人可以随时提取仓储物,保管人也可以随时要求存货人提取仓储物,但是应当给予必要的准备时间。另外,提货时应办理的手续、验收的内容、标准、方式、地点及运输方式等也要明确。

7. 货物损耗标准和损耗的处理

储物的损耗标准是指货物在储存过程中,由于自然原因(如干燥、风化、散失、挥发、黏结等)和货物本身的性质等原因,不可避免地会发生一定数量的减少、破损,而由合同当事人双方事先商定一定的货物自然减量标准和破损率等。在确定仓储物的损耗标准时,要注意易腐货物的损耗标准应该高于一般货物的损耗标准。

8. 计费项目、标准和结算方式、银行、账号、时间

计算项目和计算标准是最终计算保管人收取的仓储费用的根据,只有明确了计费项目和计费标准,才能准确地确定存货人的支付义务。计算项目包括:保管费、转仓费、出入库装卸搬运费、车皮、站台、包装整理、商品养护等费用。此条款除了明确上述费用由哪一方承担外,还应对下列项目做出明确规定:计算标准、支付方式、支付时间、地点、开户银行、账号等。

9. 责任划分和违约处理

仓储合同可以从货物的入库、验收、保管、包装、出库等五个方面明确双方当事人的责任。同时双方应约定,什么性质的违约行为承担什么性质的违约责任,并且明确约定承担违约责任的方式,即支付违约金、赔偿金及赔偿实际损失等,约定赔偿金的数额和计算方法。

10. 合同的有效期限

合同的有效期限,即货物的保管期限。合同有效期限的长短也与货物本身的有效储存期有关。某些货物由于本身的特性,不能长时间存放,如药品、胶卷、化学试剂等,一般都注明了有效使用期限。根据有效使用期限确定的储存保管期限,称为有效储存期。

11. 变更和解除合同的期限

仓储合同的当事人如果需要变更或解除合同,必须事先通知另一方,双方达成一致即可变更或解除合同。变更或解除合同的建议和答复,必须在法律规定或者合同约定的期限内提出。如果发生了法律或合同中规定的可以单方变更或解除合同的情形,那么,拥有权利的一方可以变更或解除合同。

(五) 仓储合同的生效与无效

1. 生效

仓储合同为承诺性合同,在合同成立时就生效。仓储合同生效的条件为合同成立,具体表现为:双方签署合同书;合同确认书送达对方;受要约方的承诺送达对方;公共保管人签发格式合同或仓单;存货人将仓储物交付保管人,保管人接收。

无论仓储物是否交付存储,仓储合同自成立时生效。仓储合同生效后,发生的存货人未交付仓储物、保管人不能接受仓储物都是仓储合同的未履行,由责任人承担违约责任。

2. 无效

无效仓储合同,是指仓储合同虽然已经订立,但是因为违反了法律、行政法规或者公共利益,而被确认为无效。无效仓储合同具有违法性、不得履行性、自始无效性、当然无效性等特征。合同无效由人民法院或仲裁机构、工商行政机关认定,可以认定为合同整体无效或部分无效,可以采取变更或撤销的方式处理;合同无效可以在合同订立之后、履行之前、履行之中或者履行之后认定。

常见的无效仓储合同主要有以下几种形式。

(1) 一方以欺诈、胁迫手段订立损害国家利益的仓储合同

欺诈的基本含义就是故意把不真实的情况作为真实情况来表示,或者故意隐瞒真实情况。而胁迫则是以损害相威胁,迫使仓储合同的另一方当事人与自己订立合同。

需要强调指出的是,仓储合同的一方当事人以欺诈、胁迫手段订立仓储合同,必须是在损害了国家利益的前提下才为无效。在欺诈、胁迫订立的合同不损害国家利益的情形下,仓储合同则仅为可变更或可撤销合同。

(2) 恶意串通,损害国家、集体或者第三人利益的仓储合同

仓储合同中的恶意串通是指存货人与保管人非法串通在一起,合谋订立仓储合同而使国家、集体、第三人利益受到损害。所谓恶意,是存货人与保管人明知或者应当知道自己的行为将给国家、集体或第三人造成损害,而故意行为。

所谓互相串通,是指存货人与保管人都是基于共同的目的,而希望通过订立仓储合同而损害国家、集体或者第三人的利益,而且存货人与保管人互相配合、共同实施。

(3) 以合法形式掩盖非法目的的仓储合同

以合法形式掩盖非法目的的仓储合同,是指存货人与保管人通过订立仓储合同的形式来掩盖彼此间非法目的,即以形式上的合法来掩盖某种不合法的真正目的。

(4) 损害社会公共利益的仓储合同

社会公共利益在民法上又称为公序良俗、公共秩序。各国立法均从原则上确定了违反公序良俗或者公共秩序的合同无效,仓储合同也不例外。仓储合同遵循公共秩序和善良风俗原则,对于维护国家和社会的一般利益及社会道德观念具有重要价值。

例如,尸体应当存储于火葬场或医院的停尸房,这是基本的约定俗成。如果普通冷库与他人订立储存尸体的合同,则该合同因违背善良风俗而无效。

无效仓储合同无论什么时候认定,都是自始无效,也就是说因无效合同所产生的民事关系无效。依法采取返还财产或折价赔偿、赔偿损失、追缴财产等方式是因无效合同所产生的利益消亡,对造成合同无效方给予的处罚。

三、仓储合同管理

(一) 仓储合同的转让、变更、解除和终止

1. 仓储合同转让

仓储合同转让,是指仓储合同的一方当事人依法将其合同权利义务全部或部分转让给合同以外的第三人,即合同的主体变更,而合同的客体和内容都不发生变化。仓储合同转让可以分为:全部转让和部分转让;债权转让和债务转让。

2. 仓储合同的变更

仓储合同的变更是指对已经合法成立的仓储合同的内容在原来合同的基础上进行修改或者补充。仓储合同的变更并不改变原合同关系,是原合同关系基础上的有关内容的修订。仓储合同的变更应具备下列条件:

(1) 原仓储合同关系客观存在,仓储合同的变更并不发生新的合同关系,变更的基础在于原仓储合同的存在以及其实质内容的保留;

(2) 存货人与保管人必须就合同变更的内容达成一致;

(3) 仓储合同的变更协议必须符合民事法律行为的生效要件。

仓储合同的变更程序类同于合同订立程序,即先由一方发出要约,提出变更请求,另一方做出承诺,双方意思表示一致,变更成立。但是,受变更要约的一方必须在规定的期限内答复,这是与普通要约的不同之处。

仓储合同变更后,被变更的内容即失去效力,存货人与保管人应按变更后的合同来履行义务,变更对于已按原合同所做的履行无溯及力,效力只及于未履行的部分。任何一方当事人不得因仓储合同的变更而要求另一方返还在此之前所作的履行。仓储合同变更

后，因变更而造成对方损失的，责任方应当承担损害赔偿责任。

3. 仓储合同的解除

仓储合同的解除是指仓储合同订立后，在合同尚未履行或者尚未全部履行时，一方当事人提前终止合同，从而使原合同设定的双方当事人的权利义务归于消灭。它是仓储合同终止的一种情形。

1）仓储合同解除的方式

（1）存货人与保管人协议解除合同

存货人与保管人协议解除合同，是指双方通过协商或者通过行使约定的解除权而导致仓储合同的解除。因此，仓储合同的协议解除又可以分为事后协议解除和约定解除两种。

（2）仓储合同依法律的规定而解除

仓储合同的法定解除是指仓储合同有效成立后，在尚未履行或尚未完全履行之前，当事人一方行使法律规定的解除权而使合同权利义务关系终止，合同效力消灭。仓储合同一方当事人所享有的这种解除权是由法律明确规定的，只要法律规定的解除条件成立，依法享有解除权的一方就可以行使解除权，而使仓储合同关系归于消灭。

2）仓储合同解除的程序

仓储合同中享有解除权的一方当事人在主张解除合同时，必须以通知的形式告知对方当事人。只要解除权人将解除合同的意思表示通知对方当事人，就可以发生仓储合同即时解除的效力，无须对方当事人答复，更无须其同意，对方有异议的，可以请求法院或者仲裁机构确认解除合同的效力，即确认行使解除权的当事人享有合同解除权。

原则上仓储合同的解除权人应以书面形式发出通知，便于举证自己已经尽了通知义务。仓储合同的解除权人应当在法律规定或者与另一方当事人约定的解除权行使期限内行使解除权，否则，其解除权将归于消灭。

在仓储合同中，除非有特别约定，仓储物所有权并不发生移转，所以仓储合同的解除是没有溯及力的。

4. 仓储合同的终止

仓储合同的终止，是指当事人之间因仓储合同而产生的权利义务关系由于某种原因而归于消灭，不再对双方具有法律约束力。

（二）仓储合同违约责任和免责

仓储合同的违约责任是指仓储合同的当事人，因自己的过错不履行合同或履行合同不符合约定条件时所应承担的法律责任。

1. 仓储合同违约行为的表现形式

(1) 拒绝履行

拒绝履行是指仓储合同的义务一方当事人无法律或约定根据而不履行义务的行为。仓储合同不履行的表现,不以明示为限,单方毁约、没有履行义务的行为、将应当交付的仓储物作其他处分等,均可以推断为不履行义务的表现。

如存货人在储存期届满时,保管人履行了储存与保管义务后,不支付仓储费;保管人在约定的期限内不返还仓储物或将仓储物挪作他用等。如果仓储合同的义务人拒绝履行义务,权利人有权解除合同;给权利人造成损失的,权利人有权请求义务人赔偿其损失。

(2) 履行不能

仓储合同的履行不能是指当事人应履行义务的一方无力按合同约定的内容履行义务。履行不能可能是由于客观原因而不能履行,如仓储物因毁损、灭失致不能履行;也可能是由于主观过错而不能履行义务,如保管人将仓储物返还给存货人。

履行不能的情况自仓储合同成立时就已经存在的,则为原始不能;如果是在合同关系成立以后才发生的,则为嗣后不能,如仓储物于交付前灭失。如果仓储物只灭失部分,则为部分不能;如果全部灭失,则为全部不能。由于自己的原因而不能履行义务的,为事实上的不能;由于法律上的原因而不能履行义务的,为法律上的不能。

(3) 履行迟延

因可归责于义务人的原因,未在履行期内履行义务的行为为履行迟延。在仓储合同中,保管人未在合同规定的期限内返还仓储物,存货人未按时将货物入库,未在约定的期限内支付仓储费用等行为均属于履行迟延。履行迟延具有以下特征:

① 义务人未在履行期限内履行义务。

② 义务人有履行能力,如果义务人无履行能力,则属于履行不能。

③ 其行为具有违法性。义务人履行迟延,经催告后在合同期限内仍未履行,权利人可以解除合同、请求义务人支付违约金和赔偿损失。

(4) 履行不适当

履行不适当,即未按法律规定、合同约定的要求履行的行为。在仓储合同中,在货物的入库、验收、保管、包装、货物的出库等任何一个环节未按法律规定或合同的约定去履行,即属不适当履行。由于履行不适当不属于真正的履行,因此作为仓储合同权利主体的一方当事人可以请求补正,要求义务人承担违约责任,支付违约金并赔偿损失,此外还可以根据实际情况要求解除合同。

2. 仓储合同的违约责任及其承担方式

仓储合同的违约责任是指仓储合同的当事人在存在仓储违约行为时所应该依照法律或者双方的约定而必须承担的民事责任。通过法定的和合同约定的违约责任的承担,增加违约成本，弥补被违约方的损失，减少违约的发生，有利于市场的稳定和秩序。

违约责任往往以弥补对方的损失为原则，违约方需对对方的损失，包括直接造成的损失和合理预见的利益损失给予弥补。违约责任的承担方式有支付违约金、损害赔偿、继续履行、采取补救措施和定金惩罚等。

(1) 支付违约金

违约金是指一方违约应当向另一方支付的一定数量的货币。从性质上而言，违约金是“损失赔偿额的预定”，具有赔偿性，同时，又是对违约行为的惩罚，具有惩罚性。在仓储合同中，赔偿性违约金是指存货人与保管人对违反仓储合同可能造成的损失而做出的预定的赔偿金额。

当一方当事人违约给对方当事人造成某种程度的损失，而且这种数额超过违约金数额时，违约的一方当事人应当依照法律规定实行赔偿，以补足违约金不足部分。惩罚性违约金是指仓储合同的一方当事人违约后，不论其是否给对方造成经济损失，都必须支付的违约金。

(2) 损害赔偿

损害赔偿是指合同的一方当事人在不履行合同义务或履行合同义务不符合约定的情形下，在违约方履行义务或者采取其他补救措施后，在对方还有其他损失时，违约方承担赔偿损失的责任。作为承担违反合同责任的形式之一，损害赔偿最显著的性质特征即为补偿性。

在合同约定有违约金的情况，损害赔偿的赔偿金用来补偿违约金的不足部分，如果违约金已能补偿经济损失，就不再支付赔偿金。但是，如果合同没有约定违约金，只要造成了损失，就应向对方支付赔偿金。由此可见，赔偿金是对受害方实际损失的补偿，是以弥补损失为原则的。

(3) 继续履行

继续履行是指一方当事人在不履行合同时，对方有权要求违约方按照合同规定的标的履行义务，或者向法院请求强制违约方按照合同规定的标的履行义务，而不得以支付违约金和赔偿金的办法代替履行。

通常来说，继续履行有下列构成要件：

① 仓储合同的一方当事人有违约行为；

② 违约一方的仓储合同当事人要求继续履行；

③ 继续履行不违背合同本身的性质和法律；

④ 违约方能够继续履行。

在仓储合同中，要求继续履行作为非违约方的一项权利是否需要继续履行，取决于仓储合同非违约一方的当事人，他可以请求支付违约金、赔偿金，也可以要求继续履行。

(4) 采取补救措施

所谓补救措施,是指在违约方给对方造成损失后,为了防止损失的进一步扩大,由违约方依照法律规定承担的违约责任形式。如仓储物的更换、补足数量等。从广义而言,各种违反合同的承担方式,如损害赔偿、违约金、继续履行等,都是违反合同的补救措施,它们都是为了使一方当事人的合同利益在遭受损失的情况下能够得到有效的补偿与恢复。

因此,这里所称的采取补救措施仅是从狭义上而言的,是上述补救措施之外的其他措施。在仓储合同中,这种补救措施表现为当事人可以选择偿付额外支出的保管费、保养费、运杂费等方式,一般不采取实物赔偿方式。

(5) 定金惩罚

定金是《担保法》规定的一种担保方式。在订立合同时,当事人可以约定采用定金来担保合同的履行。在履行前,由一方向另一方先行支付定金,在合同履行完毕,收取定金一方退还定金或者抵作价款。合同未履行时,支付定金一方违约的,定金不退还;收取定金一方违约的,双倍退还定金。

定金不得超过合同总金额的20%,同时有定金和违约金约定的,当事人只能选择其中一种履行。

3. 仓储合同违约责任的免除

违约责任的免除,是指一方当事人不履行合同或法律规定的义务,致使对方遭受损失,由于不可归责于违约方的事由,法律规定违约方可以不承担民事责任的情形。仓储合同违约责任的免除有以下几种情况。

(1) 因不可抗力而免责

所谓不可抗力是指当事人不能预见、不能避免并且不能克服的客观情况。它包括自然灾害和某些社会现象,前者如火山爆发、地震、台风、冰雹等,后者如战争、罢工等。

另外,在不可抗力发生以后,作为义务方必须采取以下措施才可以免除其违约责任:

① 应及时采取有效措施,防止损失进一步扩大,如果未采取有效措施防止损失进一步扩大,无权就扩大的损失要求赔偿;

② 发生不可抗力事件后,应当及时向对方通报不能履行或延期履行合同的理由;

③ 发生不可抗力事件后,应当取得有关证明,遭受不可抗力的当事人一方应当取得有关机关的书面证明材料,证明不可抗力的发生以及其对当事人履行合同的影响。

(2) 因自然因素或货物本身的性质而免责

货物储存期间,由于自然因素,如干燥、风化、挥发、锈蚀等,或货物(含包装)本身的性质如易碎、易腐、易污染等导致的损失或损耗一般由存货人负责,保管方不承担责任。

例如,我国原内贸部发布的《国家粮油仓库管理办法》中规定,一般粮食保管自然损耗率(即损耗量占入库量的百分比)为:保管时间在半年以内的,不超过0.10%;保管时间在半年以上至1年的,不超过0.15%;保管时间在1年以上直至出库,累计不超过0.20%。因此在此范围内的损耗属于合理损耗，保管人对此不承担任何责任。

(3) 因存货人的过错而免责

在仓储合同的履行中，因存货人对于损失的发生有过错的，如包装不符合约定、未能提供准确的验收资料、隐瞒和夹带、存货人的错误指示和说明等，根据过错的程度，可以减轻或者免除保管人的责任。

(4) 合同约定的免责

基于当事人的利益，双方在合同中约定免责事项，对免责事项造成的损失不承担相互赔偿责任。如约定货物入库时不验收重量，则保管人不承担重量短少的赔偿责任。

(三) 仓储合同纠纷的解决

仓储合同纠纷，是指当事人双方在合同订立后至完全履行之前，因对仓储合同的履行情况，对合同不履行或不完全履行的后果以及合同条款理解不同而产生的争议。仓储合同纠纷的解决方式主要有四种：协商、调解、仲裁、诉讼。

1. 协商解决

仓储合同纠纷的协商解决，是指在发生合同纠纷之后，当事人双方根据自愿原则，按照国家法律、行政法规的规定和合同的约定，在互谅互让的基础上，自行解决合同纠纷的一种方式。在实践中，协商解决合同纠纷是最常见、最普遍的一种解决合同纠纷的办法。

2. 调解解决

仓储合同纠纷的调解解决，是指调解人应仓储合同纠纷当事人的请求，根据有关法律的规定和合同的约定，就双方当事人的合同纠纷对双方当事人进行说服教育，以使双方当事人在互谅互让的基础上达成协议，解决合同纠纷。

3. 仲裁解决

仓储合同纠纷的仲裁，是指仓储合同纠纷的当事人根据有关法律的规定，以协议的方式自愿将合同争议提交仲裁机关，由仲裁机关按照一定程序进行调解或裁决，从而解决合同争议的法律制度。

4. 诉讼解决

合同纠纷发生后，当事人协商、调解不成，合同中也没有订立仲裁条款，或者事后没有达成书面仲裁协议，均可以直接向人民法院起诉，通过人民法院的审判活动使合同纠纷最终得到公正合理的解决。一般而言，仓储合同纠纷由各级人民法院的经济审判庭按照《中华人民共和国民事诉讼法》所规定的程序进行审理。

合同约定发生纠纷时先双方协商解决，如协商不成，任何一方可向人民法院提起诉讼。

拓展阅读4.1　仓储合同解除

第三节　仓　单

一、仓单的概念

所谓仓单,是指由保管人在收到仓储物时向存货人签发的表示已经收到一定数量的仓储物的法律文书。仓单,既是存货人已经交付仓储物的凭证,又是存货人或者持单人提取仓储物的凭证,因此,仓单实际上是仓储物所有权的一种凭证。同时,仓单在经过存货人的背书和保管人的签署后可以转让,任何持仓单的人都拥有向保管人请求给付仓储物的权利,因此,仓单实际上又是一种以给付一定物品为标的的有价证券。

二、仓单的法律性质

(一) 仓单的效力

由于仓单上所记载的权利义务与仓单密不可分,因此,仓单有如下效力。

(1) 受领仓储物的效力。保管人一经签发仓单,不管仓单是否由存货人持有,持单人均可凭仓单受领仓储物,保管人不得对此提出异议。

(2) 转移仓储物所有权的效力。

(二) 仓单的性质

仓单上所记载的仓储物,只要存货人在仓单上背书并经保管人签字或者盖章,提取仓储物的权利即可发生转让。

1. 仓单为有价证券

《合同法》第387条规定:“仓单是提取仓储物的凭证。存货人或者仓单持有人在仓单上背书并经保管人签字或者盖章的,可以转让提取仓储物的权利。”可见,仓单表明存货人或者仓单持有人对仓储物的交付请求权,故为有价证券。

2. 仓单为要式证券

《合同法》第386条规定,仓单须经保管人签名或者盖章,且须具备一定的法定记载事项,故为要式证券。

3. 仓单为物权证券

仓单上所载仓储物的移转，必须自移转仓单始生所有权转移的效力，故仓单为物权证券。

4. 仓单为文义证券

所谓文义证券是指证券上权利义务的范围以证券的文字记载为准。仓单的记载事项决定当事人的权利义务，当事人须依仓单上的记载主张权利义务，故仓单为文义证券，不要因证券。

5. 仓单为自付证券

仓单是由保管人自己填发的，又由自己承担给付义务，故仓单为自付证券。

仓单证明存货人已经交付了仓储物和保管人已经收到了仓储物的事实，在保管期限届满时，存货人或者仓单持有人可凭仓单提取仓储物，也可以背书的形式转让仓单所代表的权利。

三、仓单的内容

仓单包括下列事项。

1. 存货人的名称或者姓名和住所

仓单是记名证券，因此应当记载存货人的名称或姓名和住所。

2. 仓储物的品种、数量、质量、包装、件数和标记

在仓单中，有关仓储物的有关事项必须记载，因为这些事项与当事人的权利义务直接相关。有关仓储物的事项包括仓储物的品种、数量、质量、包装、件数和标记等。这些事项应当记载准确、详细，以防止发生争议。

3. 仓储物的损耗标准

仓储物在储存过程中，由于自然因素和货物本身的自然性质可能发生损耗，如干燥、风化、挥发等，这就不可避免地会造成仓储物数量上的减少。为此，在仓单中应当明确规定仓储物的损耗标准，以免在返还仓储物时发生纠纷。

4. 储存场所

储存场所是存放仓储物的地方。仓单上应当明确载明储存场所，以便存货人或仓单持有人能够及时、准确地提取仓储物。同时，也便于确定债务的履行地点。

5. 储存期间

储存期间是保管人为存货人储存货物的起止时间。储存时间在仓储合同中十分重要，它不仅是保管人履行保管义务的起止时间，也是存货人或仓单持有人提取仓储物的时

间界限。因此,仓单上应当明确储存期间。

6. 仓储费

仓储费是保管人为存货人提供仓储保管服务而获得的报酬。仓储合同是有偿合同,仓单上应当载明仓储费的有关事项,如数额、支付方式、支付地点、支付时间等。

7. 仓储物已经办理保险的,其保险金额、期间以及保险人的名称

如果存货人在交付仓储物时已经就仓储物办理了财产保险,则应当将保险的有关情况告知保管人,由保管人在仓单上记载保险金额、保险期间以及保险公司的名称。

8. 填发人、填发地点和填发时间

保管人在填发仓单时,应当将自己的名称或姓名以及填发仓单的地点和时间记载于仓单上,以便确定当事人的权利、义务。

四、现货仓单

现货仓单就是在现在或将来的一段时间内可以到指定仓库内购入或销出仓单所规定的标准货物的凭证。现货仓单交易是以一定保证金的形式对现货仓单进行买卖。现货仓单交易与期货交易极为相似,既是一种商品交易手段,又是一种金融投资手段。

作为商品交易的手段,现货仓单交易具有六大优势:

(1) 迅速提高商品交易效率,大大降低了交易成本;

(2) 增强了交易的透明度,有效地遏制了暗箱操作,克服了欺诈、回扣、三角债等交易中的弊端;

(3) 保证了交易商品的质量,有效地杜绝了假冒伪劣商品的上市;

(4) 带动了一批产业,活跃了市场经济;

(5) 供需双方通过互联网交易,扩大了市场容量,形成了全国统一的大市场;

(6) 避免了商品大范围迂回运输,节约了大量人力、物力和财力。

课后复习题

一、单选题

1. 仓储商务的内容不包括以下哪一项?(　　)

　　A. 仓储经营决策　　　　　　　B. 市场调查和市场宣传

　　C. 积极营销和妥善选择商机　　D. 销售功能

2. 存货人的义务不包括(　　)。

　　A. 对仓储物危险情况的说明　　B. 妥善处理和交付仓储物的义务

　　C. 支付仓储费和必要费用的义务　D. 保管物的领取权

3. 仓储合同违约行为的表现形式不包括(　　)。

A. 拒绝履行　　B. 正常履行　　C. 履行不能　　D. 履行迟延

二、名词解释

1. 仓储商务
2. 仓储合同
3. 要约

三、简答题

1. 简述仓储商务管理所遵循的原则。
2. 简述保管人的权利。
3. 简述仓储合同订立的原则。

拓展阅读 4.2　永清法院执结一起涉仓储合同纠纷案件

第五章

仓储经营与成本管理

知识目标

1. 掌握仓储企业经营效益评价指标体系的设计原则；
2. 识别仓储成本的构成；
3. 掌握仓储成本影响因素以及控制的方法。

能力目标

1. 能够根据仓储的不同库存状况选择相适宜的成本控制策略；
2. 能够运用仓储成本控制策略对成本水平进行监督与评价；
3. 能够运用各要素对仓储作业进行经营管理。

案例引导

江苏数字化仓库试点企业座谈会成功召开

2024年5月24日，由中国物流与采购联合会主办，江苏省现代物流协会、中物联数字化仓储分会、中物联物联网技术与应用专业委员会联合承办的“江苏数字化仓库试点企业座谈会”成功在南京召开。中国物流与采购联合会数字化仓储分会、物联网技术与应用委员会秘书长吕忠，江苏省现代物流协会会长侯普，以及中物联数字化仓储分会标准技术部主任沈启星出席本次会议。

吕忠在会上深入阐述了数字化仓库的重要表现形式。他强调，数字化仓库的显著特征主要体现在三个方面：无纸化、少人化或无人化，以及形成数字资产。

(1) 数字化仓库的首要表现形式就是无纸化。在传统仓库管理模式中，纸质单据、报表和档案是必不可少的。然而，随着科技的进步，数字化仓库通过采用先进的电子数据管理系统，实现了信息的电子化存储和传输。这不仅大大提高了工作效率，减少了人为错误，还有效地降低了纸张消耗和存储成本。同时，无纸化也使得数据更加易于查询、分析和共享，为企业决策提供了有力支持。

(2) 数字化仓库的另一个重要表现是少人化或无人化。随着物联网、机器人和人工智能等技术的广泛应用，数字化仓库正逐步实现自动化和智能化。智能仓储设备可以自主完成货物的识别、搬运、分拣和存储等操作，极大地减少了人力成本。同时，无人化仓库还能有效避免人为因素导致的错误和安全事故，提高仓库运营的可靠性和安全性。

(3) 数字化仓库还能形成宝贵的数字资产。通过对仓库运营数据的收集、分析和挖掘，企业可以深入了解仓库的运营状况、客户需求和市场趋势，从而制定更加精准的战略和决策。此外，数字资产还可以为企业带来额外的商业价值，如通过数据共享和交易实现跨界合作和共赢。

侯普在会议上发言，他强调，自2020年起，中物联已先后开展八批数字化仓储企业的试点评选工作。在此期间，江苏省共有32家企业荣获"数字化仓库试点企业"称号，这一数量占全国总试点企业的十分之一，显示出江苏省在数字化仓库建设方面的显著成果。

资料来源：中国物流与采购联合会. http://szhccfh.chinawuliu.com.cn/gzdt/202405/31/632450.shtml.

案例思考

1. 数字化仓库的显著特征主要体现在哪些方面？

2. 江苏省开展星级数字化仓库评估工作具有哪些优势？

第一节　仓储经营管理

仓储组织和人员配备就是按照预定的目标，将仓储作业人员与储存手段有效结合起来，完成仓储作业过程各环节的工作，为物品流通提供良好的储存服务，加速物品在仓库中的周转，合理使用人力、物力，取得最大的经济效益。

一、仓储组织管理的原则

1. 任务目标原则

仓储企业组织设计的根本目的是为实现仓储的战略任务和经营目标服务的，这是一条最基本的原则。组织结构的全部设计工作必须以此作为出发点和归宿点，即仓储管理任务、目标同组织结构之间是目的与手段的关系；衡量组织结构设计的优劣，要以是否有利于实现仓储任务、目标作为最终的标准。

从这一原则出发，当仓储管理的任务、目标发生重大变化时，组织结构必须作相应的调整和变革,以适应任务、目标变化的需要。

2. 精简原则

机构臃肿庞大,必然造成协调困难,反应迟钝,管理成本加大,因此在完成仓储任务目标的前提下,组织结构应当力求做到紧凑精干,机构越简单、人员越少越好。这就要求加强人员培训,提高人员的素质。

3. 专业分工与协作原则

仓储管理的工作量大,专业性强,需要分别设置不同的专业部门,提高管理工作的质量与效率。在合理分工的基础上,仓储管理的各部门、各岗位之间只有加强协作与配合,才能保证各项专业管理的顺利开展,达到组织的整体目标。贯彻这一原则,在组织设计中要十分重视横向协调问题。

4. 指挥统一原则

组织结构设置要保证行政命令和生产指挥的集中统一,应该做到从上到下垂直领导,一级管一级,不越级指挥,避免多头领导。仓储企业组织结构遵循统一指挥原则,实质是建立仓储企业管理组织的合理纵向分工。一般形成三级仓储管理层次,即决策层、执行监督层和仓库作业层。

5. 责权利相结合原则

所谓责权利相结合,就是使每一个职位或岗位上的职责、职权、经济利益统一起来,形成责权利相一致的关系。仓储企业组织要围绕仓储任务建立岗位责任制,明确规定每一个管理层次、每一个管理岗位、每一名管理人员的责任、权利与义务,并且将责任制与经济利益挂钩。

6. 有效管理幅度原则

由于受个人精力、知识、经验条件的限制,一名领导人能够有效领导的直属下级人数是有一定限度的。有效管理幅度受职务的性质、人员的素质、职能机构健全与否等条件的影响。这一原则要求在进行组织设计时,领导人的管理幅度应控制在一定水平,以保证管理工作的有效性。

由于管理幅度的大小同管理层次的多少呈反比例关系,这一原则要求在确定企业的管理层次时,必须考虑到有效管理幅度的制约。因此,有效管理幅度也是决定企业管理层次的一个基本因素。

7. 稳定性和适应性相结合原则

稳定性和适应性相结合原则要求组织设计时,既要保证组织在外部环境和仓储企业任务发生变化时能够继续有序地正常运转;同时又要保证组织在运转过程中能够根据变化的情况做出相应的变更,组织应具有一定的弹性和适应性。

为此,需要在组织中建立明确的指挥系统、责权关系及规章制度,同时又要求选用一些具有较好适应性的组织形式和措施,使组织在变动的环境中具有一种内在的自动调节机制。

二、典型的仓储企业组织结构形式

组织结构是企业正常运行的支撑骨架,表明各部门之间的责任义务关系。仓库人事组织结构主要有以下几种类型。

1. 直线制组织模式

此模式是由一个上级直接管理多个下级的一种组织结构模式,其特别适合于中小型仓储企业。优点是指令传递直接,易于发布命令,实施强有力的管理。缺点是管理水平受管理者自身能力的限制,同时当业务扩大时,命令执行不统一,管理者压力大。其结构如图 5-1 所示。

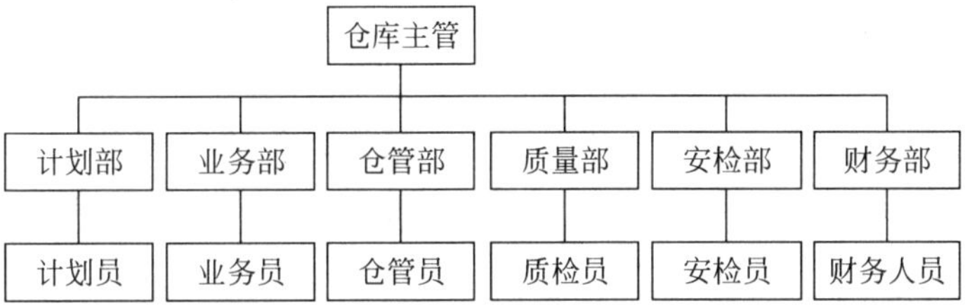

图 5-1　直线制组织模式

2. 直线职能式组织模式

其组织模式是在直线制的基础上加上职能部门,这种模式适合大多数企业。其只是增加了一些职能来帮助上级管理下级。这些职能机构都是某种职能的组合体,这样就克服了直线制管理模式由人力所限造成的管理上的缺陷。其结构如图 5-2 所示。

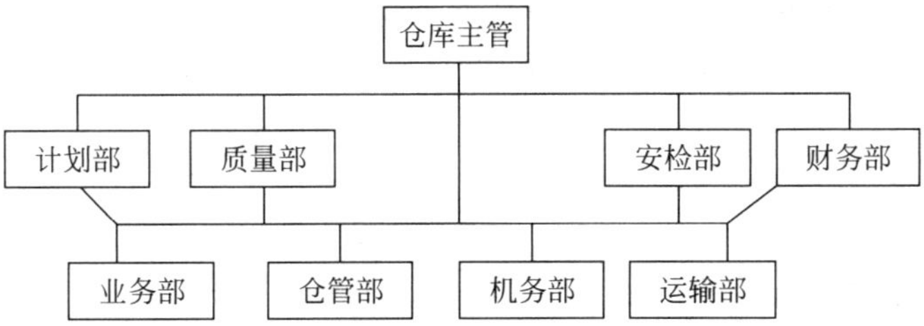

图 5-2　直线职能式组织模式

3. 事业部制组织模式

事业部制组织模式是以某项事业(或管理模块)为核心组成的一个从决策到执行的管

理系统。其优点在于管理决策程序小而全,运行效率高;在各项事业内部管理权力相对集中,所有的经营方案都可以由各事业部自行决策,从而可提高工作效率。其结构如图 5-3 所示。

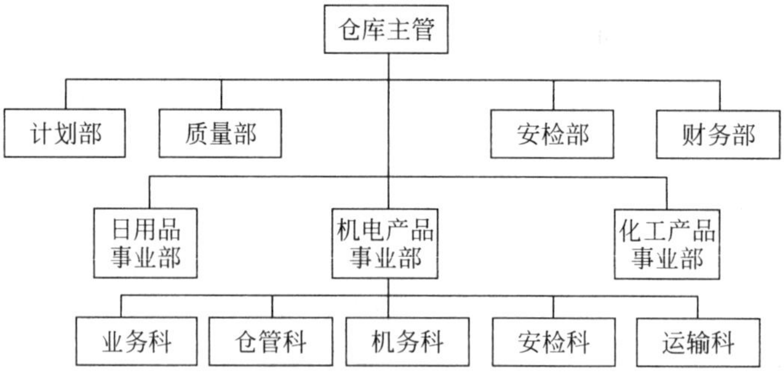

图 5-3 事业部制组织模式

三、仓储企业人员管理

在仓储企业中,对于不同职位的人员也有不同的资质要求,具体可以分为仓库管理员和仓储经理两个级别(参见 GB/T 21070—2007《仓储从业人员职业资质》)。

(一) 仓库管理员

仓库管理员是仓库内从事与物品仓储作业管理有关工作的一线操作人员的统称,包括直接从事物品收发、出入库、分拣、理货等工作的人员,不含装卸工,简称仓管员。仓管员应掌握的基本知识和基本技能如下:

1. 基本知识

1) 仓储作业流程

(1) 了解物品验收规则及入、出库程序和分管库房的情况;

(2) 掌握储存分区、分类、货位编号、定量堆垛、动碰复核、盘点对账等工作内容与方法;

(3) 了解气候、温湿度变化对仓储作业的影响。

2) 库存物品

(1) 具有与本岗位有关的物理、化学、商品养护学的基本知识;

(2) 了解所保管物品的性能、特点;

(3) 了解所保管物品的储存技术标准及温湿度要求。

3) 仓储工具设备

(1) 懂得常用仪器、仪表、设备、工具的使用方法和保养知识;

(2) 掌握计算机相关知识。

4) 安全防护

(1) 掌握消防安全基本知识和操作规程;

(2) 了解仓库安全的内容及要求;

(3) 懂得物品包装储运图示标志及一般消防器材的使用方法。

2. 基本技能

1) 仓储作业

(1) 按照有关规范,准确进行日常的物品收、发、保管业务,根据订单进行分拣、拆零、加工、包装、备货等作业;

(2) 准确地填表、记账和盘点对账;

(3) 合理选择仓储设备;

(4) 合理进行分区分类、货位编号和堆码苫垫;

(5) 用感官和其他简易方法鉴别物品的一般质量,正确记录和合理调节库房温湿度;

(6) 对库存物品进行一般性的保管和养护。

2) 设备工具的使用

(1) 会操作计算机;

(2) 正确使用一般装卸搬运、计量、保管、养护、检验、消防、监控设备与设施。

3) 管理技能

(1) 发现差错和问题,及时处理,准确办理查询、催办及报亏等手续;

(2) 熟知消防、匪盗等有关电话号码,以及消防器材的存放地点和使用方法,出现情况能迅速报警,对火灾等灾害采取有效办法及时进行扑救;

(3) 通过仓储管理信息系统进行物品出入库、在库等信息的处理(传输、汇总、分析等);

(4) 结合本职工作写出书面总结分析报告;

(5) 指导装卸、搬运人员安全、规范地进行作业。

(二) 仓储经理

仓储经理是指从事仓储经营管理活动,具有经营管理权或业务指挥权与生产要素调度配置权的管理者,包括公司层面的仓储、运作经理或总监,分公司的经理或库区经理等。仓储经理应掌握的业务知识、理论知识及技能要求如下:

1. 业务知识

仓储经理除具有仓库管理员应掌握的相关基本知识外,还应该掌握以下知识与技能:

(1) 掌握仓储作业流程,操作规范与管理软件的运用;

(2) 熟悉所保管物品的质量标准、储存技术标准、包装技术标准以及物品质量鉴别方法;

(3) 掌握常用仪器、仪表及工具、消防器械的基本性能、特点、使用和日常保养知识;

(4) 掌握计算机及仓储管理信息系统相关知识。

2. 理论知识

(1) 掌握现代仓储管理、现代仓储技术与设备等方面的知识,基本掌握供应链管理、现代物流管理、现代运输管理等知识;

(2) 掌握国家物流、仓储、运输等方面的政策、标准;

(3) 全面系统地掌握仓库消防安全各种制度、规定、措施及其操作规程;

(4) 掌握仓储成本核算与控制、合理库存与绩效管理等仓储管理的基本知识;

(5) 具有一般企业管理所需的财务管理、客户关系管理、质量管理、市场营销、融资管理等方面的知识;

(6) 具有领导与管理学、公共关系管理和项目管理知识;

(7) 掌握国内外仓储行业发展的基本情况与动态,了解国内外物流现状与发展趋势。

3. 技能要求

仓储经理除具有仓库管理员应具备的基本技能外,还应该具有以下能力:

(1) 组织领导能力

能够科学调度、配置生产要素资源,能理论联系实际地总结分析业务活动情况,并写出书面报告。

(2) 方案设计能力

能够根据客户需要,对仓库运作流程、客户开发方案、客户满意度提高等不断进行改造和提升,为客户量身定制个性化服务方案,能根据有关仓储信息向客户提供信息咨询。

(3) 人力资源管理能力

组织员工专业培训和人才开发,编写业务技术专业资料,对仓库管理员进行专业培训,提高仓库管理员的业务素质,改善组织内的人力资源结构。

(4) 制度建设能力

能够根据业务的现实和发展要求,制定和完善相关业务运作管理、服务质量管理、安全生产管理和分配激励管理等规章制度,并有效地组织执行和实施。及时发现和指导处理各种突发性事件、异常现象和事故隐患,并能正确分析原因,提出预防和改进措施。

(5) 过程控制和质量管理能力

能够熟练掌握品质控制和质量管理体系要求,加强现场和细节管理,提升发现、分析与处理问题的能力,提高客户满意度。

(6) 运作成本核算能力

科学分析客户质量要求和运作成本的关系,保证质量,节约成本。

(7) 信息技术管理能力

运用现代信息技术手段,进行仓储经营与管理,分析、预测在整个仓库管理及保管养护活动中可能发生的各类问题,并能采取相应的预防措施。

(8) 其他能力

应该具有一定的谈判、沟通、营销能力。

四、仓储企业经营效益评价指标体系设计

随着我国融入经济全球化以及对外开放程度的不断提高,我国仓储企业面临国内与国际两个市场的激烈竞争。在激烈的市场竞争中,只有那些经营灵活、不断创新、经济效益高的仓储企业才能长期生存,而那些缺乏活力、不善于创新、经济效益低下的仓储企业只能被市场无情淘汰。因此,仓储企业要生存、要发展,就必须提高企业经营效益。

对仓储企业经营效益进行综合评价,有助于仓储企业挖掘自身潜力,提高经济效益,有助于仓储企业完善和提高自身的管理水平,可以为优势企业提供决策支持。为了客观、科学地评价仓储企业的经营效益,观察仓储企业在激烈的市场竞争中所处的位置,探索提高企业经营效益的途径,需要设计一套科学、完整、可操作性强的,能从全方位、多角度反映仓储企业经营效益的指标体系。

(一) 仓储企业经营效益评价指标体系的设计原则

仓储企业经营效益评价指标体系的构建必须遵循以下原则:

1. 导向性原则

对仓储企业经营效益进行评价,是为了有助于仓储企业完善和提高自身的管理水平,挖掘自身潜力,提高经济效益,同时也可以为优势企业提供决策支持,而不仅是为了评出企业的名次。因此,应通过仓储企业经营效益评价指标的设计,引导仓储企业改善经营管理,提高企业经济效益,而不是鼓励仓储企业利用短期行为来谋求名利。要通过经营效益的评价考核工作,引导仓储企业向着“集约型”和“内涵型”扩大再生产方向发展。

2. 科学性原则

企业经营效益涉及的因素很多,如何在对仓储企业经济效益的全面概括中抓住最重要、最有代表性的问题,是设计仓储企业经营效益评价指标体系的关键和难点。对仓储企业经济效益的客观实际描述越清楚、越全面,其科学性越强。同时,仓储企业经营效益评价指标的概念要科学、确切,要有精确的内涵和外延,要避免指标在概念上的重叠性和统计上的相关性。

3. 可比性原则

仓储企业经营效益是相对而言的,是通过比较而得来的。仓储企业经营效益评价指标应具有动态可比和横向可比的功能,可以与市场中同类优秀竞争对手企业的经营效益状况相比较,可以与企业自身过去的经营效益状况相比较。

4. 操作性原则

仓储企业经营效益指标体系的设计应尽量与现行的统计指标、会计指标、业务核算指标相统一,以便于数据资料的收集、加工、处理。同时,指标体系应简单、明了,便于基层仓储企业和管理部门操作使用。

(二) 仓储企业经营效益评价指标体系构建

仓储企业经营效益评价是一项比较复杂的工作,它涉及企业经营运行中各生产要素的投入、产出、效率等诸多方面的问题。一套科学、合理、易行的仓储企业经营效益评价统计指标体系的构建应主要从三个方面加以考虑:即应能反映仓储企业的盈利能力、营运能力以及发展能力。

在这三个方面众多的统计指标中,选出一些最能体现其特征的统计指标,构成仓储企业经营效益评价统计指标体系。仓储企业经营效益评价统计指标体系包括以下内容。

1. 反映仓储企业盈利能力的评价指标

盈利能力主要评价企业经营的最终成果,衡量企业获取利润的多少和获取利润能力的大小。无论是仓储企业的投资者、债权人,还是企业职工和管理者,都非常重视企业的盈利能力。

由于仓储企业盈利能力的大小与投资者的投资收益、债权人的债权安全、企业职工的工资水平、管理人员工作业绩和整个国家的财政收入等都是息息相关的,因此盈利能力指标是对仓储企业经营效益进行评价的首要方面。评价仓储企业盈利能力的统计指标主要有总资产报酬率、净资产收益率等。

(1) 总资产报酬率

总资产报酬率反映企业全部资产的获利能力,是企业经营业绩和管理水平的集中体现,是评价和考核企业盈利能力的核心指标。其计算公式为

$$\text{总资产报酬率}=\frac{\text{利润总额}+\text{税金总额}+\text{利息支出}}{\text{平均资产总额}}\times 100\% \tag{5-1}$$

其中,平均资产总额为期初期末资产总计的算术平均值,即

$$\text{平均资产总额}=\frac{\text{报告期期初资产总额}+\text{报告期期末资产总额}}{2} \tag{5-2}$$

(2) 净资产收益率

净资产收益率反映企业的资产运用和增值能力，是衡量企业盈利能力的重要指标。该指标值越高，说明投资所带来的收益越高。

其计算公式为

$$净资产收益率=\frac{净利润}{平均净资产}\times 100\% \tag{5-3}$$

其中，

$$平均净资产=\frac{报告期期初净资产+报告期期末净资产}{2} \tag{5-4}$$

2. 反映仓储企业营运能力的评价指标

仓储企业营运能力是指仓储企业充分利用现有资源创造财富的能力，具体表现为企业各项营运资产的周转效率。营运能力分析有时也称为资产运用效率分析，其主要目的是分析评价企业资产的利用程度和效率，因此是评价仓储企业经济效益的重要指标。

衡量仓储企业营运能力的指标主要有总资产周转率、流动资产周转率、应收账款周转率、存货周转率等。

(1) 总资产周转率

总资产周转率是评价企业全部资产经营质量和利用效率的指标，是衡量企业资产管理效率的重要指标，在财务分析指标体系中也具有重要地位。总资产周转率高，说明全部资产经营效率好，取得的收入高；总资产周转率低，则说明全部资产经营效率差，取得的收入也少。

其计算公式为

$$总资产周转率(次)=\frac{报告期主营业务收入净额}{报告期平均资产总额} \tag{5-5}$$

(2) 流动资产周转率

流动资产周转率是从企业总资产中流动性较强的流动资产角度对企业资产利用效率进行的分析，进一步揭示了影响企业资产经营质量的主要因素。流动资产周转率是指一定时期内流动资产完成的周转次数，反映投入到企业中的流动资金的周转速度。

其计算公式为

$$流动资产周转率(次)=\frac{报告期主营业务收入净额}{报告期平均流动资产总额} \tag{5-6}$$

(3) 应收账款周转率

应收账款周转率反映年度内应收账款的变现速度。应收账款周转率越快(即比值越大)，说明应收账款周转所需要的时间越短，企业的应收账款回收速度越快，信用管理工作的效率越高，企业资产的流动性和企业短期债务的偿还能力也越高。

其计算公式为

$$应收账款周转率(次)=\frac{报告期主营业务收入总额}{平均应收账款余额} \tag{5-7}$$

(4) 存货周转率

存货周转率是对流动资产周转率的补充说明，通过存货周转率的计算与分析，可以测定企业一定时期内存货资产的周转速度，它是反映企业购、产、销平衡效率的一种尺度。存货周转率越高，表明企业存货资产变现能力越强，存货及占用在存货上的资金周转速度越快。

存货周转率是企业一定时期主营业务成本与平均存货余额的比率。用于反映存货的周转速度，即存货的流动性及存货资金占用量是否合理，促使企业在保证生产经营连续性的同时提高资金的使用效率，增强企业的短期偿债能力。

其计算公式为

$$存货周转率(次)=\frac{报告期主营业务收入总额}{平均存货余额} \tag{5-8}$$

存货周转率是企业营运能力分析的重要指标之一，在企业管理决策中被广泛地使用。存货周转率不仅用来衡量企业生产经营各环节中存货运营效率，而且还被用来评价企业的经营业绩，反映企业的绩效。

3. 反映仓储企业发展能力的评价指标

发展能力状况是反映企业未来发展走向和企业发展潜力的重要指标。发展能力的评价指标主要有资本保值增值率、主营业务增长率等。

(1) 资本保值增值率

资本保值增值率反映企业净资产的运营效益和变动状况，是企业发展能力的集中体现。

其计算公式为

$$资本保值增值率=\frac{报告期期末所有者权益}{基期期末所有者权益}\times 100\% \tag{5-9}$$

(2) 主营业务增长率

主营业务增长率是本期主营业务收入与上期主营业务收入之差与上期主营业务收入的比值，是反映企业发展能力的又一重要指标。当其数值较高时，表明企业处于成长阶段，将继续保持较好的增长势头，发展能力较强。

其计算公式为

$$\begin{aligned}主营业务增长率&=\frac{本期主营收入增长额}{上期主营收入总额}\times 100\%\\&=\frac{本期主营收入总额-上期主营收入总额}{上期主营收入总额}\times 100\%\end{aligned} \tag{5-10}$$

拓展阅读 5.1　仓库管理 7 个核心：打造高效、有序的仓储体系

第二节　仓储成本管理

仓储成本是发生在货物储存期间的各种费用支出。其中，一部分是用于仓储的设施设备投资和维护货物本身的自然消耗，另一部分则是用于仓储作业所消耗的物化劳动和活劳动，还有一部分是货物存量增加所消耗的资金成本和风险成本。这些在货物存储过程中的劳动消耗是商品生产在流通领域中的继续，是实现商品价值的重要组成部分。

一、仓储的成本构成

由于不同仓储商品的服务范围和运作模式不同，其内容和组成也各不相同。同时控制仓储成本的方法也多种多样。本书将成本分为以下两大部分：一是仓储运作成本；二是仓储存货成本。

仓储成本分为以上两类的原因是：在组织管理中，仓储与存货控制是两个不同的部门。仓储运作成本发生在仓储部门，并且由仓储部门来控制；而货品存货成本发生在存货控制部门，其成本由存货控制部门来控制。仓储管理与存货控制是紧密相关的，要联系起来分析和控制。

（一）仓储运作成本的构成

仓储运作成本是发生在仓储过程中，为保证商品合理储存、正常出入库而发生的与储存商品运作有关的费用，仓储运作成本包括房屋、设备折旧，库房租金，水、电、气费用，设备修理费用，人工费用等一切发生在库房中的费用。仓储运作成本可以分为固定成本和变动成本两部分，如表 5-1 所示。

表 5-1　仓储成本的构成

类　别	含　义	构　成
固定成本	一定仓储存量范围内，不随出入库量变化的成本	库房折旧，设备折旧，库房租金，库房固定人工工资等
变动成本	仓库运作过程中进出入库货物量有关成本	水电气费用，设备维修费用，工人加班费，物品损坏成本等

(二)仓储运作成本的计算

1. 固定成本计算

仓库固定成本在进行每月的成本计算时相对固定,与日常发生的运作、消耗没有直接的关系,在一定范围内与库存数量也没有直接关系。固定成本中的库房折旧、设备折旧、外租库房租金和固定人员工资从财务部可以直接得到。库房中的固定费用可以根据不同的作业模式而有不同的内容,包括固定取暖费、固定设备维修费、固定照明费用等。

2. 变动成本计算

库房运作变动成本的统计和计算根据实际发生的运作费用进行。包括按月统计的实际运作中发生的水、电、气消耗,设备维修费用,由于货量增加而发生的工人加班费和货品损坏成本等。

(三)仓储存货成本

仓储存货成本是由存货而发生的除运作成本以外的各种成本,包括订货成本、资金占用成本、存货风险成本、缺货成本及在途存货成本等。

1. 订货成本

订货成本是指企业为了实现一次订货而进行的各种活动的费用,包括处理订货的差旅费、办公费等支出。订货成本中有一部分与订货次数无关,如常设机构的基本支出等,称为订货的固定成本;另一部分与订货次数有关,如差旅费、通信费等,称为订货的变动成本。

具体来讲,订货成本包括与下列活动相关的费用:

(1) 检查存货费用;

(2) 编制并提出订货申请费用;

(3) 对多个供应商进行调查比较,选择合适的供应商的费用;

(4) 填写并发出订单费用;

(5) 填写并核对收货单费用;

(6) 验收货物费用;

(7) 筹集资金和付款过程中产生的各种费用。

2. 资金占用成本

资金占用成本是购买货品和保证存货而使用的资金的成本。资金成本可以用公司资金的机会成本或投资期望衡量,也可以用资金实际来源的发生成本计算。为了简化和方便,一般资金成本用银行贷款利息计算。

3. 存货风险成本

存货风险成本是发生在货品持有期间，由市场变化、价格变化、货品质量变化所造成的企业无法控制的商品贬值、损坏、丢失、变质等成本。

4. 缺货成本

缺货成本不是仓库存货发生的成本支出项目，而是作为平衡库存大小，从而进行库存决策的一种成本比较办法。缺货成本是指由库存供应中断而造成的损失，包括原材料供应中断造成的停工损失、产成品库存缺货造成的延迟发货损失和丧失销售机会的损失（还应包括商誉损失）。

如果生产企业以紧急采购代用材料来解决库存材料的中断之急，那么缺货成本表现为紧急额外购入成本（紧急采购成本与正常采购成本之差）。当一种产品缺货时，客户就会购买该企业的竞争对手的产品，这就会对该企业造成直接利润损失，如果失去客户，还可能为企业带来间接或长期成本。另外，原材料、半成品或零配件的缺货，意味着机器空闲，甚至停产。

（1）安全库存的存货成本

为了防止因市场变化或供应不及时而发生存货短缺的现象，企业会考虑保持一定数量的安全库存及缓冲库存，以防在需求方面的不确定性。但是，困难在于确定需要保持多少安全库存，安全库存太多意味着多余的库存，而安全库存不足则意味着缺货或失销。

（2）缺货的原因

缺货成本是由外部和内部中断供应所产生的。企业的客户得不到全部订货叫作外部缺货，企业内部某个部门得不到全部订货叫作内部缺货。

如果发生外部缺货，将导致以下三种情况发生。

第一种情况是延期交货。延期交货可以有两种形式：一是缺货商品可以在下次订货时得到补充；二是利用快递延期交货。如果客户愿意等到下一个订货，那么企业实际上没什么损失。但如果经常缺货，客户可能就会转向其他供应商。

商品延期交货会产生特殊订单处理费用和运输。延期交货的特殊订单处理费用要比普通处理费用高。由于延期交货经济是小规模装运，运输费率相对较高，而且，延期交货的商品可能需要从一个地区的一个工厂的仓库供货，进行长距离的运输。另外，可能需要利用速度快、收费较高的运输方式运送延期交货的商品。因此，延期交货成本可根据额外订单处理费用的额外运费来计算。

第二种情况是失销。由于缺货，可能造成一些用户会转向其他供应商，也就是说，许多公司都有生产替代产品的竞争者，当一个供应商没有客户的商品时，客户就会从其他供应商那里订货，在这种情况下，缺货导致失销，对于企业来说，直接损失就是这种商品的利润损失。因此，可以通过计算这批商品的利润来确定直接损失。

除了利润的损失,失销还包括当初负责相关销售业务的销售人员所付出的努力损失。这就是机会损失。需要指出的是,很难确定在一些情况下失销的总损失。比如,许多客户习惯用电话订货,在这种情况下,客户只是询问是否有货,而未指明订货多少。如果这种产品没货,那么客户就不会说明需要多少,企业也不会知道损失的总成本。此外,很难估计一次缺货对未来销售的影响。

第三种情况是失去客户。该情况是由于缺货而失去客户,也就是说,客户永远转向另一个供应商。如果失去了客户,企业也就失去了未来的一系列收入,这种缺货造成的损失很难估计,需要用管理科学的技术以及市场销售的研究方法来分析和计算。除了利润损失,还有由缺货造成的商誉损失。

5. 在途存货成本

仓储存货成本主要是仓库中货品的运作和存货成本,但另一项成本也必须加以考虑,这就是在途成本。它与选择的运输方式有关。如果企业以目的地交货价销售商品,就意味着企业要负责将商品运达客户,当客户收到订货商品时,商品的所有权才转移。

从财务的角度来看,商品仍是销售方的库存。因为这种在途商品在交给客户之间仍属于企业所有,运货方式及所需的时间是储存成本的一部分,企业应该对运输成本与在途存货持有成本进行分析。

一般来说,在途存货成本比仓库中存货成本小,在实际中,需要对每一项成本进行仔细计算,才能准确计算出实际成本。

二、仓储成本控制

(一)仓储成本控制的原则

1. 政策性原则

(1) 处理好质量和成本的关系。不能因片面追求降低储存成本,而忽视存储货物的保管要求和保管质量。

(2) 处理好国家利益、企业利益和消费者利益的关系。降低仓储成本从根本上说对国家、企业、消费者都是有利的,但是如果在仓储成本控制过程中采用不适当的手段损害国家和消费者的利益,就是错误的,应予避免。

2. 全面性原则

仓储成本涉及企业管理的方方面面,因此,控制仓储成本要全员、全过程和全方位进行。

3. 经济性原则

经济性原则主要强调,推行仓储成本控制而发生的成本费用支出,不应超过因缺少控制而丧失的收益。同销售、生产、财务活动一样，仓储管理工作都要讲求经济效益。为了建立某项严格的仓储成本控制制度，需要发生一定的人力或物力支出，但这种支出要控制在一定的范围之内，不应超过建立这项控制所能节约的成本。

经济性原则在很大程度上使企业只在仓储活动的重要领域和环节上对关键的因素加以控制，而不是对所有成本项目都进行同样周密的控制。

经济性原则要求仓储成本控制要能起到降低成本、纠正偏差的作用，并具有实用、方便、易于操作的特点。经济性原则还要求管理活动遵循重要性原则，将注意力集中于重要事项，对一些无关大局的成本项目可以忽略。

（二）仓储成本核算

1. 仓储成本核算的目的

仓储成本是客观存在的，但是在对仓储成本的计算内容和范围没有一个统一的计算标准之前，不同的企业有不同的计算方法，企业之间千差万别，这给仓储成本计算和仓储成本管理带来很大的困难。随着仓储成本管理重要性的提高，企业产生了统一物流计算标准的要求。

从企业经营的总体上看，仓储成本计算获得的数据主要满足四个方面的需要：

（1）为各个层次的经营管理者提供物流所需的成本资料；

（2）为编制物流预算以及预算控制提供所需的成本资料；

（3）为制订物流计划提供所需的成本资料；

（4）提供价格计算所需的成本资料。

仓储成本核算可按其分类进行，同时也可通过对不同期间成本的比较，对实际发生费用与预算标准的比较，并结合仓储周转数量和仓储服务水平，对仓储成本进行分析比较。

2. 仓储成本核算的内容

仓储成本是因为储存或持有存货而产生的，是由投入仓储保管活动中的各种要素的费用构成的，它与所持有的平均库存量大致成正向关系。而仓储成本在物资仓储过程中又表现为具体的费用。

1）固定资产折旧和租赁费

独立经营的仓库以自己拥有所有权的仓库和设备对外承接仓储业务，附属仓库一般都进行相对独立的核算。两类仓库都需要按年提取折旧计入当期仓储成本。固定资产主要指建筑物、堆场、道路、运输工具、仓储机械设备等高值投资，这些投资在仓库建设时一次性投入，通过逐年折旧方式收回。固定资产折旧年限一般为5～20年。

企业仓储与设施不足时，可以向社会租赁仓库及设备设施。对外承租的固定资产每年需要交纳租赁费，例如仓储企业所使用的铁路线和码头不属于仓储企业，则应按协议规定来支付这些设施的租赁费用。固定资产折旧和租赁费是仓储企业的固定成本，与仓储业务量呈反比关系,即当仓储业务量增加时,单位平均固定成本减少;当仓储业务量减少时,单位平均固定成本增加。

2)设备维修费

设备维修费主要指用于大型设备设施的定期大修理费用。每年的大修理基金从仓储经营收入中提取,提取额度为设备投资额的3%～5%,专项用于设备大修理费用。大修理费属于仓储固定成本。

3)工资和福利费

工资和福利费指发给仓储企业内各类人员的工资、奖金和各种补贴,以及由企业缴纳的住房公积金、医疗保险、养老保险等费用。福利费可按实发工资的一定标准计算提取。计提的工资和福利费都要计入当期的仓储成本。其中仓储管理人员的工资和福利费列入管理费用,属于固定成本;一般人员的工资和福利费是直接人工费,属于变动成本。

4)仓储保管费

仓储保管费包括为存储货物而开支的以下费用:

(1)仓储生产经营耗用的能源费、水费;

(2)仓库的货架及货柜、装卸搬运生产使用的工具等低值工具的耗费;

(3)绑扎、衬填、苫盖、包装等材料的耗费;

(4)进出仓短途搬运装卸费、盘点倒垛费、加工费、重型机械使用费等耗费;

(5)因保管不善等原因造成的物品残损费。

因仓储保管发生的费用较多,多数属于与仓库业务量有关的变动成本或固定成本,有的属于两者皆有的混合成本。这时应配合相应的数学模型进行分解,使其归类到两种不同的成本类型中去,以进行分析计算用。

5)管理费用、财务费用和营销费用

(1)管理费用是仓储企业为组织和管理仓储经营业务所发生的费用,包括行政办公费、公司经费、工会经费、职工教育费、排污费、绿化费、信息咨询费、审计费、土地使用费、业务费、劳保费以及坏账准备等。附属仓储企业分摊的管理费包括仓储设备的保险费、公司分摊到仓储企业的管理费,仓储部门管理人员的工资福利费和办公费、人员培训费、水电费等。

(2)财务费用主要指仓储企业使用投资基金所要承担的利息,即资本成本。当资金为借款时,直接支付利息。如果使用自有资金也应当对资金支付利息,让利息进入经营成本。

(3)营销费用包括企业宣传、业务广告、仓储促销、交易费用等仓储经营业务活动的费用支出。

以上三种费用在财务会计核算中均为期间费用,在仓储成本分析中都属于固定成本。

6）保险费

保险费是仓储企业对于意外事故或者自然灾害造成存储物损坏所要承担赔偿责任进行保险所支付的费用。保险费一般根据风险评估或承担的程度直接加以征收。

风险的评估或承担的风险取决于存储物和存储设施这两方面的性质。例如，存储物丢失或损坏的风险高以及易燃的危害性存储物将会导致相对较高的保险费用。保险费用还受存储设施内的预防措施的影响，如保安摄像机和自动喷水灭火系统等。一般来说，如果没有专门约定，仓储物资的财产险由客户承担，仓储保管人仅承担责任险投保。

7）税费

许多国家将存储物列入应税财产，高水平库存导致高税费的开支。税率和评估方法通常随地点而不同。在一般情况下，税金是根据一年内某个特定日子的存储物水平或某一段时间内的平均存储物水平征收的。有些地方对存储物税金不做任何评估，按存储物价值的百分比来确定税金。由仓储企业承担的税费也可看作费用支出，包括仓储营业税或企业所得税在仓储中的分摊以及仓库场地的房地产税。

（三）降低仓储成本的措施

仓储成本管理是仓储企业管理的基础，对提高整体管理水平、提高经济效益有重大影响。但是由于仓储成本与物流成本的其他构成要素如运输成本、配送成本以及服务质量和水平之间存在二律背反的现象，因此，降低仓储成本要在保证物流总成本最低和不降低企业的总体服务质量和目标水平的前提下进行，常见的措施如下。

1. 采用“先进先出”方式，减少仓储物的保管风险

“先进先出”是储存管理的准则之一，它能保证每个被储物的储存期不至于过长，减少仓储物的保管风险。

2. 提高储存密度，提高仓容利用率

这样做的主要目的是减少储存设施的投资，提高单位存储面积的利用率，以降低成本、减少土地占用。

3. 采用有效的储存定位系统，提高仓储作业效率

储存定位的含义是确定被储存物的位置。如果定位系统有效，能大大节约寻找、存放、取出的时间，节约不少物化劳动及活劳动，而且能防止差错，便于清点及实行订货点等的管理方式。储存定位系统可采取先进的计算机管理，也可采取一般人工管理。

4. 采用有效的检测清点方式，提高仓储作业的准确程度

对储存物资数量和质量的监测有利于掌握仓储的基本情况，也有利于科学控制库存。在实际工作中稍有差错，就会使账物不符，所以，必须及时且准确地掌握实际储存情况，经常与账卡核对，确保仓储物资的完好无损，这是人工管理或计算机管理中必不可少的。此

外,经常监测也是掌握被存物资数量状况的重要工作。

5. 加速周转,提高单位仓容产出

储存现代化的重要课题是将静态储存变为动态储存,周转速度加快,会带来一系列的好处:资金周转快、资本效益高、货损货差小、仓库吞吐能力增加、成本下降等。具体做法诸如采用单元集中存储,建立快速分拣系统,都有利于实现快进快出、大进大出。

6. 采取多种经营,盘活资产

仓储设施和设备的巨大投入,只有在充分利用的情况下才能获得收益,如果不能投入使用或者只是低效率使用,只会造成成本的加大。仓储企业应及时决策,采取出租、借用、出售等多种经营方式盘活这些资产,提高资产设备的利用率。

7. 加强劳动管理

工资是仓储成本的重要组成部分,劳动力的合理使用是控制人员工作的基本原则。我国是具有劳动力优势的国家,工资较为低廉,较多使用劳动力是合理的选择。但是对劳动力进行有效管理,避免人浮于事、出工不出力或者效率低下也是成本管理的重要方面。

8. 降低经营管理成本

经营管理成本是企业经营活动和管理活动的费用和成本支出,包括管理费、业务费、交易成本等。加强该类成本管理,减少不必要支出,也能实现成本降低。当然,经营管理成本费用的支出时常不能产生直接的收益和回报,但也不能完全取消,因而加强管理是很有必要的。

三、仓储绩效评估

绩效评估作为一种有效的管理工具,在物流领域中开始广泛应用。指标体系的确定是绩效评估的核心环节。物流与配送绩效评估指标的确立应以客户至上为理念,按内部绩效评估指标和外部绩效评估指标进行项目划分。有效的绩效衡量和控制对物流环节中的仓储和配送是非常必要的。

关于物流绩效评估指标,学者提出的观点各不相同,各有侧重点,再加上评估对象的不同,指标体系的选取更是灵活多样。但是,理想的评估指标应满足以下几项基本原则:能够反映企业自身的特点,能够反映顾客对其企业产品或服务的要求,具有代表性和全面性,与企业的发展目标和战略规划相一致,等等。

仓储绩效评估是指在一定的经营期间内仓储企业利用指标对经营效益和经营业绩以及服务水平进行考核,以加强仓储管理工作,提高管理的业务和技术水平。

企业经营效益主要表现在盈利能力、资产运营水平、偿还债务能力和后续发展能力等方面。经营业绩主要通过经营者在经营管理企业的过程中对企业的经营和发展所做贡献反映出来。评估内容重点在盈利能力、资产运营水平、偿还债务能力、服务水平和后续发展能力方面，评估的主要依据是准确反映这些内容的各项定量及定性指标。将这些指标同全国甚至世界同行业、同规模的平均水平比较，从而获得一个公正、客观的评估结论。

（一）仓库生产绩效考核指标的制定应遵循的原则

1. 科学性原则

科学性原则要求所设计的指标体系能够客观、如实地反映仓储生产的所有环节和活动要素。

2. 可行性原则

可行性原则要求所设计的指标便于工作人员掌握和运用，数据容易获得，便于统计计算，便于分析比较。

3. 协调性原则

协调性原则要求各项指标之间相互联系、相互制约，但是不能相互矛盾和重复。

4. 可比较性原则

在对指标的分析过程中很重要的是对指标进行比较，如实际完成与计划相比、现在与过去相比、自身与同行相比等，所以可比性原则要求指标在期间、内容等方面一致，使指标具有可比性。

5. 稳定性原则

稳定性原则要求指标一旦确定，应在一定时期内保持相对稳定，不宜经常变动，频繁修改。在执行一段时间后，经过总结再进行改进和完善。

（二）仓储生产绩效考核指标的管理

在制定出仓储生产绩效考核指标之后，为了充分发挥指标在仓储管理中的作用，仓储部各级管理者和作业人员应进行指标的归口、分级和考核。

1. 实行指标的归口管理

指标制定的目标能否完成，与仓储企业每个员工的工作有直接联系，其中管理者对指标的重视程度和管理方法最为关键。将各项指标按仓储职能机构进行归口管理，分工负责，使每项指标从上到下层层有人负责，可以充分发挥各职能机构的积极作用，形成一个完整的指标管理系统。

2. 分解指标落实到人

这一系列的仓储生产绩效考核指标需要分解，分级落实到仓库各个部门、各个班级，直至每个员工，使每级部门、每个班级、每个员工明确自己的责任和目标。

3. 开展指标分析,实施奖惩

定期进行指标执行情况的分析,是改善仓储部工作、提高仓储经济效益的重要手段。只有通过指标分析找出差距,分析原因,才能对仓储部的生产经营活动做出全面的评估,才能促进仓储部工作水平不断提高。

(三) 仓储生产绩效考核指标体系

仓储生产绩效考核指标体系是反映仓库生产成果及仓库经营状况各项指标的总和。指标的种类由于仓储部在供应链中所处的位置或仓储企业经营性质的不同而有繁有简,有的企业或部门把指标分为六大类,即:反映仓储生产成果数量的指标,反映仓储生产作业质量的指标,反映仓储生产物化劳动和活劳动消耗的指标,反映仓储生产作业物化劳动占用的指标,反映仓储生产劳动效率的指标和反映仓储生产经济效益的指标。

1. 反映仓储生产成果数量的指标

反映仓储生产成果数量的指标主要有吞吐量、库存量和存货周转率。

(1) 吞吐量

吞吐量是指计划期内仓库中转供应货物的总量,计量单位通常为"吨",计算公式为

$$吞吐量=入库量+出库量+直拨量$$

入库量是指经仓库验收入库的数量;出库量是指按出库手续已经交给用户或承运单位的数量,不包括备货代发运的数量;直拨量是指企业在车站、码头、机场、供货单位等提货点办理完提货手续后,直接将货物从提货点分拨转运至客户的数量。

(2) 库存量

库存量通常指计划期内的日平均库存量。该指标同时也反映仓储平均库存水平和库存利用状况。其计量单位为"吨",计算公式为

$$月平均库存=\frac{月初库存量+月末库存量}{2} \tag{5-11}$$

$$年平均库存=\frac{各月平均库存量之和}{12} \tag{5-12}$$

库存量是指仓库内所有纳入仓库经济技术管理范围的全部本单位和代存单位的物品数量,不包括待处理、待验收的物品数量。月初库存量等于上月末库存量,月末库存量等于月初库存量加上本月入库量再减去本月出库量。

(3) 存货周转率

库存量指标反映的是一种相对静止的库存状态,而存货周转率更能体现仓库空间的利用程度和流动资金的周转速度。从现代仓储经营的角度来看,仓库中物品的停留时间应越短越好。存货周转率的计算公式为

$$存货周转率=(销售成本/存货平均余额)\times 100\% \quad (5-13)$$

存货平均余额为年初数加年末数除以2。

2. 反映仓储生产作业质量的指标

仓储生产质量是指物资经过仓库储存阶段，其使用价值满足社会生产的程度和仓储服务工作满足货主和用户需求的程度。由于库存货物的性质差别较大，货主所要求的物流服务内容也不尽相同，所以，各仓储或物流企业反映仓储生产作业质量的指标体系的繁简程度会有所不同。通常情况下，反映仓储质量的指标主要有收发差错率(收发正确率)、业务赔偿率、物品损耗率、账实相符率、缺货率等。

(1) 收发差错率(收发正确率)

收发差错率以收发货所发生差错的累计笔数占收发货物总笔数的百分比来计算，此项指标反映仓储部门收、发货的准确程度。计算公式如下：

$$收发差错率=(收发差错累计笔数/储存货物总笔数)\times 100\%$$

$$收发正确率=1-收发差错率 \quad (5-14)$$

收发差错包括因验收不严、责任心不强而造成的错收、错发，不包括丢失、被盗等因素造成的差错，这是仓储管理的重要质量指标。通常情况下，仓储部的收发货差错率应控制在0.5%以下。对于一些单位价值高的物品或有特别意义的物品，客户将会要求仓储部的收发正确率保证为100%，否则将根据合同予以索赔。

(2) 业务赔偿率

业务赔偿率以仓储部在计划期内发生的业务赔罚款总额占同期业务总收入的百分比来计算，此项指标反映仓储部门履行合同的质量。计算公式如下：

$$业务赔偿率=(业务赔罚款总额/业务总收入)\times 100\% \quad (5-15)$$

业务赔罚款指在入库、保管、出库阶段，因管理不严、措施不当造成库存物的损坏或丢失所支付的赔款和罚款，以及为延误时间等所支付的罚款，意外灾害造成的损失不计。业务总收入指计划期内仓储部门在入库、储存、出库阶段提供服务所收取的费用总和。

(3) 物品损耗率

物品损耗率是指保管期间，某种货物自然减量的数量占该种货物入库数量的百分比，此项指标反映仓储货物保管和维护质量和水平。计算公式如下：

$$物品损耗率=(货物损耗量/期内货物保管总量)\times 100\% \quad (5-16)$$

物品损耗率指标主要用于易挥发、易流失、易破碎的货物，仓储部与货主根据货物的性质在仓储合同中规定一个相应的损耗上限。若实际损耗率高于合同中规定的损耗率，说明仓储部管理不善，对于超限损失部分要给与赔付；反之，说明仓储部管理更有成效。

(4) 账实相符率

账实相符率是指在进行货物盘点时，仓库保管的货物账面上的结存数与存货实有数量的相互符合程度。在对库存货物进行盘点时，要求根据账目逐笔与实物进行核对。计算公式如下：

$$账实相符率=(货物账面上的结存数/存货实有数量)\times 100\% \quad (5\text{-}17)$$

通过这项指标的考核，可以衡量仓库账面货物的真实程度，反映保管工作的完成质量和管理水平，避免货物损失。

(5) 缺货率

缺货率反映仓库保证供应，满足客户需求的程度。计算公式如下：

$$缺货率=(缺货次数/用户要求次数)\times 100\% \quad (5\text{-}18)$$

通过这项指标的考核，可以衡量仓储部进行库存分析的能力和组织及时补货的能力。

3. 反映仓储生产物化劳动和活劳动消耗的指标

反映仓储生产物化劳动和活劳动消耗的指标包括：材料、燃料和动力等库用物资消耗指标；平均验收时间，整车(零担)发运天数；进出库成本、仓储成本等综合反映人力、物力、财力消耗水平的成本指标等。

(1) 库用物资消耗指标

储存作业的物资消耗指标即库用材料(如防锈油等)、燃料(如汽油和机油等)、动力(如耗电量等)的消耗定额。

(2) 平均验收时间

平均验收时间即每批货物的平均验收时间，计算公式如下：

$$平均验收时间=各批验收天数之和/验收总批数 \quad (5\text{-}19)$$

每批货物验收天数是指从货物具备验收条件的第二天起，至验收完毕单据返回财务部门止的累计天数，当日验收完毕并退单的按半天计算。入库验收批数以一份入库单为一批计算。

(3) 发运天数

仓库发运的形式主要分为整车、集装箱整箱发运和零担发运，所以发运天数的计算公式也就不同，计算公式分别为

$$整车平均发运天数=各车发运天数之和/发运车总数 \quad (5\text{-}20)$$

$$零担平均发运天数=各批零担发运天数之和/零担发运总批数 \quad (5\text{-}21)$$

整车(箱)发运天数是从出库调单到库第二日起，到向承运单位点交完毕止的累计天数。

发运天数指标不仅可以反映出仓库在组织出库作业时的管理水平，而且可以反映出当期的交通运输状况。

(4) 作业量系数

作业量系数反映仓库实际发生作业与任务之间的关系，计算公式为

$$作业量系数=装卸作业总量/进出库货物数量 \quad (5\text{-}22)$$

作业量系数为1是最理想的，表明仓库装卸作业组织合理。

(5) 单位进出库成本和单位仓储成本

单位进出库成本和单位仓储成本综合反映仓库物化劳动和活劳动的消耗。计算公式分别为

$$单位进出库成本 = 进出库费用 / 进出库物资量 \tag{5-23}$$

$$单位仓储成本 = 储存费用 / 各月平均库存量之和 \tag{5-24}$$

4. 反映仓储生产作业物化劳动占用的指标

反映仓储生产作业物化劳动占用的指标主要有仓库面积利用率、仓容利用率、设备利用率等。

(1) 仓库面积利用率。仓库面积利用率的计算公式为

$$仓库面积利用率 = (库房货棚货场占地面积之和 / 仓库总占地面积) \times 100\% \tag{5-25}$$

(2) 仓容利用率。仓容利用率的计算公式为

$$仓容利用率 = (仓库平均库存量 / 最大库容量) \times 100\% \tag{5-26}$$

(3) 设备利用率。设备利用率的计算公式为

$$设备利用率 = (设备作业总台时 / 设备应作业总台时) \times 100\% \tag{5-27}$$

设备作业总台时指各台设备每次作业时数的总和，设备应作业总台时指各台设备应作业时数的总和。计算设备利用率的设备必须是在用的完好设备。

5. 反映仓储生产劳动效率的指标

反映仓储生产劳动效率的指标主要是全员劳动生产率。全员劳动生产率可以用平均每人每天完成的出入库货物量来表示。计算公式如下：

$$全员劳动生产率 = 全年货物出入库总量 / 全员年工日总数 \tag{5-28}$$

6. 反映仓储生产经济效益的指标

反映仓储生产经济效益的指标主要有人均利税率等。

$$人均利税率 = (全年利税总额 / 仓库总人数) \times 100\% \tag{5-29}$$

（四）仓储生产绩效考核指标分析的方法

现代仓储企业的各项考核指标是从不同角度反映某一方面的情况，仅凭某一项指标很难反映事物的总体情况，也不容易发现问题，更难找到产生问题的原因。因此，要全面、准确地认识仓储企业的现状和规律，把握其发展的趋势，必须对各个指标进行系统而周密的分析，以便发现问题，并透过现象认识内在的规律，采取相应的措施，使仓储企业各项工作水平得到提高，从而提高企业的经济效益。

通过对各项指标的分析，能够全面了解仓储企业各项业务工作的完成情况和取得的

绩效,发现存在的问题及薄弱环节,可以全面了解仓储企业设施设备的利用程度和潜力,可以掌握客户对仓储企业的满意程度及服务水平,可以认识仓储企业的运营能力和运营质量及运营效率,从而不断改进各项业务工作,找出规律,为仓储企业的发展规划提供依据。其分析的方法主要有以下几种。

1. 对比分析法

对比分析法是将两个或两个以上有内在联系的、可比的指标(或数量)进行对比,从对比中寻求差距,查原因。对比分析法是指标分析法中使用最普遍、最简单和最有效的方法。运用对比分析法对指标进行对比分析时,一般都应首先选定对比标志来衡量指标的完成程度。根据分析问题的需要,主要有以下几种对比方法。

(1) 计划完成情况的对比分析

计划完成情况的对比分析是将同类指标的实际完成数或预计完成数与计划进行对比分析,从而反映计划完成的绝对数和程度,分析计划完成或未完成的具体原因,肯定成绩、总结经验、找出差距、提出措施。

(2) 纵向动态对比分析

纵向动态对比分析是将仓储的同类有关指标在不同时间上对比,如本期与基期(或上期)比、与历史平均水平比、与历史最高水平比等。这种对比反映事物的发展方向和速度,说明当前状态的纵向动态,表明是增长或是降低,然后再进一步分析产生这一结果的原因,提出改进措施。

(3) 横向类比分析

横向类比分析是将仓储的有关指标在同一时期相同类型的不同空间条件下对比分析。类比单位一般选择同类企业中的先进企业,它可以是国内的,也可以是国外的。通过横向对比,能够找出差距、采取措施、赶超先进。

(4) 结构对比分析

结构对比分析是将总体分为性质不同的各部分,然后以部分数值与总体数值之比来反映事物内部构成的情况,一般用百分数表示。例如,在货物保管损失中,我们可以计算分析因保管不善造成的霉变残损、丢失短少、不按规则验收、错收错付而发生的损失等各占的比例为多少。

应用对比分析法进行对比分析时,需要注意以下几点:

首先,要注意所对比的指标或现象之间的可比性。在进行纵向对比时,主要考虑指标所包括的范围、内容、计算方法、计量单位、所属时间等是否相互适应、彼此协调;在进行横向对比时,要考虑对比的单位之间必须是经济职能或经济活动性质,经营规模基本相同,否则就缺乏可比性。

其次,要结合使用各种对比分析方法。每个对比指标只能从一个侧面来反映情况,只作单项指标的对比会出现片面有时甚至是误导性的分析结果。把有联系的对比指标结合运用,有利于全面、深入地研究分析问题。

此外,还需要正确选择对比的基数。对比基数的选择,应根据不同的分析和目的进行,一般应选择具有代表性的基数。如在进行指标的纵向动态对比分析时,应选择企业发展比较稳定的年份作为基数,这样的对比分析才更具有现实意义,否则与过高或过低的年份作比较,都达不到预期的目的和效果。

2. 因素分析法

因素分析法用于分析影响指标变化的各个因素以及它们对指标各自的影响程度。

在采用因素分析法时,应注意各因素按合理的顺序排列,前后因素按合乎逻辑的衔接原则处理。如果顺序改变,各因素变动影响程度之积(或之和)虽仍等于总指标的变动数,但各因素的影响值就会发生改变,从而会得出不同的答案。

3. 平衡分析法

平衡分析法是利用各项具有平衡关系的经济指标之间的依存情况来测定各项指标对经济指标变动的影响程度的一种分析方法。

4. 帕累托图法

帕累托图法(ABC 分析法)是基于 19 世纪经济学家维尔弗雷多·帕累托的工作而形成的。该法虽然简单,却能找到问题及其解决的途径,仓储部也可以通过这种方法找到影响仓库服务质量或作业效率等方面的主要原因。

5. 工序图法

工序图法是一种通过一件产品或一种服务的形成过程来帮助理解工序的分析方法,用工序流程图标示出各步骤以及各步骤之间的关系。

仓储部可以在指标对比分析的基础上,运用这种方法进行整个仓储流程或某个作业环节的分析,将其中主要问题分离出来,并进行进一步分析。例如,经过对比分析发现货物验收时间出现增加的情况,那么就可以运用工序图法,对验收流程"验收准备→核对凭证→实物检验→入库堆码上架→登账"进行分析,以确定导致验收时间增加的主要问题出现在哪一个环节上,然后采取相应的措施。

6. 因果分析图法

因果分析图也叫石川图(Ishikawa diagram)或鱼刺图(fish-bone chart),每根鱼刺代表一个可能的差错原因,一张鱼刺图可以反映企业或仓储部质量管理中的所有问题。因果分析图法可以从物料(material)、机械设备(machinery)、人员(manpower)和方法(methods)四个方面进行分析,这四个"M"即为原因。

因果分析图法为仓储绩效的分析提供了一个良好的框架,当系统地将此深入进行下去时,很容易找到可能的质量问题并设立相对的检验点进行重点管理。例如,一些客户对服务的满意度下降,仓储部可以在以上四个方面分析原因,以便改进服务质量。

四、仓储成本预测

仓储成本预测是指根据有关仓储成本数据和企业具体发展情况,运用一定的科学方法,对未来成本水平及其变化趋势做出科学的估计。通过成本预测,掌握未来的成本水平及其变动趋势,有助于减少决策的盲目性,使经营管理者易于选择最优方案,做出正确决策。仓储成本预测是物流成本管理的重要环节,实际工作中必须予以高度重视。

仓储成本预测的特点为:预测过程的科学性、预测结果的近似性、预测结论的可修正性。

(一) 仓储成本预测程序

(1) 根据仓储企业总体目标提出初步成本目标。

(2) 初步预测在目前情况下仓储成本可能达到的水平,找出达到成本目标的差距。其中,初步预测就是不考虑任何特殊的降低成本措施,按目前主客观条件的变化情况,预计未来时期成本可能达到的水平。

(3) 考虑各种降低仓储成本的方案,预计实施各种方案后成本可能达到的水平。

(4) 选取最优仓储成本方案,预计实施后的成本水平,正式确定成本目标。

以上仓储成本预测程序表示的只是单个成本预测过程,而要达到最终确定的正式成本目标,这种过程必须反复多次。也就是说,只有经过多次的预测、比较以及对初步成本目标的不断修改、完善,才能最终确定正式成本目标,并依据本目标组织实施仓储成本管理。

(二) 仓储成本预测的方法

1. 定性分析法

定性分析法是常用的统计分析方法。它通过调查研究,利用直观材料,依靠个人的主观判断和综合分析能力,对现象的未来状况进行预测分析,又称为直观判断预测,简称为直观预测。

定性预测方法适合在资料缺乏或难于进行定量分析时应用,一般多适用于中长期预测。常用的定性预测方法有头脑风暴法、德尔菲法、主观概率法、决策树法等。下面介绍头脑风暴法和德尔菲法。

1) 头脑风暴法

头脑风暴法是通过专家小组会议形式,使每位与会专家畅所欲言,鼓励大家提出新思想、新观点、新方法,并促使大家讨论、争鸣和交流,以便相互启发,使与会专家产生更多、更好的主意和想法。这种方法的实质是通过相互讨论,产生思维共振,激发与会专家的灵感,激发大家的创见性,以获得有价值的具有新意的观点、思想和创意。

2）德尔菲法

德尔菲法是在专家个人判断和专家会议方法的基础上发展起来的一种直观预测方法。该法实质上是一种专家预测意见分析法，它通过选定与预测分析课题有关的领域和专家，与专家建立直接信函联系，通过信函（通常设计成调查表格或问卷）收集专家意见，然后加以综合、整理，再匿名反馈给各位专家，再次征求意见。这样反复经过四五轮，逐步使专家的意见趋于一致，最后获得结论性的意见。

（1）德尔菲法的一般预测程序

第一步：提出要求，明确预测目标，书面通知被选定专家、专门人员。其中，选择专家是关键。专家一般指掌握某一特定领域知识和技能的人。专家人数不宜过多，一般8～20人左右为宜。要求每一位专家讲明有什么特别资料可用来分析这些问题以及这些资料的使用方法。同时，向专家提供有关资料，并请专家提出后续需要哪些资料。

第二步：专家接到通知后，根据自己掌握的知识和经验，对物流市场的未来发展趋势提出自己的预测，并说明其依据和理由，书面答复主持预测的单位。

第三步：主持预测单位或领导小组对专家的预测意见加以归纳整理，对不同的预测值，分别说明其依据和理由（根据专家意见，但不注明是哪个专家的意见），然后再寄给各位专家，要求专家修改自己原有的预测，以及说明还有什么要求。

第四步：专家们接到第二次通知后，就各种预测意见及其依据和理由进行分析，再次进行预测，提出自己修改的预测意见及其依据和理由。如此反复征询、归纳、修改，直到意见基本一致为止，修改的次数根据需要确定。一般进行到第四轮，专家的预测意见会趋于一致。在此基础上，主持单位可以得到关于物流市场预测问题的最终意见和建议。

（2）德尔菲法的特点

德尔菲法具有以下三个特点：

反馈性。反馈性表现为多次作业，反复综合、整理、归纳和修正，但不是漫无边际，而是有组织、有步骤地进行。

匿名性。由于专家是背靠背提出各自的意见的，因而可避免心理干扰影响。把专家看成一台电子计算机，他脑子里贮存着许多数据资料，通过分析、判断和计算，可以确定比较理想的预测值。

统计性。对各位专家的估计和预测数进行统计，然后采用平均数或中位数统计出量化结果。

（3）德尔菲法的优点

德尔菲法的最大优点是简明直观，操作容易，其预测的准确性和可靠性都比较令人满意，实际应用价值较高。

2. 定量分析法

定量分析法是根据历史数据，运用数学模型预测现象的发展状况，或是利用现象内部因素发展的因果关系推测现象未来变化的趋势。定量分析的方法很多,时间序列模型和因果关系模型是管理预测中两种主要的定量预测模型,其各自的预测方法分别为时间序列预测法和回归分析预测法。

1) 时间序列预测法

在市场预测中,经常遇到一系列依时间变化的经济指标值,如企业某产品按年(季)的销售量、消费者历年收入、购买力增长统计值等,这些按时间先后排列起来的一组数据称为时间序列。具体来讲,时间序列(又称时间数列)就是指将某种经济变量的一组观测值按其观察得到的时间先后次序排列而成的数列。时间间隔可以是天、周、月、季、年等。

时间序列预测法(又称时间序列分析法、历史引申预测法)是指根据预测对象的时间序列数据,依据事物发展的连续性规律,通过统计分析和建立数学模型,并进行趋势延伸,对预测对象的未来可能值作出定量预测的方法。即根据按时间顺序排列的统计数据及其内在规律性向外延伸,来揭示未来需求发展变化趋势。其内容包括:收集与整理某种社会现象的历史资料;对这些资料进行检查鉴别,排成数列;分析时间数列,从中寻找该社会现象随时间而变化的规律,得出一定的模式;以此模式去预测该社会现象将来的情况。

(1) 时间序列预测法分类

时间序列预测法可用于短期、中期和长期预测。根据对资料分析方法的不同,又可分为简单序时平均数法(算术平均法)、加权序时平均数法、移动平均法、加权移动平均法、指数平滑法、趋势预测法、季节变动趋势预测法、市场寿命周期预测法等。

简单序时平均数法(又称算术平均法)即把若干历史时期的统计数值作为观察值,求出算术平均数作为下期预测值。这种方法基于下列假设:"过去这样,今后也将这样",把近期和远期数据等同化和平均化,因此只能适用于事物变化不大的趋势预测。如果事物呈现某种上升或下降的趋势,就不宜采用此法。

加权序时平均数法就是把各个时期的历史数据按近期和远期影响程度进行加权,求出平均值,作为下期预测值。

移动平均法就是相继移动计算若干时期的算术平均数作为下期预测值。

加权移动平均法即将简单移动平均数进行加权计算。在确定权数时,近期观察值的权数应该大些,远期观察值的权数应该小些。

指数平滑法即根据历史资料的上期实际数和预测值,用指数加权的办法进行预测。此法实质是由内加权移动平均法演变而来的一种方法,优点是只要有上期实际数和上期预测值,就可计算下期的预测值,这样可以节省很多数据和处理数据的时间,减少数据的存储量。该方法是国外广泛使用的一种短期预测方法。

趋势预测法(又称比较分析法、水平分析法)根据财务报表中各类相关数字资料,将两期或多期连续的相同指标或比率进行定基对比和环比对比,得出它们的增减变动方向、数额和幅度,以揭示企业财务状况、经营情况和现金流量变化趋势的一种分析方法。采用趋势分析法通常要编制比较会计报表。

季节变动趋势预测法(又称季节变动预测法、季节指数法)指根据经济事物每年重复出现的周期性季节变动指数,预测其季节性变动趋势。推算季节性指数可采用不同的方法,常用的方法有季(月)别平均法和移动平均法两种。

市场寿命周期预测法用于对产品市场寿命周期进行分析研究。例如,对处于成长期的产品预测其销售量,最常用的一种方法就是根据统计资料,按时间序列画成曲线图,再将曲线外延,即得到未来销售发展趋势。最简单的外延方法是直线外延法,适用于对耐用消费品的预测。这种方法简单、直观、易于掌握。

(2) 时间序列预测法的步骤

收集历史资料,加以整理,编成时间序列,并根据时间序列绘成统计图。时间序列分析通常是把各种可能发生作用的因素进行分类,传统的分类方法是按各种因素的特点或影响效果分为四大类:长期趋势(T)、季节变动(S)、循环变动(C)、不规则变动(I)。

分析时间序列。时间序列中的每一时期的数值都是许多不同的因素同时发生作用后的综合结果。

求时间序列的长期趋势(T)、季节变动(S) 、循环变动(C)和不规则变动(I)的值,并选定近似的数学模式来代表它们。对于数学模式中的诸未知参数,使用合适的方法求出其值。

利用时间序列资料求出长期趋势、季节变动、循环变动和不规则变动的数学模型后,就可以利用它来预测未来的长期趋势值 T、季节变动值 S、循环变动值 C,在可能的情况下预测不规则变动值 I。然后用以下模式计算出未来的时间序列的预测值 Y:

加法模式:

$$T+S+C+I=Y$$

乘法模式:

$$T\times S\times C\times I=Y$$

如果不规则变动的预测值难以求得,就只求长期趋势、季节变动和循环变动的预测值,以两者相乘之积或相加之和为时间序列的预测值。如果经济现象本身没有季节变动或不需预测分季分月的资料,则长期趋势的预测值就是时间序列的预测值,即 $T=Y$。但要注意这个预测值只反映现象未来的发展趋势,即使很准确的趋势线在按时间顺序的观察方面所起的作用,本质上也只是一个平均数的作用,实际值将围绕着它上下波动。

2) 回归分析预测法

回归分析预测法,是在分析市场现象自变量和因变量之间相关关系的基础上,建立变量之间的回归方程,并将回归方程作为预测模型,根据自变量在预测期的数量变化来预测因变量关系。

回归分析预测法是一种重要的市场预测方法,当对市场现象未来发展状况和水平进行预测时，如果能找到影响市场预测对象的主要因素，并且能够取得其数量资料，就可以采用回归分析预测法进行预测。它是一种具体的、行之有效的、实用价值很高的常用市场预测方法，常用于中短期预测。回归分析预测法有多种类型。

(1) 回归分析预测法的分类

依据相关关系中自变量的个数不同分类，可分为一元回归分析预测法和多元回归分析预测法。在一元回归分析预测法中，自变量只有一个，而在多元回归分析预测法中，有两个以上自变量。依据自变量和因变量之间的相关关系不同，可分为线性回归预测和非线性回归预测。

(2) 回归分析预测法的步骤

① 根据预测目标，确定自变量和因变量。明确了预测的具体目标，也就确定了因变量。如预测具体目标是下一年度的销售量，那么销售量 Y 就是因变量。通过市场调查和查阅资料，寻找与预测目标的相关影响因素，即自变量，并从中选出主要的影响因素。

② 建立回归预测模型。依据自变量和因变量的历史统计资料进行计算，在此基础上建立回归分析方程，即回归分析预测模型。

③ 进行相关分析。回归分析是对具有因果关系的影响因素(自变量)和预测对象(因变量)所进行的数理统计分析处理。只有当自变量与因变量确实存在某种关系时，建立的回归方程才有意义。因此，作为自变量的因素与作为因变量的预测对象是否有关，相关程度如何，以及判断这种相关程度的把握性多大，就成为进行回归分析需要解决的问题。进行相关分析，一般要求出相关关系，以相关系数的大小来判断自变量和因变量的相关程度。

④ 检验回归预测模型，计算预测误差。回归预测模型是否可用于实际预测，取决于对回归预测模型的检验和对预测误差的计算。回归方程只有通过各种检验且预测误差较小，才能作为预测模型进行预测。

⑤ 计算并确定预测值。

(3) 应用回归预测法时应注意的问题

应用回归预测法时应先确定变量之间是否存在相关关系。如果变量之间不存在相关关系，对这些变量应用回归预测法就会得出错误的结果。正确应用回归分析预测应注意：

① 用定性分析判断现象之间的依存关系；

② 避免回归预测的任意外推；

③ 应用合适的数据资料。

回归分析预测法是一类比较经典也比较实用的预测方法。正是由于它经典，因此也就成熟，再加上比较容易理解，运用也就比较广泛。相比之下，其中的线性回归预测法和非线性回归预测法的运用范围更广。在实际使用过程中，如果在选择具体的方法和模型时能对数据作较为详细的分析，对图形的观察分析也能仔细一些，预测结果就会比较令人满意。

当然，回归分析最大的特点就是在偶然中发现必然，而实际情况却常常是千变万化的，有时偶然因素的影响也会超过必然，则预测结果也就不能很如意。这就要求在预测工作中不能机械，要会灵活运用，要注意了解影响预测结果的偶然情况，以便对预测结果进行适当修正，才能使预测结果更接近实际。

课后复习题

一、单选题

1. 仓储组织管理的原则不包括(　　)。

A. 烦琐原则　　B. 任务目标原则

C. 精简原则　　D. 专业分工与协作原则

2. 典型的仓储企业组织结构形式不包括以下哪一项？(　　)

A. 直线制组织模式　　B. 直线职能式组织模式

C. 事业部制组织模式　　D. 曲线制组织模式

3. 仓储成本是衡量仓储企业(　　)。

A. 经营者管理水平的重要标志　　B. 管理质量高低的重要标志

C. 库存数量多少的重要标志　　D. 仓库设备水平高低的重要标志

二、名词解释

1. 仓库管理员
2. 净资产收益率
3. 仓储成本

三、简答题

1. 简述构建仓储企业经营效益评价指标体系的基本原则。
2. 简述仓储成本控制的原则。
3. 简述仓储成本核算的目的。

拓展阅读 5.2　降低仓储成本，6 招实用办法分析原因

第六章

库存控制

知识目标

1. 掌握库存的含义及类型；
2. 掌握库存持有成本的内涵；
3. 掌握库存控制策略。

能力目标

1. 能够运用 ABC 分类法对库存进行分析；
2. 能够进行安全库存量的计算；
3. 能够运用订货点、经济订购批量对库存物品进行合理控制。

案例引导

不同行业的库存控制方法有何不同?

库存控制贯穿于整条供应链之中,涉及面广、内容丰富。

库存控制是在满足顾客服务要求的前提下通过对企业的库存水平进行控制,力求尽可能降低库存水平、提高物流系统的效率,以提高企业的市场竞争力。

不同工厂、不同行业,库存控制的方法不同,但原理是相通的。那么,库存控制的方法有哪些呢?

一、分析库存构成

控制库存,首先要分析库存构成,从账龄结构、库存类别、呆滞比例、库存良率和库存形成原因五个方面分析。

1. 账龄结构

将库存依库龄分为 0～15 天,15～60 天,60～180 天,180 天以上,重点关注 0～15 天和 180 天以上库龄的物料。

2. 库存类别

分析原材料、在制品和成品各占多少百分比，重点关注采购提前期和生产周期与库存比例是否一致。

3. 呆滞比例

分析呆滞料、非呆滞料占多少百分比，重点关注呆滞料的形成原因和处理时效。

4. 库存良率

分析良品、不良品占多少百分比，重点关注不良品的处理时效。

5. 库存形成原因

分析需求波动、订单下降或延迟、安全库存、提前备料、超产、设计变更各占多少百分比。

二、控制库存五要素

根据库存构成，从五个方面来控制库存。

1. 需求管理

这方面涉及策略性采购物料，要找到需求波动的规律，降低需求风险；其他物料严格按照物料需求表和物料进度控制表进行管控。

2. 供应链上游管理

物料准备时间要压缩，供应商的交期与品质都要管控。

3. 供需平衡

物料计划一定要与生产计划保持一致。

4. 产能提升

产能要能够匹配生产计划的需求。

5. 库存周转率

既要通过库存周转率来降低整体库存，又要考察控制重点项目、重点物料类别、呆滞和不良等。

三、库存控制的方法

库存的控制管理方法主要有两种：推动式的和拉动式的。

1. 推动式方法——MRP

生产计划根据对需求的预测和物料的可得性来安排，一旦计划形成，每个工序就会推动部件到下一个生产程序。但推动式体系也存在一定的不足,即必须预计客户的需求和估测交货的时间。错误的猜测(预测和估计)会导致大批量的存货,同时,交货时间越长,发生错误的概率也越大。

2. 拉动式的管理方法

所谓拉动式的管理方法,即生产根据客户的实际需要来安排。每个工序只生产下个工序需要的东西,将库存降到尽可能的低。

准时制生产方式(JIT)就是一种典型的拉动式体系。

资料来源:搜狐网. https://m.sohu.com/a/722211386_606677/,2023-09-21.

案例思考

1. 库存的形成原因有哪些?

2. 库存的控制管理方法有哪两种?

第一节 库存概述

一、库存的含义

物流管理中这样定义“库存”:储存作为今后按预定的目的使用而处于闲置或非生产状态的物品。广义的库存还包括处于制造加工状态和运输状态的物品。

库存是处于储存状态的物品,是储存的表现形态。库存是仓储最基本的功能,除了进行商品储存保管外,还具有整合需求和供给,维持物流系统中各项活动顺畅进行的功能。

其作用在于:防止生产中断,节省订货费用,改善服务质量,防止短缺。库存也存在一定弊端:占用大量资金,产生一定的库存成本,掩盖了企业生产经营中存在的问题。所以有效的库存管理是仓储管理中的重中之重。

二、库存的类型

企业为了能及时满足客户的订货需求,就必须经常保持一定数量的商品库存。配送中心为了维持配送的顺利进行,必须预先储存一定数量的商品来满足订货需求。

企业存货不足,会造成供货不及时、供应链断裂,丧失市场占有率或交易机会;整体社会存货不足,会造成物资贫乏、供不应求。而商品库存需要一定的维持费用,同时还存在由商品积压和损坏而产生的库存风险。因此,在库存管理中既要保持合理的库存数量,防止缺货和库存不足,又要避免库存过量,产生不必要的库存费用。

按照企业库存管理目的的不同,库存可分为以下几种类型:

1. 经常库存

经常库存也称周转库存，是指为满足客户日常的需求而建立的库存。经常库存的目的是衔接供需，缓解供需之间在时间上的矛盾，保障供需双方的经营活动都能顺利进行。这种库存的补充是按照一定的数量界限或时间间隔反复进行的。

2. 安全库存

安全库存是指为了防止由不确定因素（如突发性大量订货或供应商延期交货）影响订货需求而准备的缓冲库存。根据资料显示，这种缓冲库存约占零售业库存的 1/3。

3. 加工和运输过程库存

加工库存是指处于流通加工或等待加工而处于暂时储存状态的商品。运输过程的库存是指处于运输状态（在途）或为了运输目的（待运）而暂时处于储存状态的商品。

4. 季节性库存

季节性库存是指为了满足特定季节中出现的特定需求而建立的库存，或指对季节性生产的商品在出产的季节大量收储所建立的库存。

5. 促销库存

促销库存是指为了应付企业促销活动产生的预期销售增加而建立的库存。

6. 时间效用库存

时间效用库存是指为了避免商品价格上涨造成损失，或为了从商品价格上涨中获利而建立的库存。

7. 沉淀库存或积压库存

沉淀库存或积压库存是指因商品品质变坏或损坏，或者是因没有市场而滞销的商品库存，还包括超额储存的库存。

三、库存的功能

在现实经济生活中，商品的流通并不是始终处于运动状态的，作为储存的表现形态的库存是商品流通的暂时停滞，是商品运输的必需条件。库存在商品流通过程中有其内在的功能，具体如下。

1. 具有调节供需矛盾与消除生产与消费之间时间差的功能

不同的商品，其生产和消费情况是各不相同的。有些商品的生产时间相对集中，而消费则是均衡的；有些商品生产是均衡的，而消费则是不均衡的。比如，粮食作物集中在秋季收获，但粮食的消费在一年之中是均衡的；清凉饮料和啤酒等产品一年四季都在生产，但其消费在夏季相对比较集中。这表明生产与消费之间、供给与需求两方面，在一定程度上存在时间上的差别。

为了维护正常的生产秩序和消费秩序,尽可能地消除供求之间、生产与消费之间时间上的不协调性,须利用库存的调节作用,它能够很好地平衡供求关系、生产与消费关系,起到缓解供需矛盾的作用。

2. 具有创造商品的"时间效用"功能

所谓"时间效用",就是同一种商品在不同的时间销售(消费),可以获得不同的经济效益(支出)。通过仓储,可使商品在最有效的时间段发挥作用,创造商品的"时间价值"和"使用价值"。

3. 具有降低物流成本的功能

对于企业而言,保持合理的原材料和产品库存,可以消除或避免因上游供应商原材料供应不及时而需要进行紧急订货增加的物流成本,也可以消除或避免下游销售商由于销售波动进行临时订货而增加的物流成本。

库存是企业的一种资产。它也同其他资产一样,追求投资的最优化。库存过多会造成积压,增加企业不必要的储存成本;库存过少又会造成停产、脱销,影响企业的正常生产经营。因此,企业既不应该在库存上投资过多,又不应该投资过少,而应保持一最优值。

第二节　库存持有成本

一、库存持有成本的含义

库存持有成本是指和库存数量相关的成本,它由许多不同的部分组成,通常是物流成本中较大的一部分。为了维持企业的正常生产经营活动,企业必须储备一定数量的库存,但是当库存占用企业资金的比例过大时,就会降低企业的获利性,因为采购、储存要发生各种费用支出,这些费用支出就构成了企业库存的持有成本。

库存成本管理的目标受企业总目标的约束,如果适当地增加库存能减少其他形式的成本,并且其节省的成本额超过了库存成本的增加额,那么企业会选择增加库存持有成本。

库存持有成本是在建立库存系统时或采取经营措施所造成的资本占有的结果。库存系统的成本主要有进货成本、订货成本、保管成本、缺货成本、在途存货成本和库存风险成本。

二、影响库存持有成本的因素

1. 库存投资的机会成本率

影响库存持有成本的首要因素是库存投资的机会成本率。企业在库存上投资的资金来源不同,其计价成本率也不同。库存投资是以丧失其他投资机会为代价的,因此,必须以其他投资机会的回报率作为计算持有成本的依据。

如果企业资金充足，可将银行存款用于库存投资，这种情况下，银行存款利率就是库存投资的机会成本率；如果企业资金短缺，要通过出售股票来获得资金对库存进行投资，则应以出售股票预期的利率为库存投资的机会成本率；如果通过银行贷款的方式，则贷款利率为库存投资的资金成本率。

一般而言，企业资金越充足，库存持有成本中资金成本率越低；企业资金越短缺，库存持有成本中资金成本率越高。所以，资金充足的企业可以保持一个较高水平的库存来满足市场的需要；而资金短缺的企业总是想办法降低库存水平，减少库存对资金的占用。

2. 库存周转率

库存周转率也是影响库存持有成本的重要因素之一。从理论上讲，库存持有成本与库存周转率成反比关系，库存周转率越高，库存占用资金的时间越短，库存持有成本越低；库存周转率越高，对物流系统的要求也越高。一味地提高库存周转率，可能导致批量成本、运输配送成本、缺货成本的增加大于持有成本的减少，总的成本上升。

3. 仓库的类型和存货水平的变动情况

库存所使用的仓库类型不同，其库存持有成本也不一样。通常企业可以通过三种方式获取仓储空间：企业自有仓库、租赁仓库和公共仓库。在这三种类型的仓库中，企业自有仓库和租赁仓库的费用与企业的库存水平没有直接关系，而与仓库规划和仓储作业方式有关，所以应当属于仓储运作成本，而不是库存持有成本。

公共仓库的收费通常是按转进和转出仓库的产品数量以及储存的库存数量来计算的，所以公共仓库收费中的存储费用与库存水平有直接关系，应当属于库存持有成本中的保管成本。

拓展阅读 6.1　库存管理模型的分类

第三节　安全库存

一、安全库存概述

（一）安全库存的含义

安全库存也称安全存储量，又称保险库存，是指为了防止由不确定性因素（如大量突发性订货、交货期突然延期、临时用量增加、交货误期等特殊原因）影响订货需求而准备的缓冲库存。

安全库存用于满足提前期需求,企业保持安全库存是为了防止在生产或销售过程中可能产生的原材料未能及时到位或销售超过预期量而出现的停工待料或缺货脱销等意外情况的出现。

（二）安全库存的必要性

安全库存用来补偿在补充供应的前置时间内实际需求量超过期望需求量或实际订货提前期超过期望订货提前期所产生的需求。中转仓库和零售业备有安全库存是为了在用户的需求率不规律或不可预测的情况下,有能力满足他们的需求。

工厂成品库持有安全库存是为了在零售和中转仓库的需求量超过期望值时,有能力补充他们的库存。但所有的业务都面临着不确定性,这种不确定性来源各异。如果没有安全库存,当订货间隔期内的需求量超过其期望值,便会产生缺货现象。

1. 从需求或消费者一方来说

不确定性涉及消费者购买多少和什么时候进行购买。处理不确定性的一个习惯做法是预测需求,但从来都不能准确地预测出需求的大小。

2. 从供应方来说

就交付的可靠性来说,不确定性可能来源于运输,其他原因也能产生不确定性。

（三）安全库存的影响因素

1. 存货需求量、订货间隔期的变化以及交货延误期的长短

预期存货需求量变化越大,企业应保持的安全库存量也越大；同样,在其他因素相同的条件下,订货间隔期、订货提前期的不确定性越大,或预计订货间隔期越长,则存货的中断风险也就越高,安全库存量也应越高。

2. 存货的短缺成本和储存成本

一般地,存货短缺成本的发生概率或可能的发生额越高,企业需要保持的安全库存量就越大。增加安全库存量,尽管能减少存货短缺成本,但会给企业带来储存成本的额外负担。在理想条件下,可以通过模型计算得出最优的订货量和库存量。但在实际操作过程中,订货成本与储存成本反向变化,不确定性带来的风险问题一直没有得到有效的解决。

3. 厂商处理信息流和物流时产生的不良效应

厂商内部间的隔阂影响了信息的有效流通,需求信息经常被扭曲或延迟,从而引起采购人员和生产计划制定者的典型效应——前置时间或安全库存综合征。该效应继续加强,直到增加过量,相应的成本同时随之上升。同时过剩的生产能力不断蔓延至整条供应链,扭曲的需求数据开始引起第二种效应——存货削减综合征。

前一种效应引起过量的存货,后一种效应引起效益的削减。在市场成长期,两种效应的结合所带来的后果常被增长的需求所掩盖。因此，有必要合理控制安全库存。

安全库存的存在使公司的缺货费用降低，同时又使储存费用增加。因此，需要确定合理的安全库存量。

二、安全库存量的确定

安全库存对于企业满足一定的客户服务水平是非常重要的，在企业产品供应上起到缓冲的作用，企业往往根据自身的客户服务水平和库存成本的权衡设置安全库存水平。现有的各种安全库存量的计算方法都以需求量、前置时间和缺货成本作为依据。经典计算公式如下：

$$\text{安全库存}=(\text{预计最大需求量}-\text{平均需求量})\times\text{采购提前期} \tag{6-1}$$

如果用统计学的观点可以变更为

$$\text{安全库存}=\text{日平均需求量}\times\text{一定服务水平下的提前期标准差} \tag{6-2}$$

可见，安全库存量的大小主要由顾客服务水平（或订货满足）来决定。所谓顾客服务水平，就是指对顾客需求情况的满足程度，计算公式如下：

$$\text{顾客服务水平}=1-\frac{\text{年缺货次数}}{\text{年订货次数}} \tag{6-3}$$

顾客服务水平（或订货满足率）越高，说明缺货发生的情况越少，从而缺货成本就较小，但因增加了安全库存量，致使库存的持有成本上升；而顾客服务水平较低，说明缺货发生的情况较多，缺货成本较高，安全库存量水平较低，库存持有成本较小。因而必须综合考虑顾客服务水平、缺货成本和库存持有成本三者之间的关系，最后确定一个合理的安全库存量。

下面介绍两种计算安全库存量的方法。

（一）概率方法

利用概率标准来确定安全库存比较简单。假设在一定时期内需求是服从正态分布的，且只考虑需求量超过库存量的概率。为了求解一定时期内库存缺货的概率，可以简单地画出一条需求量的正态分布曲线，并在曲线上标明我们所拥有的库存量的位置。当需求量是连续的时候，常用正态分布来描述需求函数。

在库存管理中，只需关注平均水平之上的需求。也就是说，只有在需求量大于平均水平时，才需要设立安全库存。在平均值以下的需求很容易满足，这就需要设立一个界限以确定应满足多高的需求，如图 6-1 所示。

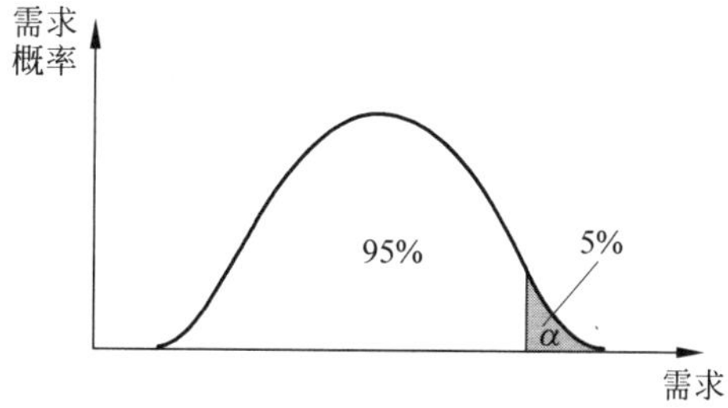

图 6-1　较高需求分布图

例如，假设预计从下月开始平均每月需求量为100单位，标准差为20单位。如果某一月份需求量刚好为100单位（等于均值，而在正态分布中，均值所覆盖的面积为50%），则缺货概率为50%。我们知道有一半月份的需求量将超过100单位，另一半月份的需求量将少于100单位。更进一步说，如果每月一次订购100单位，且货物在月初收到，则从长期看，这一年中将有6个月发生缺货。

安全库存的计算，一般需要借助于统计学方面的知识，对顾客需求量的变化和提前期的变化作一些基本的假设，从而在顾客需求发生变化、提前期发生变化以及两者同时发生变化的情况下，分别求出各自的安全库存量。即假设顾客的需求服从正态分布，通过设定的显著性水平来估算需求的最大值，从而确定合理的库存。

统计学中的显著性水平 α，在物流计划中叫作缺货率，与物流中的服务水平（$1-\alpha$，订单满足率）是对应的，显著性水平＝缺货率＝1－服务水平。如统计学上的显著性水平一般取为 $\alpha=0.05$，即服务水平为0.95，缺货率为0.05。服务水平就是指对顾客需求情况的满足程度。图6-2示出了统计学中对于物流计划中安全库存的计算原理。

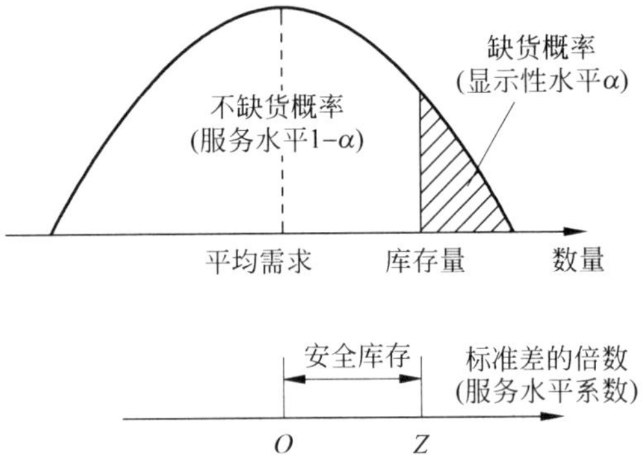

图6-2 概率需求模型

从图6-2中可以看出，库存＝平均需求＋安全库存。平均需求也叫周期库存，安全库存用SS来表示，那么有

$$SS = Z_{\alpha}\sigma \tag{6-4}$$

Z_{α} 表示在显著性水平为 α、服务水平为 $1-\alpha$ 的情况下所对应的服务水平系数，它是基于统计学中的标准正态分布的原理来计算的。它们之间的关系非常复杂，但一般可以通过正态分布表查得。表6-1中示出了部分数值。

表6-1 Z_{α} 和服务水平的部分数值

服务水平	0.9998	0.99	0.98	0.95	0.90	0.80	0.70
Z_{α}	3.05	2.33	2.05	1.65	1.28	0.84	0.54

服务水平 $1-\alpha$ 越大，Z_α 越大，SS 也就越大，订单满足率越高，发生缺货的概率就越小，但需要设置的安全库存就会越高。因而需要综合考虑顾客的服务水平、缺货成本和库存持有成本三者之间的关系，最后确定一个合理的库存。

如果觉得频繁的缺货难以接受，则应增加额外的库存以降低缺货风险。假设增加 20 单位的安全库存，在这种情况下，仍然是一次订购一个月的库存，且当库存量下降为 20 单位时，所订的货物就该入库。这样就建立了一个较小的安全库存，以缓冲缺货的风险。

如果需求量的标准差为 20 单位，则拥有了相当于标准差大小的安全库存，查标准正态分布表，求得概率为 0.8413(表中得到的是 0.3413，再加上 0.5)。所以大约有 84%的时间将不会发生缺货的情况，而 16%的时间会发生缺货情况。现在如果每个月都订购，则大约有两个月会发生缺货(0.16×12=1.92)。

常用这种方法来建立不发生缺货的概率为 95%的安全库存，其对应的标准正态偏差为 1.64 个标准。这意味着应当建立 1.64 标准差的安全库存，在这个例子中，安全库存为 33 个单位(1.64×20=32.8)。

实际工作中的安全库存是这样运用的。

(1) 提前期 LT 与订货周期 T 为固定值的情况下：

$$SS = Z_\alpha \sigma \sqrt{LT + T} \tag{6-5}$$

(2) 一般情况下，需求是变动的，而提前期 LT 也是变动的。假设需求 D 和提前期 LT 是相互独立的，则安全库存为

$$SS = Z_\alpha \sqrt{\sigma^2(LT + T) + \sigma_{LT+T}^2 \overline{D}^2} \tag{6-6}$$

式中，σ_{LT+T} 为提前期的标准差；$\overline{D}$ 为提前期内的平均周期需求量。

【例 6-1】

商店的可乐日平均需求量为 10 箱，顾客的需求服从标准差为 2 箱/天的正态分布，提前期满足均值为 6 天、标准差为 1.5 天的正态分布，并且日需求量与提前期是相互独立的，试确定 90%的顾客满意度下的安全库存量。

解：由题意可知：$\sigma=2$ 箱，$\sigma_{LT+T}=1.5$ 天，$\overline{D}=10$ 箱/天，$LT+T=6$，服务水平为 0.90 对应的 $Z_\alpha=1.28$，代入式(6-6)得

$$SS = 1.28 \times \sqrt{4 \times 6 + 1.5^2 \times 10^2} = 20$$

即在满足 90%的顾客满意度的情况下，安全库存量是 20 箱。

应该注意到，安全库存中统计的是过去的数据，以过去的数据预测将来是有风险的，另外，安全库存还会受到公司对于库存周转率指标的影响。事实上，与其说安全库存是统计计算的结果，还不如说它是一个管理决策。这是库存管理人员必须牢记的原则。

(二) 服务水平方法

在许多情况下，公司往往并不知道缺货成本到底有多大，甚至大致地加以估计也很困

难。在这种情况下,往往由管理者规定物品的服务水平,由此便可确定安全库存。下面介绍如何通过服务水平法确定安全库存量,使之满足规定的服务水平。

服务水平表示用存货满足用户需求的能力。如果用户是在需要的时候就得到他们所需要的物品,则服务水平为100%;否则服务水平就低于100%,服务水平与缺货水平之和为100%。一般来说,保证需求随时都得到满足不但很困难,而且在经济上也不合理。可能不需很多费用就可以把服务水平从80%提高到85%,但要把服务水平从90%提高到95%所需费用就要大得多。当服务水平接近100%时,安全库存投资通常会急剧地增长。由于企图完全消除缺货的费用很高,因此大多数公司都允许一定程度的缺货。

衡量服务水平有多种方式,如按满足需求的单位数、金额或订货次数来衡量。不存在一种服务水平的衡量方式适合于所有的库存物品。因而要具体情况具体分析,确定适合的衡量方式。常用的服务水平方法有:

(1) 按订购周期计算的服务水平;

(2) 按年计算的服务水平;

(3) 需求量服务水平系数;

(4) 作业日服务水平系数。

不同服务水平衡量方式下得出的订货点或安全库存量也不相同,选择何种衡量方式应由管理者根据经营目标决定。

按订购周期计算的服务水平表示在补充供应期(前置时间)内不缺货的概率。这种衡量方式不关心缺货量的大小,仅反映可能出现在订购周期内的缺货多长时间发生一次。计算公式为

$$\text{按订购周期计算的服务水平} = 1 - \frac{\text{有缺货的订购数}}{\text{订购期总数}} = 1 - P(M > R) \tag{6-7}$$

$$P(M > R) = P(S) = \frac{\text{有缺货的订购期数}}{\text{订购期总数}} = 1 - \text{按订购周期计算的服务水平} \tag{6-8}$$

式中,$P(M>R)$就是上面所提及的缺货概率,也就是前置时间需求量(M)超过订货点(R)的概率。已知所允许的缺货概率后,根据前置时间需求量的概率分布,就可以确定安全库存,使之满足规定的服务水平。

当需求量服从正态分布时,由给定的服务水平确定缺货概率,然后查标准正态分布表确定需求量标准正态偏差Z,用下式计算安全库存与订货点:

$$\text{安全库存} = Z_{\alpha}\sigma \tag{6-9}$$

式中,σ为标准差。此时,有

$$\text{订货点} = \text{期望平均需求} + \text{安全库存} = E(M) + Z_{\alpha}\sigma \tag{6-10}$$

三、降低安全库存

安全库存产生的根源有缩短交货期、减少投机性的购买、规避风险、缓和季节变动与

生产高峰的差距、实施零部件的通用化、营销管理缺失等,因此要降低安全库存,必须使订货时间尽量接近需求时间、订货量尽量接近需求量,同时让库存适量。

但与此同时,由于意外情况发生而导致供应中断、生产中断的危险也随之加大,从而影响到为顾客服务的水平,除非有可能使需求的不确定性和供应的不确定性消除,或减到最小限度。至少有四种具体措施可以考虑使用。

(1) 改善需求预测。预测越准,意外需求发生的可能性就越小。还可以采取一些方法鼓励用户提前订货。

(2) 缩短订货周期与生产周期。周期越短,在该期间内发生意外的可能性就越小。

(3) 减少供应的不稳定性。其途径之一是让供应商知道你的生产计划,以便它们能够及早作出安排。另一种途径是改善现场管理,减少废品或返修品的数量,从而减少由这种原因造成的不能按时按量供应。还有一种途径是加强设备的预防维修,以减少由设备故障而引发的供应中断或延迟。

(4) 运用统计的方法通过对前 6 个月甚至前 1 年产品需求量的分析,求出标准差后(即得出上下浮动点)后做出适量的库存。

四、库存控制的模型

库存控制的重点是降低库存,但是对库存控制还没有统一的模型,而且每个企业都有自己特殊的存货管理要求,所以不同企业只能根据自己的具体情况建立有关的模型,解决具体问题。库存管理模型应抓住补充、存货、供给这几个相互联系的过程。为了确定最佳库存的管理模型,需要掌握每日存货增减状态的情况和有关项目的内容。

采用如下步骤建立模型。

1. 确定库存管理品种

无论是生产企业的仓库还是销售企业的仓库,若对全部的物品一视同仁,势必会造成顾此失彼的现象出现,因此,要对物品进行分类管理,即采用 ABC 分类法。

2. 预测需求量

预测需求量时,首先要选择预测方法。预测方法不是越复杂越好,它主要用来提高重要品种物品的预测准确度,对其他种类物品要采用简单作业的方法。其次要确定预测期间。预测期间可以分为按年和按供应期间预测两种方式。

但是要注意,需求量变动小的品种,预测期间要加倍,才符合总成本的要求。预测值和实际值完全一致的情况很少,所以要考虑预测的误差值,以安全库存来保证。由于实际和模型之间存在一定差异,因此须对模型进行修正。

3. 计算与库存管理有关的费用

在划分商品品种的基础上,计算各类商品库存管理费用分为两步:第一,掌握库存管理的所有费用；第二，对费用进行计算。

库存管理费用一般包括与订货有关的费用和与保管有关的费用，如表 6-2 所示。

表 6-2 库存管理有关的费用

项　　目	内　　容
1　订货费用	由于订货次数不同，费用也不同。以每次订货所用的费用来表示
1.1　购入费	商品的进价。要掌握大量进货时折价的情况
1.2　事务费	与订货有关的通信费，工作时间的外勤费、运输费、入库费等都属于此项
2　保管费	根据库存量不同而发生变化的费用
2.1　利息	库存占用资金要支付的利息；增大库存而支付的费用；企业对库存投资希望得到的利益。在上述费用中取最大值
2.2　保险金	防止库存风险而发生的费用
2.3　搬运费	库存量发生变化时，产生的库内搬运费用
2.4　仓库经费	包括建筑物设备费、地租、房租、修理费、光热费、电费、水暖费
2.5　盘点货物损耗费	货物变质、丢失、损耗的费用
2.6　税金	库存资产的税金
3　库存调查费	进行需要量的调查、费用调查、库存标准调查发生的相关费用
4　缺货费	也称机会损失费

4. 确定服务率

所谓服务率，是指对于一定时期内，例如一年、半年等需要量，能做到不缺货的比率。服务率的大小对企业经营有重要意义。服务率越高，要求拥有的库存量就越多。必须根据企业的战略、商品的重要程度来确定。

重要商品(如 A 类商品和促销品)的服务率可定为 95%～100%，对于次重要或不重要的商品的服务率，可以定得相对低些。应当注意的是，服务水平每提高 1%，库存费用随之增加。总之，服务水平最终取决于经营者的判断。

5. 确定供应间隔

供应间隔是指从订货到交货所需时间，又称供货期间。它主要根据供应商的情况决定。如果从生产商处直接进货，必须充分了解生产商生产过程、生产计划、工厂仓库的能力等，并进行全面的相互讨论后再确定供应时间。有必要和其他供应商加深相互了解。

供货期间长，意味着库存量增加，所以企业希望缩短供应期。另外，如供应期间延长，则要增加安全库存量(安全库存量与供应期间的平方根成比例)。因此，为了满足交易条件，就要确定有约束的安全供应期间。

6. 确定订货点

订货有两种方式，一是定量(订货点)订货方式，二是定期订货方式。定期订货方式是指在一定期间内补充库存的方式。定期订货是以一周、一个月或三个月为一个订货周期，预先确定订货周期，以防止缺货。订货点方式指库存降到订货点时再订货。订货点是指在补充库存之前仓库所具有的库存量。

7. 计算安全库存

除了保证在正常状态下的库存计划量之外，为了防止由于不确定因素引起缺货而备用的缓冲库存叫安全库存。如果不确定因素过多，就会导致库存过剩。不确定因素主要来自两个方面：需求量预测不确定和供应间隔不确定。

8. 确定订货量

订货量越大，库存和与库存有关的保管费越多。但由于订货次数减少，与订货有关的各项费用也相应减少，所以订货费和保管费两者随着订货量的变化而变化，表现出反方向的变动关系。保管费用和订货费用之和的总费用是最小值时，对应的订货量就是经济订货量。

9. 确定平均库存

平均库存是指在某一定期间内的平均库存量，一般采用下面的公式计算：

$$平均库存量 = 订货点/2 + 安全库存量 \tag{6-11}$$

第四节　库存控制的方法

一、运用 ABC 分析法对库存商品进行重点管理

（一）对 ABC 分析方法的认识

ABC 管理法又称重点管理法，就是将库存货物根据其消耗的品种数和金额按一定的标准进行分类，对不同类别的货物采用不同的管理方法。

仓库中所保管的货物一般品种繁多，有些货物的价值较高，对于生产经营活动的影响较大，或者对保管的要求较高。而另外一些品种的货物价值较低，保管要求不是很高。如果我们对每一种货物采用相同的保管办法，可能投入的人力、物力很多，而效果却事倍功半。所以在仓库管理中采用 ABC 管理法，就是要区别对待不同的货物，在管理中做到突出重点，以有效地节约人力、物力和财力。

（二）ABC 分类方法

(1) 将品种序列表中的数据按从大到小的顺序排列，并分别计算品种数累计及占全部品种的比例、金额累计及占全部金额的比例。

(2) 按 ABC 分类标准（表 6-3）将序列表中的商品分为 ABC 三类，并作出分类表。

表 6-3 ABC 分类标准

品种项数占总项数的比例	类 别	物品耗用金额占总耗用金额的百分比
5%～10%	A	70%～85%
10%～20%	B	10%～20%
70%～85%	C	5%～10%

(3) 根据 ABC 分类标准绘制 ABC 曲线图(图 6-3),并分析曲率及分类管理的效果。

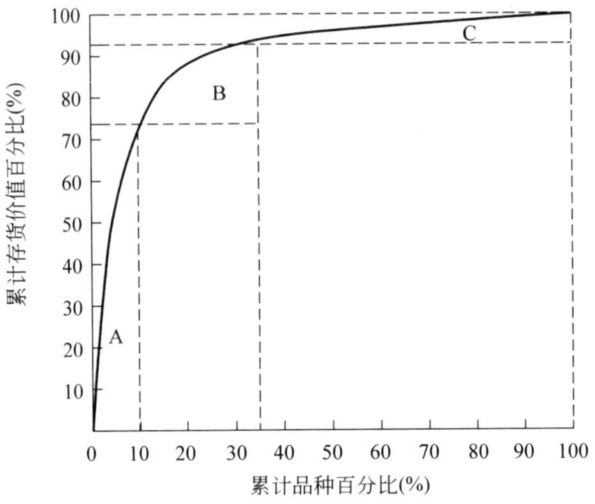

图 6-3 ABC 曲线图

(4) 提出 ABC 三类商品的控制方法。

(三) ABC 分类管理的措施

用上述方法分出 ABC 三类货物之后,应在仓储管理中相应采用不同的方法。

1. 对 A 类货物的管理

A 类货物进出仓库比较频繁,如果供给脱节将会对生产经营活动造成重大影响。但是,如果 A 类货物存储过多,仓储费用就会增加很多,因此,对 A 类货物的管理要注意以下几点:

(1) 多方了解货物供应市场的变化,尽可能地缩短采购时间;

(2) 控制货物的消耗规律,尽量减少出库量的波动,使仓库的安全储备量降低;

(3) 合理增加采购次数,降低采购批量;

(4) 加强货物安全、完整的管理,保证账实相符;

(5) 提高货物的机动性,尽可能地把货物放在易于搬运的地方;

(6) 货物包装尽可能标准化,以提高仓库利用率。

2. 对 B、C 类货物的管理

B、C 类货物相对来说进出库不是很频繁，但是这些货物要占用较大的仓库资源，使仓储费用增加，因此应该简化管理，可以参考以下问题管理：

(1) 对那些很少使用的货物可以规定最少出库的数量，以减少处理次数；

(2) 依据具体情况储备必要的数量；

(3) 对于数量大、价值低的货物可以不作为日常管理的范围，减少这类货物的盘点次数和管理工作。

具体如表 6-4 所示。

表 6-4　ABC 分类库存管理控制准则表

管理方法	分类		
	A	B	C
检查	经常检查	一般检查	按季度或年度检查
统计	详细统计	一般统计	按金额统计
控制	严格控制	一般控制	金额总量控制
安全库存量	控制较低	较大	允许最高

【例 6-2】 根据表 6-5 所提供的资料，回答下列问题。

表 6-5　九大类物资的 ABC 分析表

序号	名称	种类	金额/元	品种/%	品种累计/%	金额/%	金额累计/%
1	A	6	291	19.35	19.35	26.04	26.04
2	B	7	244.1	22.58	41.94	21.84	47.89
3	C	2	162.09	6.45	48.39	14.51	62.39
4	D	2	147.72	6.45	54.84	13.22	75.61
5	E	1	81.95	3.23	58.06	7.33	82.85
6	F	4	81.95	12.90	70.97	7.33	90.28
7	G	3	54.24	9.68	80.65	4.85	95.13
8	H	3	33	9.68	90.32	2.95	98.09
9	I	3	21.37	9.68	100.0	1.91	100.00
	合计	31	1117.42				

(1) 计算每种商品品种百分比、品种累计百分比、金额百分比及金额累计百分比。

(2) 分类，根据下面的 ABC 库存管理分类方法进行商品分类。

A 类商品的品种数所占比例为 10%～20%，库存资金所占比例为 60%～80%；

B 类商品的品种数所占比例为 20%～30%，库存资金所占比例为 10%～20%；

C 类商品的品种数所占比例为 50%～70%，库存资金所占比例为 5%～10%。

因此对库存商品的 ABC 分类如下：A 类物资(如表 6-5 的序号 1～4)、B 类物资(如表 6-5 的序号 5～8),除此之外为 C 类物资。

(3) 制定管理策略。A 类物资通常是控制工作的重点,应该严格控制其计划与采购数、库存储备量、订货量和订货时间。在保证生产的前提下,应尽可能地减少库存,节约流动资金；在保管方面,它们应存放在更安全的地方；为了保证它们的记录准确性,应对其进行定期与不定期相结合的盘点。

B 类物资可以适当控制,在力所能及的范围内,适度减少库存。C 类物资可以放宽控制,增加订货量。

二、库存控制的优化

库存控制是在保障供应的前提下,为使库存物品的数量最少所进行的有效管理。库存控制的重点是对库存量的控制,订货点技术是从影响实际库存量的两方面[一是销售(消耗)的数量和时间,二是进货的数量和时间]入手,来确定商品订购的数量和时间,从而达到控制库存量的目的。因此,订货点技术的关键在于把握订货的时机,具体方法包括定量订货法和定期订货法两种。

(一) 定量订货法

定量订货法是指当库存量下降到预定的最低库存量(订货点)时,按规定数量(一般以经济批量 EOQ 为标准) 进行订货补充的一种库存控制方法。它主要依靠控制订货点和订货批量两个参数来控制订货量,达到既最好地满足库存需求,又使总费用最低的目的。

1. 定量订货法的概念

预先确定一个订货点 Q_K,在销售过程中随时检查库存,当库存下降到 Q_K 时,就发出一个订货批量 Q^*,一般取经济批量 EOQ。定量订货库存量的变化图如图 6-4 所示。

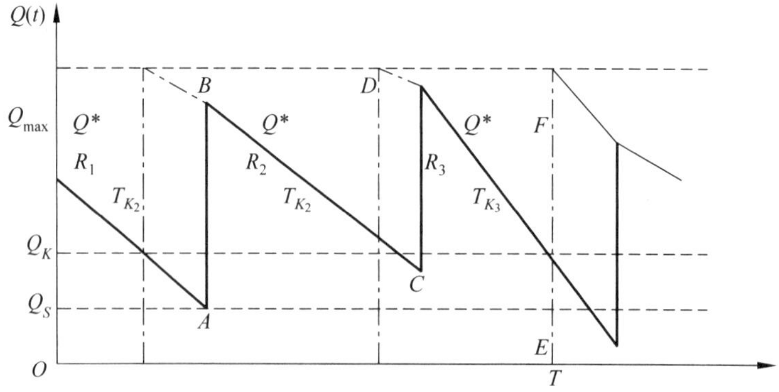

图 6-4　定量订货库存量变化图

图 6-4 所示为库存量变化的一般情况，每一阶段库存下降速度 R 和订货点的时间间隔都是随机变量，即 $R_1 \neq R_2 \neq \cdots \neq R_n$，$T_{K_1} \neq T_{K_2} \neq \cdots \neq T_{K_n}$。第一阶段，库存以 R_1 的速度下降，当库存下降到 Q_K 时，就发出一个订货批量 Q^*，这时“名义库存”升高 Q^*，达到 $Q_{\max}=Q_K+Q^*$，进入第一个订货提前期 T_{K_1}，在 T_{K_1} 内库存继续以 R_1 的速度下降至 A 点（如图中等于 Q_S，在 Q_S 线上）；新订货物到达，T_{K_1} 结束，实际库存为 $Q_B=Q_S+Q^*$，进入第二阶段，库存以 R_2 的速度下降，假设 $R_2<R_1$，所以库存消耗周期较第一阶段要长，当库存下降到 Q_K 时，又发出一个订货批量 Q^*，“名义库存”又升到 $Q_{\max}=Q_K+Q^*$，进入第二个订货提前期 T_{K_2}，在 T_{K_2} 内库存继续以 R_2 的速度下降到 C 点，第二批订货到达，T_{K_2} 结束，实际库存又升高了 Q^* 达到 D 点，实际库存为 $Q_D=Q_C+Q^*$，由于 $R_2<R_1$，所以 $T_{K_2}<T_{K_1}$。

之后进入第三个阶段，库存以 R_3 的速度下降，$R_3>R_1>R_2$，因 $T_{K_3}>T_{K_1}>T_{K_2}$，当 T_{K_3} 结束时库存量下降到 E 点，且动用了安全库存 Q_S，新的订货到达时实际库存上升到 $Q_F=Q_E+Q^*$，比 B 点和 D 点的实际库存都低，然后进入到下一个出库周期，如此反复循环下去。

由上述对图的分析可以看到订货点 Q_K 包括两部分：第一部分为 Q_S，即安全库存，第二部分为 D_L，即各订货提前期内销售量的平均值 $\overline{D_L}$，如果各个周期的销售是平衡的，即 $R_1=R_2=R_3=\cdots$，则 $\overline{D_L}$ 就是各提前期的销量 D_L。

在整个库存变化中所有的需求量均得到满足，没有缺货现象，但是第三阶段的销售（出库）动用了安全库存 Q_S，如果 Q_S 设定大小的话，则 T_{K3} 期间的库存曲线会下降到横坐标线以下，出现负存货，即表示缺货。因此安全库存的设置是必要的，它会影响库存的水平。

由于控制了订货点 Q_K 和订货批量 Q^*，致使整个系统的库存水平得到了控制，名义库存 $Q_{\max}$ 不会超过 Q_K+Q^*，实际最高库存 Q_B、Q_D、Q_F 不会超过 $Q_K+Q^*-\overline{D_L}$。

2. 定量订货法控制参数的确定

实施定量订货法需要确定两个控制参数：一个是订货点，即订货点库存量；一个是订货数量，即经济批量 EOQ。

（1）订货点的确定。

影响订货点的因素有三个：订货提前期、平均需求量和安全库存。根据这三个因素我们可以简单地确定订货点。

（2）在需求和订货提前期确定的情况下，即 R 和 K 固定不变，不需设定安全库存即可直接求出订货点。公式如下：

$$订货点=订货提前期\times（全天需求量/360） \tag{6-12}$$

例：某仓库每年出库商品业务量为18 000箱，订货提前期为10天，试计算订货点。

解：订货点＝10×(18 000÷360)＝500(箱)

(3) 需求和订货提前期都不确定，即$R_1 \neq R_2 \neq R_3 \neq \cdots$，$T_{K_1} \neq T_{K_2} \neq T_{K_3} \neq \cdots$的情况下需要安全库存，可采用下式确定：

$$订货点＝(平均需求量×最大订货提前期)＋安全库存 \quad (6\text{-}13)$$

【例6-3】

某商品在过去四个月中的实际需求量分别为：一月120箱，二月115箱，三月127箱，四月130箱。最大订货提前期为2个月，缺货概率根据经验统计为5%，求该商品的订货点。

解：平均月需求量＝(120＋115＋127＋130)/4＝123(箱)

缺货概率为5%时对应的安全系数＝1.65

$$需求变动值=\sqrt{\frac{\sum(R_i-\bar{R})^2}{n}}$$

$$=\sqrt{\frac{(120-123)^2+(115-123)^2+(127-123)^2+(130-123)^2}{4}}$$

$$=5.87$$

安全库存＝$1.65\times\sqrt{2}\times 5.87\approx 14$(箱)

订货点＝123×2＋14＝260(箱)

3. 订货批量的确定

经济订货批量(economic order quality，EOQ)是指库存总成本最小时的订货量。

(1) 模型假设：每次订货的订货量相同，订货提前期固定，需求率固定不变。

(2) 最佳订货批量的确定。如图6-5所示，通过使某项库存物资的年费用达到最小来确定相应的订货批量。

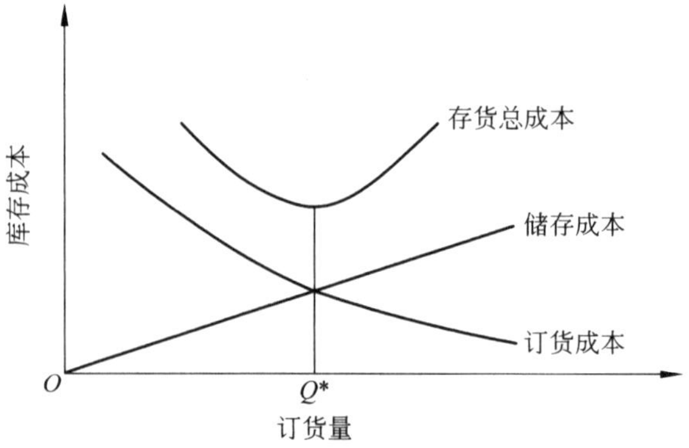

图6-5　库存成本曲线示意图

由图 6-5 可见，保管费用随订购量增大而增大，订货费随订购量增大而减少，两者费用相等的点或总费用曲线的最低点为 EOQ。

(3) 理想的经济订货批量。

理想的经济订货批量指不考虑缺货，也不考虑数量折扣以及其他问题的经济订货批量。在不允许缺货，也没有数量折扣等因素影响的情况下，库存物品的年度总费用＝购入成本＋订货成本＋库存保管费用，此时，年订货次数等于 D/Q，平均库存量为 $Q/2$，年订货成本等于 $D/Q*C$，年存储成本等于 $PFQ/2$，购入成本为 DP，即：

$$\mathrm{TC}=DP+\frac{DC}{Q}+\frac{QPF}{2} \tag{6-14}$$

式中，D——某库存物品的年需求量(件/年)；

P——物品的定购单价(元/件)；

C——单位订货成本(元/次)；

Q——每次订货批量(件)；

F——单件库存保管费与单件库存采购成本之比(年保管费率)。

这种库存模型图如图 6-6 所示。

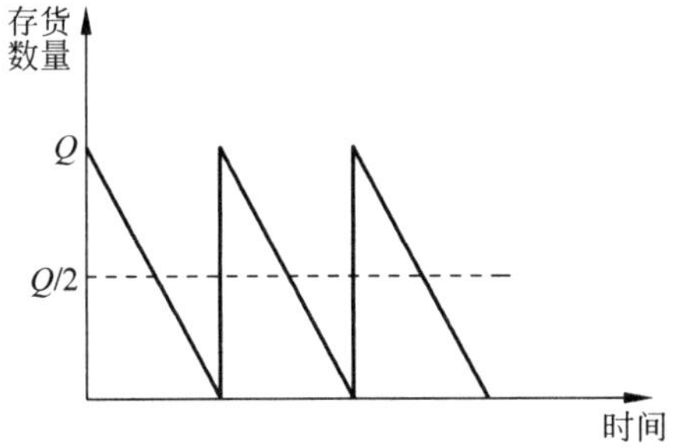

图 6-6　库存模型图

若使 TC 最小，将上式对 Q 求导后令其等于 0，得到经济订购批量 EOQ 的计算公式为

$$\mathrm{EOQ}=\sqrt{\frac{2CD}{PF}} \tag{6-15}$$

两次订货的最佳时间间隔＝EOQ/D，每年的订货次数＝D/EOQ。

【例 6-4】

设某物资企业年需某物资 1200 单位，单价为 10 元/单位，年保管费率为 20%，每次订货成本为 300 元。求经济订购批量 EOQ。代入公式，得

$$\mathrm{EOQ}=\sqrt{\frac{2\times1200\times300}{10\times20\%}}=600(\text{单位})$$

$$\text{库存总费用}=1200\times10+\frac{600\times10\times20\%}{2}+\frac{1200\times300}{600}=13\,200(\text{元})$$

即当每次订购数量为 600 单位时,库存总费用最小,为 13 200 元。

每年的订货次数$=D/\text{EOQ}=1200/600=2$(次)

两次订货的最佳时间间隔$=\text{EOQ}/D=600/1200=0.5$(年)

4. 有数量折扣的经济订货批量

在实际应用 EOQ 公式时,除了考虑缺货费用以外,一般还必须考虑其他一些因素对总成本的影响,最常见的是由批量不同带来的在采购价格和运输价格上的差异。

为鼓励大批量购买,供应商往往在订购数量超过一定量时提供优惠的价格。在这种情况下,买方就要进行计算,以确定是否需要增加订货量去获得折扣。若接受折扣所产生的总成本小于订购 EOQ 所产生的总成本,则应接受折扣;反之,则按不考虑数量折扣计算的 EOQ 进行订购。

例如,在【例 6-4】中,供应商给出的数量折扣条件是:若物资订货量小于 650 单位时,每单位为 10 元,订货量大于或等于 650 单位时,每单位为 9 元。若其他条件不变,最佳采购批量为多少?

根据供应商给出的上述条件,具体分析如下:

(1) 按享受折扣价格时的批量(650 单位)采购时的总成本:

$$
\begin{aligned}
\text{TC} &= DP+\frac{DC}{Q}+\frac{QK}{2}\\
&=1200\times 9+\frac{1200\times 300}{650}+\frac{650\times 9\times 20\%}{2}\\
&=11\,939(\text{元})
\end{aligned}
$$

(2) 按折扣单价计算的 EOQ。

分析判断:

$$Q_9=\sqrt{\frac{2\times 1200\times 300}{9\times 20\%}}\approx 632(\text{单位})$$

由于按折扣单价(9 元/单位)计算的经济批量小于可以享受批量折扣的 650 单位,因此此经济批量计算无效。也就是说,632 单位的批量不可能享受 9 元的优惠单价。又由于按 650 单位采购的总成本低于按每单位 10 元采购时的经济批量 600 单位的总成本(13 200 元),因此,应该以 650 单位作为最佳批量采购。

若按折扣单价计算的经济批量大于可以享受批量折扣的 650 单位,则应按经济批量采购。如折扣单价为 8 元时,经济批量为 670 单位,大于可以享受批量折扣的 650 单位,故应按 670 单位的批量采购。

5. 定量订货法的优缺点

1) 优点

(1) 控制参数一经确定,则实际操作就变得非常简单了。实际中经常采用“双堆法”

来处理。所谓双堆法，就是将某商品库存分为两堆，一堆为经常库存，另一堆为订货点库存，当消耗完就开始订货，并使用经常库存，不断重复操作。这样可减少经常盘点库存的次数，方便可靠。

(2) 当订货量确定后，商品的验收、库存、保管和出库业务可以利用现有规格化器具和方式，可以有效地节约搬运、包装等方面的作业量。

(3) 充分发挥了经济批量的作用，可降低库存成本、节约费用，提高经济效益。

2) 缺点

(1) 要随时掌握库存动态，严格控制安全库存和订货点库存，占用一定的人力和物力。

(2) 订货模式过于机械，不具有灵活性。

(3) 订货时间不能预先确定，对于人员、资金、工作计划的安排不利。

(4) 受单一订货的限制，实行多种联合订货采用此方法时还需灵活掌握和处理。

(二) 定期订货法

1. 定期订货法的原理

预先确定订货时间间隔，进行订货补充的库存管理方法叫作定期订货法。定期订货法是以时间为基础的订货控制方法。它设定订货周期和最高库存量，从而达到控制库存量的目的。只要订货间隔期和最高库存量被合理地控制，就可能达到既保障需求、合理存货，又可以节省库存费用的目标。

定期订货法的原理：预先确定一个订货周期和最高库存量，周期性地检查库存，根据最高库存量、实际库存、在途订货量和待出库商品数量计算出每次订货批量，发出订货指令，组织订货，如图 6-7 所示。

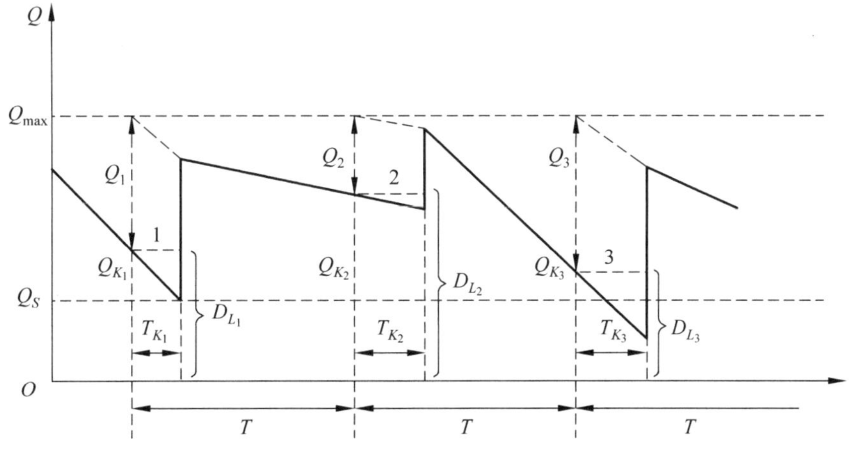

图 6-7 定期订货法的原理

图 6-7 中表示的是定期订货法中库存量变化的一般情况：$R_1 \neq R_2 \neq R_3 \neq \cdots$，$T_{K_1} \neq T_{K_2} \neq T_{K_3} \neq \cdots$，在第一个周期，库存以 R_1 的速率下降，因预先确定了订货周期 T，订货时间也就被规定了，到了订货时间，不论库存剩下的数量有多少，都要发出订货指令，所以当到了第一次订货时间即库存下降到 A 点时，检查库存，求出实际库存量 Q_{K_1}，在途货物和待出货物相结合，发出一个订货批量 Q_1，使名义库存上升到 Q_{max}。然后第二周期开始，经过 T 时间又检查库存得到此时的库存量 Q_{K_2}，并发出一个订货批量 Q_2，使名义库存又回到 Q_{max}。

定期订货法在保证用户需求满足程度方面与定量订货法不同。定量订货法是以订货期提前来满足需求的，其控制参数 Q_K（订货量）用于满足订货提前期内库存的需求。与其不同，定期订货法用于满足整个订货提前周期内的库存需求，即本次发出订货指令到下次订货到达即 $T+T_K$ 这一期间的库存需求。

由于在 $T+T_K$ 期间的库存需求量是无序改变的，因此根据 $T+T_K$ 期间的库存需求量 Q_{max}（最高库存量）也是随机变量，它包括 $T+T_K$ 期间的库存平均需求量和防止需求波动或不确定因素而设置的 Q_S（安全库存）。

2. 定期订货法的控制参数

（1）确定订货周期 T

订货周期实际上就是定期订货的订货点，其间隔时间总是一致的。订货间隔期的长短直接决定最高库存量有多少，即库存水平的高低，库存成本的多少进而也被决定。所以，订货周期不能太长，否则会增加库存成本；也不能太短，太短会使订货次数增加，使得订货费用增加，进而增加库存总成本。从费用方面来看，如果要使总费用达到最小，订货周期 T 可以采用经济订货周期的方法来确定，其公式为

$$T^* = \sqrt{\frac{2S}{C_i R}} \tag{6-16}$$

式中，T^*——经济订货周期；

S——单次订货成本；

C_i——单位商品年储存成本；

R——单位时间内库存商品需求量(销售量)。

在现实操作过程中，经济订货周期可通过经常结合供应商的生产周期或供应周期来调整，从而确定一个切实可行的订货周期。当然也可以结合人们比较习惯的时间单位，如周、旬、月、季、年等来确定经济订货周期，从而与企业的生产计划、工作计划吻合。

（2）确定最高库存量 Q_{max}

定期订货法的最高库存量的作用是满足 $T+T_K$ 期间内的库存需求，所以我们可以以 $T+T_K$ 期间的库存需求量为基础。考虑到随机发生的不确定库存需求，也需要设置

一定的安全库存,这样可以简单地求出最高库存量。其公式为

$$Q_{\max}=\bar{R}(T+\overline{\mathrm{TK}})+\mathrm{QS} \tag{6-17}$$

式中,$Q_{\max}$——最高库存量;

$\bar{R}$——$T+T_K$ 期间的库存需求量平均值;

T——订货周期;

$\overline{\mathrm{TK}}$——平均订货提前期;

QS——安全库存量。

(3) 确定订货量

定期订货法每次的订货数量不是固定的,订货批量的大小都是由当时的实际库存量的大小决定的。考虑到订货点的在途到货量和已发出出货指令尚未出货的待出货数量,用下面的公式计算每次订货的订货量:

$$Q_i=Q_{\max}+Q_{\mathrm{n}i}-Q_{\mathrm{k}i}-Q_{\mathrm{m}i} \tag{6-18}$$

式中,Q_i——第 i 次订货的订货量;

$Q_{\max}$——最高库存量;

$Q_{\mathrm{n}i}$——第 i 次订货点的在途到货量;

$Q_{\mathrm{k}i}$——第 i 次订货点的实际库存量;

$Q_{\mathrm{m}i}$——第 i 次订货点的待出库货数量。

3. 定期订货法的优缺点

优点:

(1) 通过订货数量调整,减少超储。

(2) 周期盘点比较彻底、精确,可减少工作量(定量订货法每天盘存),使工作效率得到提高。

(3) 库存管理的计划性强。

缺点:

(1) 安全库存量不能设置太少。因为它的保险周期 $T+T_K$ 较长,因此,$T+T_K$ 期间的需求量也较大,需求标准偏差也较大,因此需要设置较大的安全库存量来保障需求。

(2) 每次订货的批量不一致,无法制定出经济订货批量,因而运营成本降不下来,经济性较差。只适合于 ABC 物资分类中的 A 类以及重点物资的库存控制。

三、供应商管理库存的运用

流通环节中的每一个部门都是各自管理各自的库存,零售商、批发商、供应商都有各自的库存,各个供应链环节都有自己的库存控制策略。由于各自的库存控制策略不同,因此不可避免地会产生需求的扭曲现象,即所谓需求放大现象。于是就出现了一种新的供

应链库存管理方法——供应商管理库存(Vendor Managed Inventory,VMI)。

这种库存管理策略打破了传统的各自为政的库存管理模式,体现了供应链的集成化管理思想,适应市场变化的要求,是一种新的有代表性的库存管理思想。供应商管理库存是供应商等上游企业基于下游客户的生产经营、库存信息,对下游客户的库存进行管理与控制的库存管理思路。

(一) VMI 的基本思想

供应商管理库存,指供应商等上游企业基于其下游客户的生产经营、库存信息,对下游客户的库存进行管理与控制。具体来说,VMI 是一种以用户和供应商双方都获得最低成本为目的,在一个共同的协议下由供应商管理库存,并不断监督协议执行情况和修正协议内容,使库存管理得到持续改进的合作性策略。

这种库存管理策略打破了传统的各自为政的库存管理模式,体现了供应链的集成化管理思想,适应市场变化的要求,是一种新的、有代表性的库存管理思想。

该策略的关键措施主要体现在以下几个原则中:

1. 合作性原则

合作性原则也称合作精神。在实施该策略时,相互信任与信息透明是非常重要的,供应商和用户(分销商、批发商)都要有较好的合作精神,才能够相互保持较好的合作。

2. 互惠原则

VMI 的实施关键不在于成本如何分配或由谁来支付的问题,而在于减少成本的问题。通过该策略的实施使供应商和零售商双方的成本都得到降低是其根本目的。

3. 目标一致性原则

合作双方在实施 VMI 时都要明白各自的责任,在观念上达成一致的目标。如库存放在哪里,什么时候支付,是否要管理费,要花费多少管理费等,这些问题都要明确体现在框架协议中。

4. 连续改进原则

框架协议的不断修正可以使供需双方利益共享并消除浪费。

(二) VMI 的实施

实施 VMI 要在合作性原则、互惠原则、目标一致性原则和连续改进原则的基础上,具备拥有核心企业、合作企业相互信任、建立信息系统平台、共享平台以及信息分析和预测等五个关键条件,并具有一定的技术支持。实施 VMI 策略的一般步骤如下。

1. 确定目标

根据企业的不同情况确定 VMI 的目标,如降低供应链上的产品库存,抑制“牛鞭效应”；降低买方企业和供应商成本，提高利润；增强企业的核心竞争力；提高双方合作程度和忠诚度等。

2. 建立客户情报信息系统

供应商要有效地管理客户库存，必须能够获得真实的客户的有关信息。通过建立客户信息库，供应商能够实时掌握客户的需求变化，把由分销商或零售商实现的需求预测与分析功能集成到供应商的系统中来。

3. 建立物流网络管理系统

供应商要很好地管理库存，必须建立起完善的物流网络管理系统，保证自己的产品需求信息和物流畅通。目前已有许多企业开始采用 MRP 或 ERP，这些软件系统都集成了物流管理的功能，通过对这些功能的扩展，就可以建立完善的物流网络管理系统。

4. 建立供应商与分销商的合作框架协议

供应商和分销商通过共同协商确定订单处理的业务流程以及库存控制的有关参数，如补充订货点、最低库存水平和库存信息的传递方式（如 EDI 或 Internet）等。

5. 组织机构的变革或业务重组

VMI 策略改变了供应商的组织模式，为了适应新的管理模式，供应商需要建立一个 VMI 职能部门，负责对 VMI 服务（负责库存控制、库存补给和服务水平）的监控和维持与客户之间的关系。

（三）实施 VMI 的好处

VMI 之所以得到众多国际著名大公司的青睐，是因为实施 VMI 可以为企业和供应链带来好处。

1. 增加供应链的销售收入

第一，提高下游客户资金使用效率，增加销售收入；第二，为下游客户节省用于库存的空间占用，可以有更多的空间用来陈列商品，从而提高商品的销售额；第三，供应商通过对库存的掌握，可以根据需求特点、商品的边际收益、库存成本以及生产规模的变动成本等因素，合理确定商品的促销时机。

2. 降低供应链的库存成本

第一，供应商对自己的产品管理更有经验、更加专业，可以降低产品库存损耗，提高使用率；第二，由于供应商直接掌握销售点的资讯数据，消除了信息的扭曲和时滞，使需求预测更加准确，可有效地消除“牛鞭效应”，使整个供应链的库存水平降低；第三，当供应商与下游的多个客户建立 VMI 伙伴关系时，通过实施 VMI，供应商可以把下游不同客户的需求集中起来。

由于下游不同客户的地理位置、规模实力、销售策略等存在差异,对商品的需求时间和数量也必然不同,由供应商统一管理各个客户的库存,就可以采取最优方案调剂余缺,以相对较少的库存总量满足各个客户不同时间和数量的需求,从而显著降低供应链的库存成本。

3. 提高客户服务水平

第一,实施 VMI,可以精简业务流程,提高供应链的柔性。在传统的供应链管理中,其业务流程是消费者购买→销售商盘查→销售商订货→供货商备货→供货商配送→销售商上架。整个供应链中,过程冗长且缺乏效率。实施 VMI 后,其业务流程缩短为消费者购买→库存检查→供应商配送→销售商上架。精简业务流程能够缩短交易时间,使上游制造商更好地控制生产经营活动,满足用户需求,提高整个供应链的柔性。

第二,实施 VMI,可以提高货物的可得率和供货效率。在传统的供应链管理中,供应链各环节分别管理库存,上游供应商通常根据下游客户的订单状况确定库存补充策略。当零售商需要补充库存并发出订单时,供应商需要查看库存,并进行备货。如遇库存不足,则还要补充库存,订单响应时间较长。尤其是在下游客户进行商品促销活动时,由于供应商事先并不了解零售商的促销计划,而是根据正常的订单准备货源,面对订单的变化,极易发生缺货和前置时间延长的情况,严重影响客户的正常销售,降低服务水平。然而,当企业之间建立 VMI 伙伴关系之后,供应商不但可以直接得到下游客户的销售资讯和库存信息,而且还可事先获知下游客户的促销计划,做到事先备货,提高货物的可得率和供货效率。

第三,实施 VMI,供应商与零售商形成了相对紧密的战略联盟伙伴关系,供应商不再为如何将商品推销给零售商而大伤脑筋,而是将更多精力集中在完善供应商物流软硬件设施上,可以提高物流服务水平,加强与供应链下游企业的联系和沟通,提升自身的物流管理能力,从而更进一步提高客户服务水平。据调查,雀巢与家乐福实施 VMI 后,雀巢对家乐福配送中心产品的到货率由原来的 80%左右提升至 95%,家乐福配送中心对零售店铺产品的到货率由 70%提升至 90%左右,订单修改率由 60%~70%下降到 10%以下。

4. 为上下游企业都带来好处

首先,供应商是商品的供应者,由供应商管理库存可以更加主动和灵活。实施 VMI,通过电子数据交换(EDI)来传送下游客户的生产和库存数据,供应链上游的供应商将直接接触真正的需求信息。供应商利用该信息调节库存水平,可以降低安全库存量,做到有预见性地组织生产和采购,从而可以提高供应商的生产稳定性,降低应急反应所付出的额外成本。

其次,实施 VMI,供应商的管理水平和供货能力一目了然,有利于下游客户对供应商的评估,促使供应商之间平等竞争,优胜劣汰。所以,成功实施 VMI,将为建立高效的供应链提供条件。

5. 改善上下游企业关系

在传统的供应链管理中，上游的供应商与下游的客户只是单向买卖关系，下游客户要什么，上游供应商就给什么，甚至是尽可能多地推销产品。双方的关系是敌对的输赢关系，彼此都忽略了真正的市场需求，导致畅销的商品经常缺货，而不畅销的商品却有很多存货。实施 VMI，上下游企业之间的关系由原来的敌对关系转变为合作的双赢关系。通过合作，双方共同面对市场，共同解决问题，有利于从根本上提高供应链的整体运作效率。

课后复习题

一、单选题

1. ABC 库存管理法中，A 类商品一般采取(　　)。

A. 定量订货法　　B. 定期订货法　　C. 按需订货法　　D. 随机订货法

2. 按照企业库存管理目的的不同，库存可分为多种类型。其中不包括以下哪一种？(　　)

A. 安全库存　　B. 季节性库存　　C. 时间效用库存　　D. 常规库存

3. 库存在企业中的作用之一是可以平衡(　　)。

A. 定货量和定货点的波动　　B. 供应与需求的波动

C. 价格和定货周期的波动　　D. 采购和运输的波动

二、名词解释

1. 库存
2. 库存持有成本
3. 定量订货法

三、简答题

1. 简述库存持有成本的构成。
2. 简述安全库存的影响因素。
3. 简述实施 VMI 为上下游企业带来的好处。

拓展阅读 6.2　云仓快递代发货的库存控制管理

第七章

配送与配送成本管理

知识目标

1. 了解配送与配送中心；
2. 掌握进货及拣货作业流程；
3. 掌握配送成本的影响因素以及控制方法。

能力目标

1. 能够理解配送的作业流程；
2. 能够制定配送作业方案；
3. 能够根据配送情况选择相适宜的成本控制策略。

案例引导

线上商超物流配送跑出“加速度”

天猫超市快递包裹从次日达提速为半日达；盒马“5 公里 1 小时送达”配送服务上线，盒马云超全国绝大多数省市实现配送次日达；京东物流正式推出“云仓达”业务，同城电商全城送半日达……记者了解到，近日多家商超特别是线上商超在提升物流配送上开足马力，这背后是物流基础设施建设的持续投入，也是行业围绕数智供应链体系展开的新一轮角逐。

一、商超物流配送跑出“加速度”

近日，菜鸟联合天猫超市在杭州启动半日达物流，快递包裹从下单到签收仅需半天。“我们在杭州率先启动夜揽晨配模式，实现物流 24 小时高效运转。”菜鸟物流副总裁、菜鸟国内供应链事业部总裁帅勇介绍，目前消费者上午下单，超过一半在下午 6 点前送达；晚上以及深夜的订单，超过一半在上午送达。到 2023 年年底，天猫超市半日达将覆盖全国 20 个城市，其中人口数量千万级别以上的城市实现全覆盖。

在此前“3公里30分钟送达”的基础上，盒马“5公里1小时送达”配送服务近日也在全国上线。另外，针对没有盒马的区域和城市，从2023年4月起，消费者可以选择在盒马云超下单，其中大部分消费者可以享受次日达服务。

随着消费者对大宗家电等网购需求增加，不少商超在“大件送装”上发力。

“以往由于距离限制，偏远地区想体验长三角地区的购物时效很不容易。而随着苏宁易购物流基地一期和二期相继投入使用，大大提升了消费者的购物体验。目前，新疆乌鲁木齐可实现当日达，其他地州实现2至3日达。”新疆苏宁物流有限公司配送总监孟信帮表示。

据介绍，目前苏宁易购物流在近300城可实现大件次日达，其中包括一些偏远地区。孟信帮表示，未来，苏宁易购物流将在新疆核心地州设置前置仓，2023年将在新疆增加32家门店。

二、竞相发力数智供应链体系

商超物流配送跑出“加速度”的背后是物流基础设施建设的持续投入，也是行业围绕数智供应链体系展开的新一轮角逐。

在菜鸟仓内，免税品将由机器人全自动分拣，平均每小时处理1000单以上，是人工作业的3倍。依托以澄迈、三亚为核心的数智化仓配网络，针对海南免税行业打造的“5小时快递圈”可辐射海南主要机场、码头及城配业务，完成海南岛内快速调拨。“通过供应链数智化转型，全链路可提效40%以上。”菜鸟海南业务负责人朱娇表示。

据介绍，菜鸟未来还将持续围绕全渠道能力建设、免税业态共建、数智化供应链解决方案等加大投入。

盒马云超“送全国”服务的背后，则是其打造的多温层供应链体系。目前盒马在北京、上海、广州、成都、武汉、西安6个城市完成了常温仓和冷冻仓建设，具备多温层商品的全国发货能力。同时，盒马在靠近北京、广州、郑州、成都、嘉兴5个城市主要批发市场的位置建设了5个水果加工中心，与位于昆明的鲜花直采基地和产地仓一起，可以通过盒马云超销往全国。

日前，京东物流也正式推出“云仓达”，通过供应链SaaS系统，将末端站点的配送能力进行开放，为经销商同城非即时需求的订单提供半日达履约方案。“面对复杂多变的外部环境，越来越多的企业开始重视供应链管理并做出改变，以进一步实现降本增效，这将推动企业对一体化供应链物流服务的需求不断增长。”京东物流CEO余睿表示。

天眼查数据显示，近3年仓储服务相关企业年均注册增速保持在20%以上。此外，仓储物流机器人、自动化物流仓储设备、移动式物流仓储箱等相关专利数量逐年增长。

三、持续提升供应链整体效率

业内专家认为,随着零售电商逐渐进入存量市场,物流行业的竞争已经从价格战转向物流服务持续升级和优化。加快建设仓配一体的高稳定性数智供应链体系,提高商品履约效率、规模效应以及覆盖区域等成为关键。

“随着电子商务的发展和线上购物的普及,消费者对物流配送时效和服务质量要求越来越高。”国研新经济研究院创始院长朱克力表示,数智供应链体系通过建立供应链数据平台,实现了各环节信息的实时采集、处理和共享,提高了供应链运行效率和协同能力。通过供应链协同化管理,提高了供应链整体效率和响应速度。通过人工智能、大数据等技术手段,提高了供应链智能化水平和风险预测能力。

业内专家指出,目前供应链数据平台建设还需进一步完善,数据准确性、完整性及应用效果有待提升,供应链效率和响应速度以及各环节间的协同效率尚需提高,供应链智能化水平及风险预测能力还需强化。

“对此,商超需不断完善仓储网络能力,优化仓网资源效率,构建安全、可靠、高效的物流供应链体系,包括加强仓储设施网络升级和改造,提高仓储设施利用率和服务水平;健全物流信息化系统,提高物流信息处理效率和精度;建立完善的物流合作体系,提高物流供应链整体效率和竞争力等。”朱克力说。

资料来源:中国物流与采购联合会. http://www.chinawuliu.com.cn/zixun/202304/13/603606.shtml.

案例思考

1. 结合案例谈谈商超物流配送跑出“加速度”的含义。

2. 菜鸟是如何实现数智供应链体系的?

第一节 配送与配送中心

一、配送

(一)配送的概念

中国国家标准《物流术语》中将配送定义为:在经济合理区域范围内,根据用户的要求,对物品进行拣选、加工、包装、分割、组配等作业,并按时送达指定地点的物流活动。

配送作为一种特殊的物流活动方式,几乎涵盖了物流中所有的要素和功能,是物流的一个缩影或某一范围内物流全部活动的体现。一般来说,配送是在整个物流过程中的一种既包含集货、储存、拣货、配货、装货等一系列狭义的物流活动，也包括输送、送达、验货等以送货上门为目的的商业活动，它是商流与物流紧密结合的一种综合的、特殊的综合性供应链环节，也是物流过程的关键环节。

由于配送直接面对消费者，最直观地反映了供应链的服务水平，所以，配送“在恰当的时间、地点，将恰当的商品提供给恰当的消费者”的同时，也应将优质的服务传递给客户，配送作为供应链的末端环节和市场营销的辅助手段，日益受到重视。

（二）配送的特点

1. 配送是一种末端物流活动

配送的对象是零售商或客户（包括单位客户、消费者），因此配送处于供应链的末端，是一种末端物流活动。

2. 配送是“配”和“送”的有机结合

配送的主要功能是送货，科学、经济的送货以合理配货为前提。即送货达到一定的规模，可以更有效地利用运输资源，才产生了配送。少量、偶尔的送货不能说是配送。

3. 配送以客户的需求为出发点

配送是从客户利益出发，按客户的需求进行的一种活动，体现了配送服务性的特征。配送的时间、数量、各种规格都必须满足客户的需求，以客户满意为最高目标。

4. 配送是物流活动和商流活动的结合

配送作业的起点是集货，必然包括订货、交易等商流活动。在买方市场占优势的现代社会，由于商流组织相对容易，故配送被视作一种以物流活动为主的业务形式。

5. 配送是一种综合性物流活动

配送过程包含采购、运输、储存、流通加工、信息处理等多项物流活动，是一种综合性很强的物流活动。

（三）配送的基本作业流程

配送的基本作业流程如图 7-1 所示。

1. 划分基本配送区域

为使整个配送有一个可循的基本依据，应首先将客户所在地的具体位置做系统的统计，并将其做区域上的整体划分，将每一客户囊括在不同的基本配送区域之中，作为下一步决策的基本参考。如按行政区域或依交通条件划分不同的配送区域，在这一区域划分的基础上再作弹性调整来安排配送。

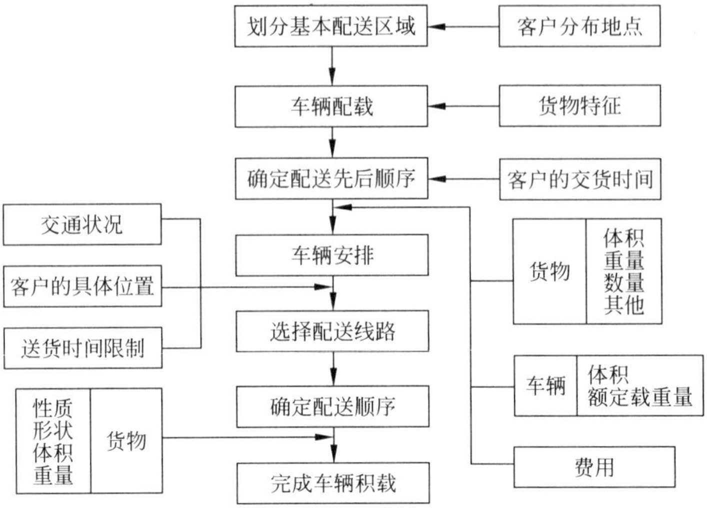

图 7-1 配送的基本作业流程

2. 车辆配载

由于配送货物品种、特性各异,为提高配送效率,确保货物质量,必须首先对特性差异大的货物进行分类。在接到订单后,将货物依特性进行分类,分别采取合理的配送方式和运输工具,如按冷冻食品、速食品、散装货物、箱装货物等分类配载;其次,配送货物也有轻重缓急之分,必须初步确定哪些货物可配于同一辆车,哪些货物不能配于同一辆车,以做好车辆的初步配装工作。

3. 确定配送先后顺序

在考虑其他影响因素,做出确定的配送方案前,应先根据客户订单要求的送货时间将配送的先后作业次序做一总体的预订,为后面车辆限载量做好准备工作。计划工作的目的是保证达到既定的目标,所以,预先确定基本配送顺序既可以有效地保证送货时间,又可以尽可能地提高运作效率。

4. 车辆安排

车辆安排要解决的问题是安排什么类型、吨位的配送车辆进行最后的送货。一般企业拥有的车型有限,车辆数量亦有限,当本公司车辆无法满足要求时,可使用外雇车辆。在保证配送运输质量的前提下,是组建自营车队,还是以外雇车辆为主,则需视经营成本而定,具体如图 7-2 所示。

曲线 1 表示外雇车辆的配送费用随运输量的变化情况,曲线 2 表示自有车辆的配送费用随运输量的变化情况。当运输量小于 A 时,外雇车辆费用小于自有车辆费用,所以应选用外雇车辆;当运输量大于 A 时,外雇车辆费用大于自有车辆费用,所以应选用自

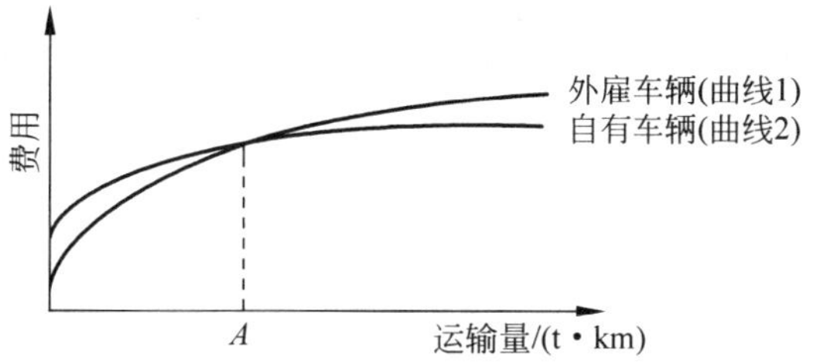

图 7-2 外雇车辆和自有车辆费用比较

有车辆。

但无论选用自有车辆还是外雇车辆，都必须事先掌握有哪些符合要求的车辆可供调派，即这些车辆的容量和额定载重是否满足要求；其次，安排车辆之前，还必须分析订单上货物的信息，如体积、重量、数量等对于装卸的特别要求等，综合考虑各方面因素的影响，做出最合适的车辆安排。

5. 选择配送线路

知道了每辆车负责配送的具体客户后，如何以最快的速度完成对这些货物的配送，即如何选择配送距离短、配送时间短、配送成本低的线路，需根据客户的具体位置、沿途的交通情况等做出优先选择和判断。

除此之外，还必须考虑有些客户所在地点环境对送货时间、车型等方面的特殊要求，如有些客户不在中午或晚上收货，有些道路在某高峰期实行特别的交通管制等。

6. 确定配送顺序

做好车辆安排及选择好最佳的配送线路后，依据各车负责配送的具体客户的先后，确定客户的最终配送顺序。

7. 完成车辆积载

明确了客户的配送顺序后，接下来就是如何将货物装车，以什么次序装车的问题，即车辆的积载问题。原则上，知道了客户的配送顺序先后，只要将货物依“后送达先装载”的顺序装车即可。但有时为了有效利用空间，可能还要考虑货物的性质（如怕震、怕压、怕撞、怕湿等）、形状、体积及重量等做出适当调整。此外，对于货物的装卸方法也必须依照货物的性质、形状、重量、体积等来做具体决定。

二、配送中心

（一）配送中心的基本含义

中华人民共和国国家标准《物流术语》中关于配送中心的定义如下：从事配送业务的

物流场所或组织,应基本符合下列要求:①主要为特定的用户服务;②配送功能健全;③完善的信息网络;④辐射范围小;⑤多品种、小批量;⑥以配送为主,储存为辅。

配送中心是集多种流通功能(商品分拣、加工、配装、运送等)于一体的物流组织,是利用先进的物流技术和物流设备开展业务活动的大型物流基地。

传统企业在没有配送中心的情况下,物流通路混杂,如图7-3所示。在建立配送中心以后,尤其是大批量、社会化、专业化配送中心建立以后,物流配送的局面就显得非常合理和有序,物流通路简捷,如图7-4所示。

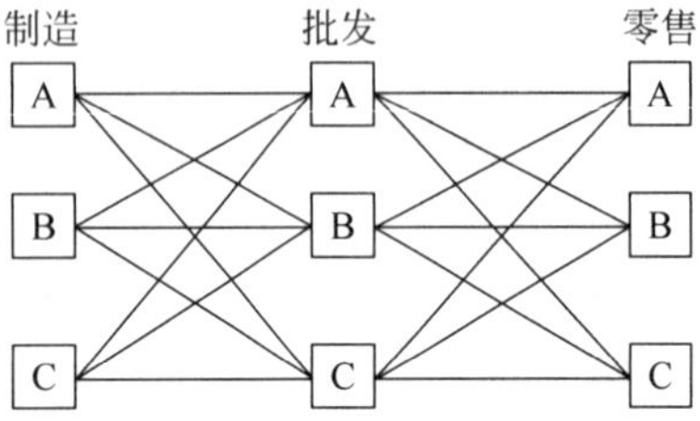

图7-3 未建立配送中心的配送模式

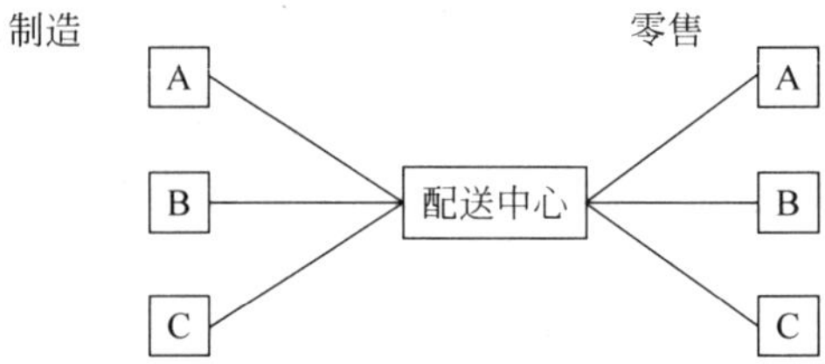

图7-4 建立配送中心后的物流配送模式

（二）配送中心的类别

随着社会生产的发展、商品流通规模的不断扩大,配送中心数量也在不断增加。然而,在众多的配送中心中,由于各自的服务对象、组织形式和服务功能不尽相同,因此形成了不同类别的配送中心。按照不同的分类标准,可以把配送中心分为不同类别。

1. 按配送中心的经济功能分类

(1) 供应型配送中心

供应型配送中心是专门向某个或某些用户供应货物,充当供应商角色的配送中心。

在实际工作中,有很多从事货物配送活动的经济实体,其服务对象主要是生产企业和大型商业组织(超级市场或联营商店),所配送的货物主要有原料、元器件、半成品和其他商品,客观上起到了供应商的作用。这些配送中心类似于用户的后勤保障部门,故属于供应型配送中心。

例如,为大型连锁超级市场组织供应的配送中心;代替零件加工厂送货的零件配送中心,使零件加工厂对装配厂的供应合理化。又如,上海6家造船厂共同组建的钢板配送中心也属于供应型配送中心。

(2) 销售型配送中心

销售型配送中心是以销售商品为主要目的,以开展配送活动为手段组建的配送中心。这类配送中心完全是围绕着市场营销而开展配送业务的。在市场竞争中,为不断扩大自己的市场份额、提高市场占有率,商品生产者和商品经营者采取了多种降低流通成本和完善服务的办法和措施，同时改造和完善了物流设施，组建了专门从事配送活动的配送中心，因此销售型配送中心属于商流、物流一体化的配送模式，国内外普遍存在。

（3）储存型配送中心

储存型配送中心是充分强化商品的储备和储存功能，在充分发挥储存作用的基础上开展配送活动的配送中心。一般来讲，在买方市场下，企业商品销售需要有较大库存来支持，其配送中心可能有较强的储存功能；在卖方市场下，生产企业原材料、零部件供应也需要有较大库存，也可能是储存型配送中心。实践证明，储存一定数量的物资乃是生产和流通得以正常进行的基本保障，国内外储存型配送中心多起源于传统的仓储企业。

（4）加工型配送中心

加工型配送中心的主要功能是对商品进行清洗、下料、分解、集装等加工活动，以流通加工为核心开展配送活动。在生活资料和生产资料配送活动中有许多加工型配送中心。如深圳市菜篮子配送中心，就是以肉类加工为核心开展配送业务的加工型配送中心。另外，如水泥等建筑材料以及煤炭等商品的加工配送也属于加工型配送中心。

2. 按运营主体的不同分类

（1）以制造商为主体的配送中心

这种配送中心里的商品100%是由自己生产制造的，这样可以降低流通费用，提高售后服务质量，及时地将预先配齐的成组元器件运送到规定的加工和装配工位。从商品制造到生产出来及条码和包装的配合等多方面都较易控制，所以按照现代化、自动化的配送中心设计比较容易，但不具备社会化的要求。

（2）以批发商为主体的配送中心

商品从制造者到消费者手中，传统的流通过程中要经过一个批发环节。一般是按部门或商品种类的不同，把每个制造厂的商品集中起来，然后以单一品种或搭配形式向消费地的零售商进行配送。这种配送中心的商品来自各个制造商，它所进行的一项重要的活动便是对商品进行汇总和再销售，它的全部进货和出货都是社会配送，社会化程度高。

（3）以零售商为主体的配送中心

零售商发展到一定规模后，就可以考虑建立自己的配送中心，为专业商品零售店、超级市场、百货商店、粮油食品商店、宾馆饭店等服务，其社会化程度介于前两者之间。

（4）以物流企业为主体的配送中心

这种配送中心最强的是运输配送能力，而且地理位置优越，如港口、铁路和公路枢纽，可迅速将到达的货物配送给用户。它提供仓储货位给制造商或供应商，而配送中心的货物仍属于制造商或供应商所有，配送中心只是提供仓储管理和运输配送服务。这种配送中心的现代化程度往往较高。

(三)配送中心的作用

配送中心是连接生产与生产、生产与消费的流通场所或组织,在现代物流活动中的作用是十分明显的,可以归纳为以下几个方面:

1. 使供货适应市场需求变化

配送中心不以储存为目的,然而,现代化的配送中心保持一定的库存起到了“蓄水池”的作用。各种商品的市场需求在时间、季节、需求量上都存在大量随机性,而现代化生产、加工无法完全由工厂、车间来满足和适应这种情况,必须依靠配送中心不断地进货、送货,快速地周转,在产销之间建立起一个缓冲平台,有效解决产销不平衡,缓解供需矛盾。例如,黄金假日的销售量比平日成倍增加,配送中心的库存对确保销售起到了有力的支撑作用。

2. 实现储运的经济高效

从工厂企业到销售市场之间需要复杂的储运环节,要依靠多种交通、运输、库存手段才能满足,传统的以产品或部门为单位的储运体系明显存在不经济和低效率的问题。故建立区域、城市的配送中心,能批量进发货物,组织成组、成批、成列直达运输和集中储运,从而可以提高流通社会化水平,实现规模经济所带来的规模效益。

3. 实现物流的系统化和专业化

当今世界没有哪家企业不关注成本控制、经营效率和改善顾客服务,而这一切的基础建立在一个高效率的物流系统上。配送中心在物流系统中占有重要地位,能提供专业化的保管、包装、加工、配送、信息等系统服务。

由于现代物流活动中物质的物理、化学性质的复杂多样化,交通运输的多方式、长距离、长时间、多起点和多终点,地理与气候的多样性,对保管、包装、加工、配送、信息提出了很高的要求,因此,只有建立配送中心,才有可能提供更加专业化、系统化的服务。

4. 促进地区经济的快速增长

在我国市场经济体系中,物流配送如同人体的血管,把国民经济各个部分紧密地联系在一起。配送中心同交通运输设施一样,是联结国民经济各地区,沟通生产与消费、供给与需求的桥梁和纽带,是经济发展的保障,是拉动经济增长的内部因素,也是吸引投资的环境条件之一。配送中心的建设可以从多方面带动地区经济的健康发展。

5. 完善连锁经营体系

配送中心可以帮助连锁店实现配送作业的经济规模,使流通费用降低;减少分店库存,加快商品周转,促进业务的发展和扩散。批发仓库通常需要零售商亲自上门采购,而配送中心解除了分店的后顾之忧,使其专心于店铺销售额和利润的增长,不断开发外部市场，拓展业务。

（四）配送中心业务流程内容

1. 进货

进货是配送中心根据客户的需要，为保证配送业务的顺利实施，而从事的组织商品货源和进行商品存储的一系列活动。进货是配送的准备基础工作、是配送的基础环节，又是决定配送成败与否、规模大小的最基础环节。同时，也是决定配送效益高低的关键环节。

2. 订单处理

从接到客户订单开始到着手准备拣货之间的作业阶段称为订单处理。订单处理是与客户直接沟通的作业阶段，对后续的拣选作业、调度和配送产生直接的影响，是其他各项作业的基础。订单是配送中心开展配送业务的依据，配送中心接到客户订单以后需要对订单加以处理，据以安排分拣、补货、配货、送货等作业环节。

订单处理方式：人工处理和计算机处理。目前主要采用计算机处理方式。

3. 拣货

拣货作业是依据顾客的订货要求或配送中心的送货计划，迅速、准确地将商品从其储位或其他区域拣取出来，并按一定的方式进行分类、集中，等待配装送货的作业过程。

拣货过程是配送不同于一般形式的送货以及其他物流形式的重要的功能要素，是整个配送中心作业系统的核心工序。拣货作业按分拣的手段不同，可分为人工分拣、机械分拣和自动分拣三大类。

4. 补货

补货是库存管理中的一项重要的内容，是指根据以往的经验，或者相关的统计技术方法，或者计算机系统的帮助确定的最优库存水平和最优订购量，并根据所确定的最优库存水平和最优订购量，在库存低于最优库存水平时发出存货再订购指令，以确保存货中的每一种产品都在目标服务水平下达到最优库存水平。

补货作业的目的是保证拣货区有货可拣，是保证充足货源的基础。补货通常是以托盘为单位，从货物保管区将货品移到拣货区的作业过程。

5. 配货

配货是配送中心为了顺利、有序、方便地向客户发送商品，对组织来的各种货物进行整理，并依据订单要求进行组合的过程。也就是使用各种拣选设备和传输装置，将存放的货物按客户的要求分拣出来，配备齐全，送入指定发货区。

配货作业与拣货作业不可分割，二者一起构成了一项完整的作业。通过分拣配货可达到按客户要求进行高水平送货的目的。

6. 送货

配送业务中的送货作业包含将货物装车并实际配送，而完成这些作业则需要事先规划配送区域的划分或配送线路的安排，由配送路线选用的先后次序来决定商品装车顺序，并在商品配送途中进行商品跟踪、控制，制定配送途中意外状况及送货后文件的处理办法。

送货通常是一种短距离、小批量、高频率的运输形式。它以服务为目标，以尽可能满足客户需求为宗旨。

7. 流通加工

流通加工是配送的前沿，它是衔接储存与末端运输的关键环节。流通加工是指物品在从生产领域向消费领域流动的过程中，流通主体(即流通当事人)为了完善流通服务功能，为了促进销售、维护产品质量和提高物流效率而开展的一项活动。

流通加工的目的：①适应多样化客户的需求；②提高商品的附加值；③规避风险，推进物流系统化。不同的货物，流通加工的内容是不一样的。

8. 退货

退货或换货在经营物流业中不可避免，但应尽量减少，因为退货或换货的处理只会大幅增加物流成本，减少利润。发生退货或换货的主要原因包括瑕疵品回收、搬运中的损坏、商品送错退回、商品过期退回等。

配送中心的业务流程如图 7-5 所示。

三、配送的合理化

(一) 配送合理化的判断标志

1. 库存标志

库存是判断配送合理与否的重要标志，具体指标有以下两个。

(1) 库存总量

库存总量是指在一个配送系统中，将分散于各个用户的库存转移给配送中心，形成配送中心库存数量，这个库存量之和应低于实行配送前各用户库存量之和。

此外，从各个用户角度进行判断，各用户在实行配送前后的库存量比较也是判断配送合理与否的标准，某个用户需求上升而库存总量下降，也属于一种不合理。

库存总量是一个动态的量，上述比较应当是在一定经营量前提下进行的。在用户生产有发展之后，库存总量的上升则反映了经营的发展，必须扣除这一因素，才能对总量是否下降做出正确判断。

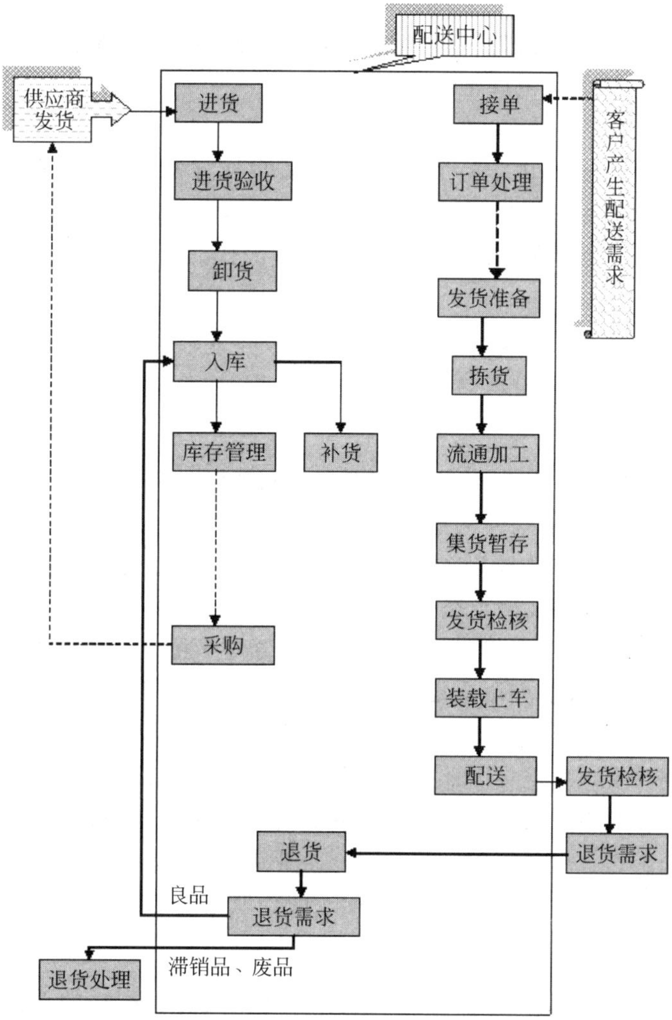

图 7-5 配送中心的业务流程

(2) 库存周转

由于配送企业的调剂作用,以低库存保持高的供应能力,库存周转一般快于原来各企业库存周转。此外,从各个用户角度进行判断,各用户在实行配送前后的库存周转比较也是判断合理与否的标志。

2. 资金标志

总的来讲,实行配送应有利于降低资金占用及资金运用的科学化。具体判断标志有以下三个。

(1) 资金总量

资金总量是指用于资源筹措所占用的流动资金总量,随储备总量的下降及供应方式的改变,它必然有一个较大的降低。

(2) 资金周转

从资金运用角度来讲,由于整个节奏加快,资金充分发挥作用,同样数量的资金过去需要较长时期才能满足一定供应要求,实施配送之后,在较短时期内就能达此目的。所以资金周转是否加快是衡量配送合理与否的标志。

(3) 资金投向的改变

资金分散投入还是集中投入,是资金调控能力的重要反映。实行配送后,资金应当从分散投入改为集中投入,以增加调控作用。

3. 成本和效益

总效益、宏观效益、微观效益、资金成本都是判断配送合理化的重要标志。对于不同的配送方式,可以有不同的判断侧重点。

例如,配送企业、用户都是各自独立的以利润为中心的企业,不但要看配送的总效益,还要看对社会的宏观效益及两个企业的微观效益,不顾及任何一方都必然出现不合理。

又如,如果配送是由用户集团自己组织的,配送主要强调保证能力和服务性,那么,效益主要从总效益、宏观效益和用户集团企业的微观效益来判断,不必过多顾及配送企业的微观效益。

由于总效益及宏观效益难以计量,在实际判断时,常以按国家政策进行经营,完成国家税收及配送企业及用户的微观效益来判断。对于配送企业而言(投入确定的情况下),则企业利润反映配送合理化程度;对于用户企业而言,在保证供应水平或提高供应水平(产出一定)前提下,供应成本的降低反映配送的合理化程度。

4. 供应保证标志

实行配送后,各用户的最大担心是供应保证程度降低。配送的重要一点是必须提高而不是降低对用户的供应保证能力。供应保证能力可以从以下方面判断:

(1) 缺货次数

实行配送后,对各用户来讲,缺货次数是指应该到货而未到货会影响用户生产及经营的次数,因此,缺货次数必须下降才算合理。

(2) 配送企业集中库存量

对每一个用户来讲,其数量所形成的保证供应能力高于配送前单个企业保证程度,从供应保证来看才算合理。

(3) 即时配送的能力及速度

这是用户出现特殊情况的特殊供应保障方式,这一能力必须高于未实行配送前用户紧急进货能力及速度才算合理。特别需要强调一点，配送企业的供应保障能力是一个科学的、合理的概念，而不是无限的概念。具体来讲，如果供应保障能力过高，超过了实际的需要，则属于不合理，所以追求供应保障能力的合理化也是有限度的。

5. 社会运力节约标志

末端运输是目前运能、运力使用不合理以及浪费较大的领域，因而人们寄希望于配送来解决这个问题，这也成了配送合理化的重要标志。运力使用的合理化是依靠送货运力的规划和整个配送系统的合理流程及与社会运输系统合理衔接实现的。

送货运力的规划是任何配送中心都需要努力解决的问题，而其他问题有赖于配送及物流系统的合理化，判断起来比较复杂。

6. 人力物力节约标志

配送的重要观念是以配送代劳用户，因此，实行配送后，各用户库存量、仓库面积、仓库管理人员减少为合理；用于订货、接货的人员减少才为合理。真正解除了用户的后顾之忧，这样的配送才是合理的。

7. 物流合理化标志

物流合理化的问题是配送要解决的大问题，也是衡量配送本身的重要标志。配送必须有利于物流合理。这可以从以下几个方面判断：

（1）是否降低了物流费用；

（2）是否减少了物流损失；

（3）是否加快了物流速度；

（4）是否发挥了各种物流方式的最优效果；

（5）是否有效衔接了干线运输和末端运输；

（6）是否不增加实际的物流中转次数；

（7）是否采用了先进的技术手段。

（二）配送合理化的措施

1. 推行一定综合程度的专业化配送

通过采用专业设备、设施及操作程序，取得较好的配送效果，并降低配送的复杂程度及难度，从而追求配送合理化。

2. 推行加工配送

通过加工和配送结合，充分利用本来应有的这次中转，而不增加新的中转以取得配送合理化。同时，加工借助于配送，加工目的更明确和用户联系更紧密，避免了盲目性。这两者有机结合，投入不增加太多却可取得两个优势、两个效益，是配送合理化的重要体现。

3. 推行共同配送

通过共同配送(即在核心企业的统筹安排和统一调度下,各个配送企业分工协作,联合行动,共同对某一地区或某些用户进行配送),从而以最近的路程、最低的配送成本完成配送,追求合理化。

4. 实行送取结合

配送企业与用户建立稳定、密切的协作关系,配送企业不仅成了用户的供应代理人,而且承担用户储存据点,甚至成为产品代销人。在配送时,将用户所需的物资送到,再将该用户生产的产品用同一车运回,这种产品也成了配送中心的配送产品之一,或者作为代存代储,免去了生产企业库存包袱。这种送取结合使运力充分利用,也使配送企业功能有更大的发挥,从而追求合理化。

5. 推行准时配送系统

准时配送是配送合理化的重要内容。配送做到了准时,用户可以放心地实施低库存或零库存,可以有效地安排接货的人力、物力,以追求最高效率的工作。另外,保证供应能力也取决于准时供应。从国外的经验看,准时供应配送系统是现在许多配送企业追求配送合理化的重要手段。

6. 推行即时配送

即时配送是最终解决用户企业担心断供之忧、大幅度提高供应保证能力的重要手段。即时配送是配送企业快速反应能力的具体化,是配送企业能力的体现。

即时配送成本虽然较高,但它是整个配送合理化的重要途径。此外,用户实行零库存,即时配送也是重要的保障手段之一。

第二节　配送作业管理

一、进货作业管理

(一)进货流程

进货作业包括接货、卸货、验收入库,然后将有关信息书面化等一系列工作。进货作业的基本流程如图7-6所示。在其流程安排中,应注意以下事项:

(1)应多利用配送车司机卸货,以减少公司作业人员和避免卸货作业的拖延;

(2)尽可能将多样活动集中在同一工作站,以节省必要的空间;

(3)尽量避开进货高峰期,并依据相关性安排活动,以达到距离最小化;

(4)详细记录进货资料,以备后续存取核查。

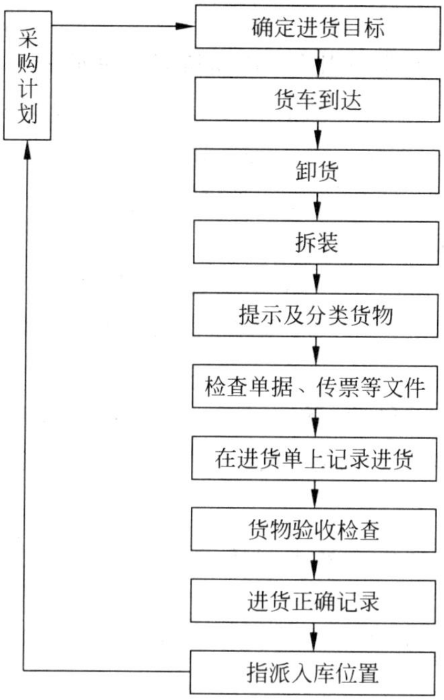

图 7-6　进货作业的基本流程

（二）货物编码

进货作业是配送作业的首要环节。为了让后续作业准确而快速地进行，并使货物品质及作业水准得到妥善维持，在进货阶段对货物进行有效的编码是一项十分重要的内容。编码结构应尽量简单，长度尽量短，一方面便于记忆，另一方面也可以节省机器存储空间，减少代码处理中的差错，提高信息处理效率。

1. 货物编码的作用

货物经过编码，可以提高作业或管理的标准化水平及作业效率，其作用如下：

(1) 提高货物资料的正确性，便于货物信息在不同部门间的传递及共享；

(2) 提高货物活动的工作效率，便于对货物进行查核及管理；

(3) 可以利用计算机对货物进行分析处理，以节省人力、减少开支、降低成本；

(4) 可以防止重复订购，易于进行货物的仓储及盘点进而削减库存；

(5) 便于收货和发货，可以实现货物的先进先出；

(6) 利用编码来表示各种货物，可以防止公司机密外泄。

2. 货物编码的原则

为确保货物编码的科学性与实用性,货物编码应遵循如下原则:

(1) 简易性:将货物化繁为简,使编码便于开展货物活动;

(2) 完全性:确保每一项货物都有一种编码代替;

(3) 单一性:每一个编码只能代表一项货物;

(4) 一贯性:编码应统一且具有连贯性;

(5) 充足性:编码所采用的文字、符号或数字,必须有足够的数量以满足需求;

(6) 扩充弹性:为未来货物的扩展及产品规格的增加预留编码,使编码能按照需要自由延伸或随时从中插入;

(7) 组织性:编码需经过科学组织,以便存档或查询相关资料;

(8) 易记性:应选择易于记忆的文字、符号或数字来编码,编码应富于暗示性和联想性;

(9) 分类展开性:若货物过于复杂而使编码庞大,则应使用渐进分类方式作层级式的编码;

(10) 实用性:编码应考虑与事务性机械或计算机的配合,提高货物编码的应用管理效率。

3. 商品代码的结构

代码是表示特定事物或概念的一个或一组字符,通常是阿拉伯数字、拉丁字母或便于记忆和处理的符号,如 SH245、D1 等。其基本结构包括:

(1) 代码长度:一个代码中所包含的有效字符的个数;

(2) 代码顺序:代码字符排列的逻辑顺序;

(3) 代码基数:编制代码时所选用的代码字符的个数,如数字代码的字符为 0～9,基数是 10。

4. 商品代码的种类及编码方法

商品代码的种类很多,常见的有无含义代码和有含义代码。无含义代码通常可以采用顺序码和无序码来编排。有含义代码则通常在对商品进行分类的基础上,采用序列顺序码、数值化字母顺序码、层次码、特征组合码及复合码等编排。不同的代码,其编码方法不完全一样。配送中心常用的编码方法如下。

(1) 顺序码法

顺序码法又称流水编码法,即将阿拉伯数字或英文字母按顺序往下编码。其优点是代码简单,使用方便,易于延伸,对编码对象的顺序无任何特殊规定和要求。缺点是代码本身不会给出任何有关编码对象的其他信息。在物流管理中,顺序码常用于账号及发票编号等。在少品种多批量配送中心也可用于商品编码,但为使用方便,必须配合编号索引。顺序码如表 7-1 所示。

表 7-1　顺　序　码

编　　号	商品名称
1	香皂
2	肥皂
3	洗涤剂
⋮	⋮
N	洗衣粉

(2) 层次码法

层次码是以编码对象的从属层次关系为排列顺序组成的代码。编码时将代码分成若干层次,并与分类对象的分类层级相对应,代码自左至右表示的层级由高到低,代码的左端为最高位层级代码,右端为最低位层级代码,每个层级的代码可采用顺序或系列顺序码。例如 1010050312 表示的意义如表 7-2 所示。

表 7-2　层次码及其含义

层级	大类	小类	品名	形状	规格
编码	1	01	005	03	12
含义	食品	饮料	可口可乐	圆瓶	400ml

层次码的优点是能明确表示分类对象的类别,有严格的隶属关系,代码结构简单,容量大,便于计算机统计,但其层次较多,代码位数较长。

(3) 实际意义编码法

实际意义编码法是根据商品的名称、重量、尺寸以及分区、储位、保存期限或其他特性的实际情况来编码。这种方法的特点在于通过编码即能很快了解商品的内容及相关信息。例如 FO4915B1 表示的意义如表 7-3 所示。

表 7-3　实际意义编码及其含义

编　　码		含　　义
FO4915B1	FO	表示 food,食品类
	4915	表示 4×9×15,尺寸大小(cm)
	B	表示 B 区,货物储存区号
	1	表示第一排料架

(4) 暗示编码法

暗示编码法用数字与文字的组合来编码,编码暗示货物的内容和有关信息。例如

BY005WB10 表示的意义如表 7-4 所示。

表 7-4 暗示编码及其含义

属　　性	货物名称	尺　　寸	颜色与形式	供　应　商
编码	BY	005	WB	10
含义	自行车	大小为 5 号	白色、小孩型	供应商号码

为识别货品而使用的编码标志可置于容器、零件、产品或储位上，让作业人员能容易地获得信息。一般来说，容器及储位的编码标志有其特定的使用目的，能被永久地保留；而零件或产品上的编码标志则具有一定的弹性，如可以增加制造日期、使用期限等，以方便出货时选择。

（三）货物分类

货物分类是将多品种货物按其性质或其他条件逐次区别，分别归入不同的货物类别，并进行系统的排列，以提高作业效率。

在实际操作中，对品项较多的分类储存可分为两个阶段、上下两层输送同时进行。

(1) 由条码读取机读取箱子上的物流条码，依照品项做出第一次分类，再决定归属上层或下层的存储输送线。

(2) 上、下层的条码读取机再次读取条码，并将箱子按各个不同的品项，分门别类到各个储存线上。

(3) 在每条储存线的切离端，箱子堆满一只托盘后，一长串货物即被分离出来；当箱子组合装满一层托盘时，就被送入中心部(利用推杆，使其排列整齐)，之后，箱子在托盘上一层层地堆叠，堆到预先设定的层数后完成分类。

(4) 操作员用叉式堆高机将分好类的货物依类运送到储存场所。

（四）货物验收检查

货物验收是对产品的质量和数量进行检查的工作。其验收标准及内容如下：

1. 货物验收的标准

(1) 采购合同或订单所规定的具体要求和条件；

(2) 采购合约中的规格或图解；

(3) 议价时的合格样品；

(4) 各类产品的国家品质标准或国际标准。

2. 货物验收的内容

货物验收的内容包括：①质量验收；②包装验收；③数量验收。

（五）货物入库信息的处理

到达配送中心的商品，经验收确认后，必须填写“验收单”，并将有关入库信息及时准确地登入库存商品信息管理系统，以便及时更新库存商品的有关数据。货物信息登录的目的在于为后续作业环节提供管理和控制的依据。此外，对于作业辅助信息也要进行搜集与处理。

二、订单处理作业管理

（一）订单处理的含义

从接到客户订单开始到着手准备拣货之间的作业阶段称为订单处理，通常包括订单资料确认、存货查询、单据处理等内容。如图 7-7 所示为无纸化订单。

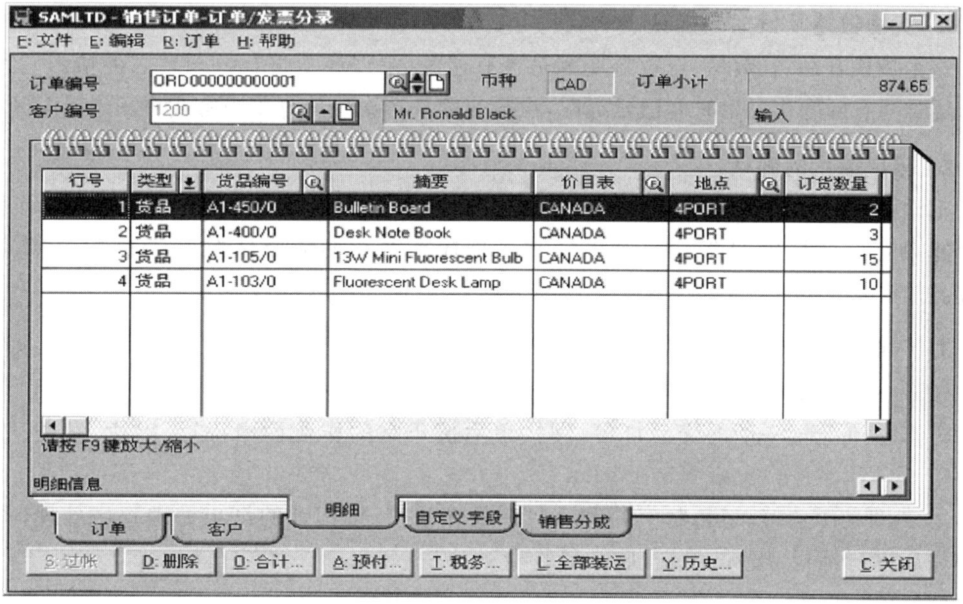

图 7-7　无纸化订单

（二）订单处理的基本内容及步骤

订单处理分人工和计算机两种形式。人工处理具有较大弹性，但只适合少量的订单处理。计算机处理则速度快、效率高、成本低，适合大量的订单处理，因此目前主要采取后一种形式。订单处理的基本内容及步骤如图 7-8 所示。

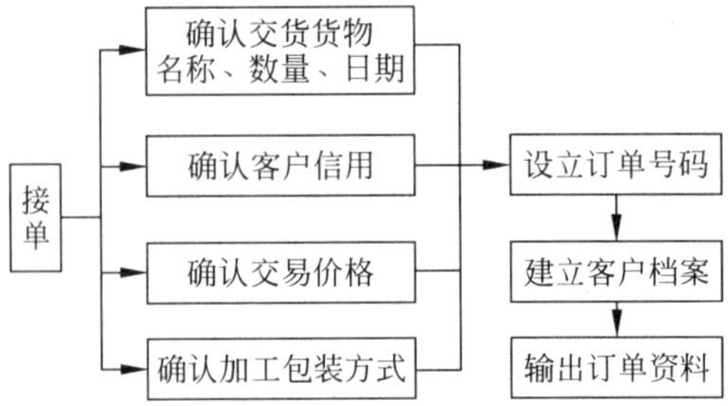

图 7-8 订单处理的基本内容及步骤

（三）订单的确认

接单之后，必须对相关事项进行确认。主要包括以下几方面：

1. 货物数量及日期的确认

这是指检查品名、数量、送货日期等是否有遗漏、笔误或不符合公司要求的情形。尤其当送货时间有问题或出货时间已延迟时，更需与客户再次确认订单内容或更正运送时间。

2. 客户信用的确认

不论订单是由何种方式传至公司的，配送系统都要核查客户的财务状况，以确定其是否有能力支付该订单的账款。通常的做法是检查客户的应收账款是否已超过其信用额度。

3. 订单形态确认

(1) 一般交易订单

① 交易形态：一般的交易订单，即接单后按正常的作业程序拣货、出货、发送、收款的订单。

② 处理方式：接单后，将资料输入订单处理系统，按正常的订单处理程序处理，资料处理完后进行拣货、出货、发送、收款等作业。

(2) 间接交易订单

① 交易形态：客户向配送中心订货，直接由供应商配送给客户的交易订单。

② 处理方式：接单后，将客户的出货资料传给供应商由其代配。此方式需注意的是客户的送货单是自行制作或委托供应商制作的，应对出货资料加以核对确认。

(3) 现销式交易订单

① 交易形态：与客户当场交易、直接给货的交易订单。

② 处理方式：订单资料输入后，因货物此时已交给客户，故订单资料不再参与拣货、出货、发送等作业，只需记录交易资料即可。

(4) 合约式交易订单

① 交易形态：与客户签订配送契约的交易，如签订某期间内定时配送某数量的商品的订单。

② 处理方式：在约定的送货日，将配送资料输入系统处理以便出货配送；或一开始便输入合约内容的订货资料并设定各批次送货时间，以便在约定日期系统自动产生所需的订单资料。

4. 订单价格确认

对于不同的客户(批发商、零售商)、不同的订购批量，可能对应不同的售价，因而输入价格时系统应加以检核。若输入的价格不符(输入错误或业务员降价接收订单等)，系统应加以锁定，以便主管审核。

5. 加工包装确认

客户订购的商品是否有特殊的包装、分装或贴标等要求，系统都需加以专门的确认记录。

三、拣货作业管理

(一) 拣货作业的概念

拣货作业是配送中心依据顾客的订单要求或配送计划，迅速、准确地将商品从其储位或其他区位拣取出来，并按一定的方式进行分类、集中的作业过程。

在配送中心的内部作业中，拣货作业是极为重要的作业环节，是整个配送中心作业系统的核心，其重要性相当于人的心脏部分。在配送中心搬运成本中，拣货作业搬运成本约占 90%；在劳动密集型配送中心，与拣货作业直接相关的人力占 50%；拣货作业时间约占整个配送中心作业时间的 30%～40%。因此，合理规划与管理分拣作业，对提高配送中心作业效率和降低整个配送中心作业成本具有事半功倍的效果。

(二) 拣货作业基本流程

拣货作业在配送中心整个作业环节中不仅工作量大，工艺过程复杂，而且作业要求时间短，准确度高，因此，加强对拣货作业的管理非常重要。制定科学合理的分拣作业流程，对于提高配送中心运作效率及提高服务商品具有重要的意义。图 7-9 所示为配送中心拣货作业基本流程图。

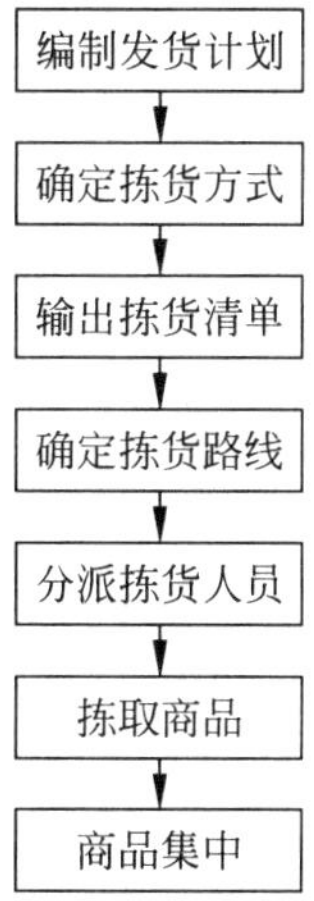

图 7-9 拣货作业基本流程图

1. 编制发货计划

发货计划是根据顾客的订单编制而成的。订单是指顾客根据其用货需要向配送中心发出的订货信息。配送中心接到订货信息后需要对订单的资料进行确认、存货查询和单据处理，根据顾客的送货要求制定发货日程，最后编制发货计划。

2. 确定拣货方式

拣货通常有订单别拣取、批量拣取及复合拣取三种方式。订单别拣取是按每份订单来拣货；批量拣取是多张订单累计成一批，汇总数量后形成拣货单，然后根据拣货单的指示一次拣取商品，再进行分类；复合拣取是充分利用以上两种方式的特点，并综合运用于拣货作业中。

（1）订单别拣取

订单别拣取是针对每一份订单，分拣人员按照订单所列商品及数量，将商品从储存区域或分拣区域拣取出来，然后集中在一起的拣货方式，它是较传统的拣货方式。

① 优点：订单别拣取作业方法简单，接到订单可立即拣货，作业前置时间短，作业人员责任明确，派工公平，拣货后不用再进行分类作业。订单别拣取适合订单大小差异较大、订单数量变化频繁、商品差异较大的情况，如：化妆品、家具、电器、百货、高级服饰等。

② 缺点：商品品项多时，拣货行走路径加长，拣取效率降低；拣货区域大时，搬运系统设计困难。

（2）批量拣取

批量拣取是将多张订单集合成一批，按照商品品种类别加总后再进行拣货，然后依据不同客户或不同订单分类集中的拣货方式。适合订单数量庞大的系统，可以缩短拣取时行走搬运的距离，增加单位时间的拣货量。

① 优点：可以缩短拣取商品时的行走时间，增加单位时间的拣货量。批量拣取适合订单变化较小、订单数量稳定的配送中心和外形较规则、固定的商品出货，如箱装、扁袋装的商品。需进行流通加工的商品也适合批量拣取，再批量进行加工，然后分类配送，有利于提高拣货及加工效率。

② 缺点：对订单的到来无法即刻做出反应，必须等订单累积到一定数量时才作一次处理，因此会有停滞的时间产生。

（3）复合拣取

为克服订单别拣取和批量拣取方式的缺点，配送中心也可以采取将订单别拣取和批量拣取组合起来的复合拣取方式。复合拣取即根据订单的品种、数量及出库频率，确定哪些订单适应于订单别拣取，哪些适应于批量拣取，分别采取不同的拣货方式。

3. 输出拣货清单

拣货清单是配送中心将客户订单资料进行计算机处理，生成并打印出的拣货单。拣货单上标明储位，并按储位顺序来排列货物编号，作业人员据此拣货可以缩短拣货路径，提高拣货作业效率。“拣货单”格式参考表7-5。

表 7-5 拣 货 单

<table>
<tr><td colspan="6">拣货单号码：</td><td colspan="3">拣货时间：</td></tr>
<tr><td colspan="6" rowspan="3">顾客名称：</td><td colspan="3">拣货人员：</td></tr>
<tr><td colspan="3">审核人员：</td></tr>
<tr><td colspan="3">出货日期：　　年　　月　　日</td></tr>
<tr><td rowspan="2">序号</td><td rowspan="2">储位号码</td><td rowspan="2">商品名称</td><td rowspan="2">商品编码</td><td colspan="3">包装单位</td><td rowspan="2">拣取数量</td><td rowspan="2">备注</td></tr>
<tr><td>整托盘</td><td>箱</td><td>单件</td></tr>
<tr><td></td><td></td><td></td><td></td><td></td><td></td><td></td><td></td><td></td></tr>
<tr><td></td><td></td><td></td><td></td><td></td><td></td><td></td><td></td><td></td></tr>
<tr><td></td><td></td><td></td><td></td><td></td><td></td><td></td><td></td><td></td></tr>
<tr><td></td><td></td><td></td><td></td><td></td><td></td><td></td><td></td><td></td></tr>
<tr><td></td><td></td><td></td><td></td><td></td><td></td><td></td><td></td><td></td></tr>
<tr><td></td><td></td><td></td><td></td><td></td><td></td><td></td><td></td><td></td></tr>
<tr><td></td><td></td><td></td><td></td><td></td><td></td><td></td><td></td><td></td></tr>
<tr><td></td><td></td><td></td><td></td><td></td><td></td><td></td><td></td><td></td></tr>
</table>

4. 确定拣货路线及分派拣货人员

配送中心根据拣货单所指示的商品编码、储位编号等信息，能够明确商品所处的位置，确定合理的拣货路线，安排拣货人员进行拣货作业。

5. 拣取商品

拣取的过程可以由人工或自动化设备完成。通常小体积、少批量、搬运重量在人力范围内且出货频率不是特别高的，可以采取手工方式拣取；对于体积大、重量大的货物可以利用升降叉车等搬运机械辅助作业；对于出货频率很高的货物可以采用自动拣货系统。

6. 分类集中

经过拣取的商品根据不同的客户或送货路线分类集中，有些需要进行流通加工的商品还需根据加工方法进行分类，加工完毕再按一定方式分类出货。多品种分货的工艺过程较复杂，难度也大，容易发生错误，必须在统筹安排形成规模效应的基础上，提高作业的精确性。在物品体积小、重量轻的情况下，可以采取人力分拣，也可以采取机械辅助作业，或利用自动分拣机自动将拣取出来的货物进行分类与集中。

（三）拣货作业的方式

1. 拣选式配货作业

拣选式配货作业是拣选人员或拣选工具巡回于各个仓储点，将所需物资取出，完成货物配备的方式，也称为摘取式拣选。其特点是：货物相对固定，拣选人员或拣选工具相对运动。拣选式配货作业流程如图 7-10 所示。

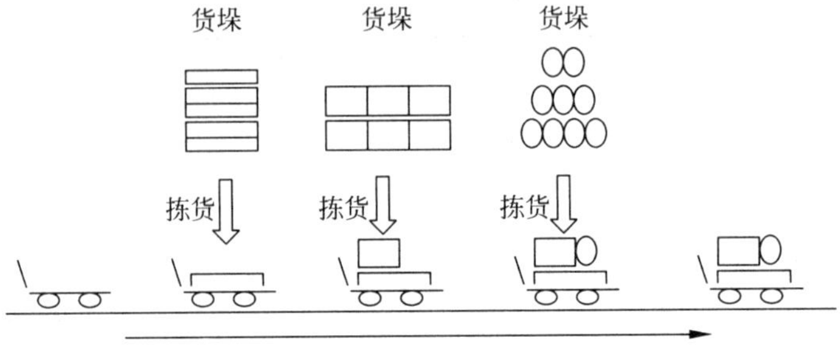

图 7-10 拣选式配货作业流程

2. 分货式配货作业

分货式配货作业是分货人员或分货工具从仓储点集中取出各个用户共同需要的货物,然后巡回于各个用户的货位之间,将这一货物按用户需求分放,然后再集中取出第二种,如此反复,直到作业完成。其特点是:用户的分货位固定,分货人员或分货工具相对运动。分货式配货作业又称播种式分拣作业。

这种作业的计划性较强,也容易发生错误,采用时要注意综合考虑,统筹安排,利用规模效益。分货式配货作业流程如图 7-11 所示。

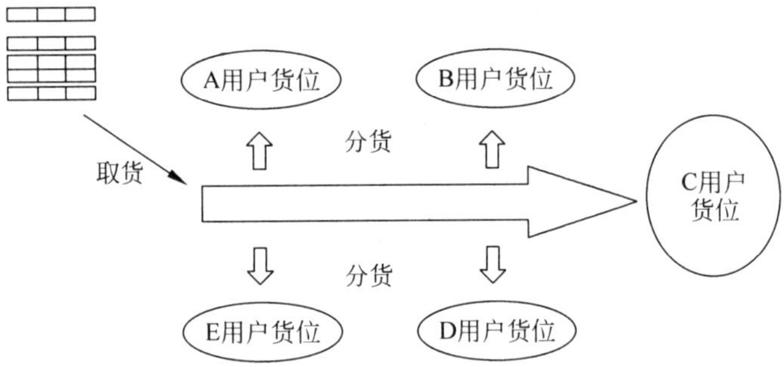

图 7-11 分货式配货作业流程

3. 分拣式配货作业

分拣式配货作业是分货式和拣选式的一体化配货方式,是一种中间方式。分拣人员或分拣工具从仓储点拣选出各个用户共同或不同需要的多种货物,然后巡回在各个用户的货位之间,按用户需要放入货位,直到这次取出的货物放完。

这种方式特别适用于小型仓储配送,主要用在邮局、快递公司等领域。

4. 自动分拣式配货作业

自动分拣式配货作业建立在信息化基础上,其核心是机电一体化。配送作业是自动化的，能够扩大作业能力、提高劳动效率、减少作业差错。自动分拣式配货作业的重要特点是分拣作业大部分无人操作，误差较小，可以连续作业，并且单位时间内分拣的数量多。适用于业务量大、物资包装严格、有投资支持的企业。自动化分拣设备如图 7-12 所示。

图 7-12　自动化分拣设备

四、补货作业管理

补货作业是将货物从仓库保管区域搬运到拣货区的工作，其目的是确保商品能保质保量按时送到指定的拣货区。补货作业主要应包括：确定所需补充的货物，领取商品，做好上架前的各种打理、准备工作，补货上架。

（一）补货方式

1. 整箱补货

这种方式可以由货架保管区补货到流动货架的拣货区。这种补货方式的保管区为料架储放区，动管拣货区为两面开放式的流动棚拣货区。拣货员拣货之后把货物放入输送机并运到发货区，当动管区的存货低于设定标准时，则进行补货作业。这种补货方式由作业员到货架保管区取货箱，用手推车载箱至拣货区。较适合于体积小且少量多样出货的货品。

2. 托盘补货

这种补货方式是以托盘为单位进行补货。托盘从地板堆放保管区运到地板堆放动管区，拣货时把托盘上的货箱置于中央输送机送到发货区。当存货量低于设定标准时，立即补货，使用堆垛机把托盘由保管区运到拣货动管区，也可把托盘运到货架动管区进行补货。这种补货方式适合于体积大或出货量多的货品。

3. 货架上层-货架下层的补货方式

此种补货方式保管区与动管区属于同一货架，也就是将同一货架上的中下层作为动管区,上层作为保管区,而进货时则将动管区放不下的多余货箱放到上层保管区。当动管区的存货低于设定标准时,利用堆垛机将上层保管区的货物搬至下层动管区。这种补货方式适合于体积不大、存货量不高,且多为中小量出货的货物。

(二) 补货时机

1. 批组补货

每天由计算机计算所需货物的总拣取量和查询动管区存货量后得出补货数量,从而在拣货之前一次性补足,以满足全天拣货量。这种一次补足的补货原则较适合一日内作业量变化不大、紧急插单不多或是每批次拣取量大的情况。

2. 定时补货

把每天划分为几个时点,补货人员在时段内检查动管拣货区货架上的货物存量,若不足则及时补货。这种方式适合分批拣货时间固定且紧急处理较多的配送中心。

3. 随机补货

指定专门的补货人员,随时巡视动管拣货区的货物存量,发现不足则随时补货。这种方式较适合每批次拣取量不大、紧急插单多以至于一日内作业量不易事先掌握的情况。

五、出货作业管理

将拣选的商品按订单或配送路线进行分类,再进行出货检查,做好相应的包装、标识和贴印标签工作,根据门店或行车路线等将物品送到出货暂存区,最后装车配送。出货作业流程如图 7-13 所示。

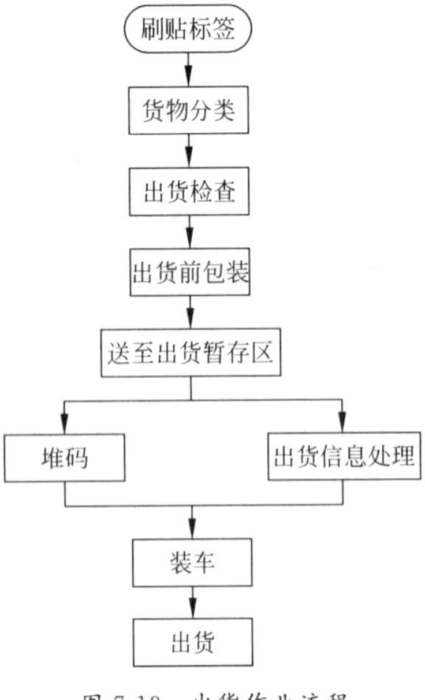

图 7-13 出货作业流程

1. 分货作业

采用人工分货方式处理,在完成货物拣选之后,将所拣选的商品根据不同的门店或配送路线进行分类,对其中需要进行包装的商品,拣选集中后,先按包装分类处理,再按送货要求分类出货。

2. 出货检查作业

根据门店、车次对象等对拣选商品进行产品号码和数量的核对,以及产品状态和品质的检验。可以采取以下两种方法检查。

(1) 人工检查。将货物一个个点数并逐一核对出货单,再检查出货物质水准及状态。

(2) 商品条码检查。当进行出货检查时,只需将拣出货物的条码用扫描机读出,电脑就会自动将资料与出货单对比，检查是否有数量或号码上的差异。

3. 出货形式与质量控制

配送中心在拣取方面采用托盘、箱、单品为单位。

拣选作业的效率和拣选准确性直接影响供应商的结算和库存的准确率，以及后续作业的正常进行。

4. 条码技术在出货作业中的应用

在条码作业系统将拣选、包装和出货功能等多种作业会集成为一体。现在的配送中心为多家门店配送商品，处理采购订单较多，每张订单品种数也较多，如果仍采用以人工为主的订单拣选作业方式，那么很难避免较高的拣选错误率，出现出货差异也很难确认。条码技术识别产品、账单和库存准确率较高，接近 100%。为避免或减少错误率，提高工作效率，需要采用条码技术。条码系统拣选作业流程如图 7-14 所示。

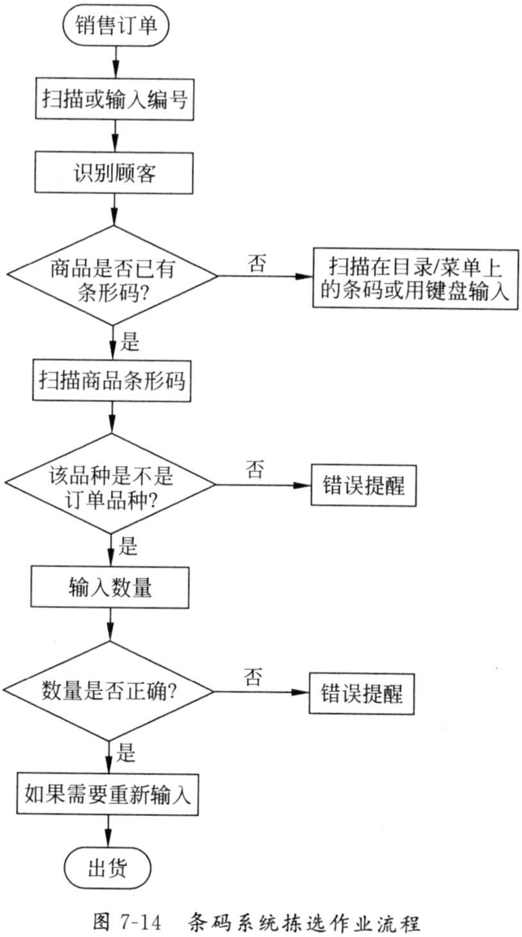

图 7-14　条码系统拣选作业流程

(1) 小型订单拣选

库存检查和单据准备完毕,发票和作业单应有一个订单编号。但号码必须以条形码和数字标识,如果使用 RF(射频技术),相关作业可以无纸化,拣选作业员从储位将商品移动到包装处或暂存区,在此使用扫描器扫描订单号码和每一个品种。

对于太小不能贴条形码标签的品种,可以提供印有条形码的商品目录,通过与电脑的电子图像匹配,校验拣选的准确性。当传输完毕后,包装装置通知系统生成装箱单,如果单据准备不能在拣选作业前完成,拣选作业员可以提取商品,进入销售终端,扫描条形码和生成销售清单或发票。

(2) 大型订单和大量拣选

拣选人员使用带扫描器的手持终端进入拣选作业区域,订单已经通过下载或无线传输进入主机系统,需拣选的品种和数量会在手持终端显示。拣选员到储位,扫描储位条形码和商品条形码,系统校验商品是否被正确拣选。拣选完成后,将拣选商品放入发货暂存区,拣选员发出完成拣选的信号,电脑生成相应的单据。

拓展阅读 7.1 《即时配送服务规范》等 4 项物流领域国家标准获批发布

第三节　配送成本管理

一、配送成本概述

(一) 配送成本的含义

配送成本是指配送过程中所支付的费用总和,是配送过程中所消耗的各种活劳动和物化劳动的货币表现。配送成本费用的核算是多环节的核算,是各个配送环节或活动的集成。配送各个环节的成本费用核算都具有各自的特点,如流通加工的费用核算与配送运输费用的核算具有明显的区别,其成本计算的对象及计算单位都不同。

配送是物流企业重要的作业环节,它是指在经济合理区域范围内,根据客户要求,对物品进行拣选、加工、包装、分割、组配等作业,并按时送达指定地点的物流活动。通过配送,物流活动的目的才得以最终实现,而且配送活动不仅能增加产品的价值,还有助于提高企业的竞争力。但完成配送活动是需要付出代价的,配送活动需要资本和劳动的投入,即需要配送成本。

（二）配送成本的特征

1. 配送成本的隐蔽性

日本早稻田大学教授、物流成本研究的权威西泽修先生曾提出著名的“物流成本冰山”说，其含义是人们对物流费用的总体内容并不掌握，对于物流费用大家只看到露出水面的冰山一角，而隐藏在水里的冰山的绝大部分却看不见，事实上水中的冰山才是物流费的主体部分。

就配送成本而言，一般通过“销售费用”“管理费用”可以看出部分配送费用情况，但这些所反映的费用仅仅只是全部配送成本的一部分，即企业对外支付的配送费用，并且这一部分费用往往是混同在其他有关费用中而并不是单独设立“配送费用”来进行独立核算的。

2. 配送成本削减具有乘数效应

假定销售额 1000 元，配送成本为 100 元。如果配送成本降低 10%，就可以得到 10 元的利润。假如某个企业的销售利润率为 2%，则创造 10 元的利润，需要增加 500 元的销售额，即降低 10%的配送成本所起的作用相当于销售额增加 50%。

3. 配送成本的“效益背反”

所谓效益背反是指同一资源的两个方面处于互相矛盾的关系之中，一个要素的优化会导致另一要素的损失。这种状态在配送活动中也是存在的。

譬如，尽量减少库存据点以及库存必然引起库存补充频繁，从而增加运输次数，同时，仓库的减少会导致配送距离变长，运输费用进一步增加。此时一个要素成本降低，另一个要素成本增大，形成成本效益背反状态。如果运输费的增加超过保管费的降低部分，总成本反而会增加，这样减少库存据点以及库存变得毫无意义，甚至会起到相反的作用。

（三）影响配送成本的因素

1. 时间

配送作业的持续时间影响着配送作业对仓储设施设备的占用时间，影响设施的固定资产投入成本；配送业务决定时间的长短，影响车辆配载效率，也影响配送线路的优化，直接影响配送成本的控制。

2. 距离

距离是构成配送运输成本的重要因素。距离越远，意味着运输成本越高，运输设备与员工配备成本越高。

3. 配送物的数量、重量

数量和重量增加会使配送作业量增大，总成本上升。但是大批量的配送作业也会使作业效率得到提高,单位产品配送成本下降,外包配送可能得到的价格优惠更多。

4. 货物种类及作业过程

不同的货物种类可能造成的配送作业过程不同,技术要求不同,承担的责任也不同。因而不同的货物种类对配送成本会产生较大的影响,如不同包装方式的物品,标准化程度或装卸活性指数不同直接影响配送作业成本。

5. 外部成本

配送作业时可能需要利用企业外的资源,如租用装卸搬运设施设备、不同地区的交通管制状况、基础设施完备情况,这些因素都会影响企业配送成本的大小。

配送成本费用的核算是多环节的核算,是各个配送环节或活动的集成,在实际核算时,涉及具体的配送活动,应当对相应的配送环节活动进行核算。配送各个环节的成本费用核算都具有各自的特点,应分别根据其特点采用不同的方法核算费用。

配送成本费用的计算涉及多个环节的成本计算,对每个环节应当计算各成本计算对象的总成本。总成本是指成本计算期内成本计算对象的成本总额,即各个成本项目金额之和。

二、配送的成本构成

配送成本是指在配送活动的备货、储存、分拣及配货、配装、送货、送达服务及配送加工等环节所发生的各项费用的总和,是配送过程中所消耗的各种活劳动和物化劳动的货币表现。

配送成本有狭义与广义之分。广义的配送成本指配送中心为了开展配送业务所发生的各种直接和间接费用。根据配送中心的配送流程及配送环节可知,广义的配送成本实际上包含配送运输费用、分拣费用、配装费用、仓储保管费用、包装费用、流通加工费用、装卸搬运费用等。可见广义的配送成本的构成是最复杂的,几乎涉及物流成本的各个构成项目。因此在核算分析时,要根据企业的实际情况以及所选择的成本核算方法具体分析,要避免配送成本费用重复交叉,夸大或减小费用支出。

狭义的配送成本是指配送环节所特有的主要成本,包括配送运输成本、分拣成本、配装成本和流通加工成本。

(一)配送运输成本

配送运输成本是指配送车辆在完成配送货物过程中发生的各种车辆费用和配送间接费用。

1. 运输车辆费用

运输车辆费用是指配送车辆从事配送生产所发生的各项费用,包括以下项目:

(1) 工资：指支付给配送车辆司机及其助手的基本工资、附加工资及工资性津贴。

(2) 职工福利费：指按规定的工资总数及规定比例计提的职工福利费。

(3) 燃料：指配送车辆运行所耗用燃料，如汽油、柴油等费用。

(4) 轮胎：指配送车辆耗用的外胎、内胎、垫带的费用支出以及轮胎的翻新费用和修补费。

(5) 修理费：指配送车辆进行各级保养和修理所发生的工料费、修复旧件费用和行车耗用的机油费用。

(6) 大修费：指配送车辆计提的大修理基金以及车辆大修竣工后调整的费用差异和车辆超、亏大修里程定额差异应调整增减的费用。

(7) 折旧费：指配送车辆按规定计提的折旧费。

(8) 养路费：指按规定向公路管理部门交纳的营运车辆养路费。

(9) 公路运输管理费：指按规定向运输管理部门交纳的营运车辆管理费。

(10) 车船使用税费：指企业按规定向税务部门交纳的营运车辆使用税。

(11) 行车事故损失：指配送车辆在配送过程中，因行车肇事所发生的事故损失。

(12) 其他费用：指不属于以上各项的车辆费用，如防滑链条费、中途故障救济费、司机和助手的劳动保护用品费、由配送方负担的过路过桥费等。

2. 配送间接费用

配送间接费用是指配送运输管理部门为管理和组织配送运输生产所发生的各项管理费用和业务费用。包括：配送运输管理部门管理人员的工资及福利费；配送运输部门为组织运输生产活动所发生的管理费用及业务费用，如取暖费、水电费、办公费、差旅费、保险费等；配送运输部门管理人员使用固定资产的折旧费、修理费用；直接用于生产活动，构成营运成本但不能直接计入成本项目的其他费用。

上述运输车辆费用和配送间接费用在配送运输成本构成中所占比例较大，应进行重点管理。

（二）分拣成本

分拣成本是指分拣机械及人工在完成货物分拣过程中所发生的各种费用，包括分拣的直接费用和间接费用两种。

1. 分拣直接费用

分拣直接费用包括：

(1) 工资：指按规定支付给分拣作业工人的标准工资、奖金、津贴等。

(2) 职工福利费：指按规定的工资总额和提取标准计提的职工福利费。

(3) 修理费：指分拣机械进行保养和修理所发生的费用。

(4) 折旧费：指分拣机械按规定计提的折旧费。

(5) 其他费用：指不属于以上各项的费用。

2. 分拣间接费用

分拣间接费用是指配送分拣管理部门为管理和组织分拣生产,需要由分拣成本负担的各项管理费用和业务费用。

(三) 配装成本

配装成本是指在完成配装货物过程中所发生的各种费用,包括直接费用和间接费用两种。

1. 配装直接费用

配装直接费用包括：

(1) 工资：指按规定支付的配装作业工人的标准工资、奖金、津贴。

(2) 职工福利费：指按规定的工资总额和提取标准计提的职工福利费。

(3) 材料费：指配装过程中消耗的各种材料,如包装纸、箱、塑料等费用。

(4) 辅助材料费：指配装过程中耗用的辅助材料,如标志、标签等费用。

(5) 其他费用：指不属于以上各项的费用,如配装工人的劳保用品费等。

2. 配装间接费用

配装间接费用是指配装管理部门为管理和组织配装生产所发生的各项费用,以及由装配成本负担的各项管理费用和业务费用。

(四) 流通加工成本

流通加工成本主要有以下几种。

1. 直接材料费用

流通加工的直接材料费用是指对流通加工产品加工过程中直接消耗的材料、辅助材料、包装材料以及燃料和动力等费用。与工业企业相比,在流通加工过程的直接材料费用占流通加工成本的比例不大。

2. 直接人工费用

流通加工成本中的直接人工费用是指直接进行加工生产的生产工人的工资总额和按工资水平总额提取的职工福利费,生产工人工资总额包括计时工资、计件工资、奖金、津贴和补贴、加班工资、非工作时间的工资等。

3. 制造费用

流通加工制造费用是物流中心设置的生产加工单位为组织和管理生产加工所发生的

各项间接费用，主要包括流通加工生产单位管理人员的工资及提取福利费，生产加工单位房屋、建筑物、机器设备等的折旧和修理费，生产单位固定资产租赁费、机物料消耗、低值易耗品摊销、取暖费、水电费、办公费、差旅费、保险费、检验费、季节性停工和机器设备修理期间的停工损失，以及其他制造费用。

广义的配送成本除了以上四个部分外，还包括储存保管费用、包装费用等。例如，某些规模较小的配送中心，其所有成本基本上都可以归集为配送成本。

（五）储存保管费用

储存保管费用是指物资在储存、保管过程中所发生的费用。因为储存活动是生产过程中在流通领域的继续，故储存保管费用的性质属于生产性流通费用。

1. 储存业务费用

储存业务费用是指货物在经济活动过程中所消耗的物化劳动和活劳动的货币表现。因为配送中心主要经营业务是组织物品的配送，其中必然要包括储存和保管，这是生产过程在流通领域内继续所消耗的劳动，由此所发生的储运业务费用是社会必要劳动的追加费用。

虽然这种劳动不会提高和增加物资的使用价值，但参加物资价值的创造，增加物资的价值。储运业务费用主要由仓储费、进出库费、代运费、机修费、验收费、代办费、装卸费、管理费等组成。

2. 仓储费

仓储费是指物资存储、保管业务发生的费用。主要包括：仓库管理人员的工资，物资在保管保养过程中的苫垫、防腐、堆垛等维护保养费，固定资产折旧费，以及低值易耗品的摊销、修理费、劳动保护费、动力照明费等。

3. 进出库费

进出库费是指物资进出库过程中所发生的费用。主要包括：进出库过程中装卸搬运和验收等所支出的工人工资、劳动保护费等，固定资产折旧费，以及大修理费、照明费、材料费、燃料费、管理费等。

4. 服务费用

配送中心在对外保管服务过程中所消耗的物化劳动和活劳动的货币表现。

（六）包装费用

包装起着保护产品、方便储运、促进销售的作用。它是生产过程中的一个重要组成部分，绝大多数商品只有经过包装才能进入流通领域。据统计，包装费用占全部流通费用的10%左右，有些商品（特别是生活消费品）的包装费用高达50%。而配送成本中的包装费用一般是指为了销售或配送的方便所进行的再包装的费用。

1. 包装材料费

常见的包装材料有木材、纸、金属、自然纤维和合成纤维、玻璃、塑料等。这些包装材料功能不同,成本相差也很大。物资包装花费在材料上的费用称为包装材料费用。

2. 包装机械费用

现代包装发展的重要标志之一是包装机械的广泛运用。包装机械不仅可以极大地提高包装的劳动生产率,还可大幅度地提高包装的水平。然而,包装机械的广泛使用也使得包装费用明显提高。

3. 包装技术费用

由于物资在物流过程中可能受到外界不良因素的影响,因此,物资包装时要采取一定的措施,如缓冲包装技术、防震包装技术、防潮包装技术、防锈包装技术等。这些技术的设计、实施所支出的费用合称为包装技术费用。

4. 包装辅助费用

除上述包装费用外,还有一些辅助性费用,如包装标记、标志的印刷,拴挂费用等的支出。

5. 包装人工费用

从事包装工作的工人以及相关人员的工资、奖金、补贴的费用总和即包装人工费用。

三、配送的成本控制

在进行配送成本费用核算时,要避免配送成本费用重复交叉,夸大或减小费用支出,因为会造成配送成本费用核算不真实,不利于配送成本费用的管理。不同企业的配送涉及的作业环节有所不同,下面以配送运输成本、分拣成本、配装成本和流通加工成本为重点,介绍配送成本的核算方法。

(一) 配送运输成本的核算

配送运输成本的核算,是指将配送车辆在配送生产过程中所发生的费用按照规定的配送对象和成本项目,计入配送对象的运输成本项目中的方法。

1. 配送运输成本的计算方法

配送运输成本是指配送运输车辆在生产过程中所发生的费用。其来源如下:

(1) 工资及职工福利费

根据“工资分配汇总表”和“职工福利费计算表”中各车型分配的金额计入成本。

（2）燃料

根据“燃料发出凭证汇总表”中各车型耗用的燃料金额计入成本。配送车辆在本企业以外的油库加油，其领发数量不作为企业购入和发出处理的，应在发生时按照配送车辆领用数量和金额计入成本。

（3）轮胎

轮胎外胎采用一次摊销法的，根据“轮胎发出凭证汇总表”中各车型领用的金额计入成本；采用按行驶里程提取法的，根据“轮胎摊取费计算表”中各车型应负担的摊提额计入成本。发生轮胎翻新费时，根据付款凭证直接计入各车型成本或通过待摊费用分期摊销。内胎、垫带根据“材料发出凭证汇总表”中各车型成本领用金额计入成本。

（4）修理费

辅助生产部门对配送车辆进行保养和修理的费用，根据“辅助营运费用分配表”中分配给各车型的金额计入成本。

（5）折旧

根据“固定资产折旧计算表”中按照车辆种类提取的折旧金额计入各分类成本。

（6）养路费及运输管理费

配送车辆应交纳的养路费及运输管理费，应在月终计算成本时，编制“配送营运车辆应交纳养路费及管理费计算表”，据此计入配送成本。

（7）车船使用税、行车事故损失和其他费用

如果是通过银行转账、应付票据、现金支付的，根据付款凭证等直接计入有关的车辆成本；如果是在企业仓库内领用的材料物资，根据“材料发出凭证汇总表”“低值易耗品发出的凭证汇总表”中各车型领用的金额计入成本。

（8）营运间接费用

根据“营运间接费用分配表”计入有关配送车辆成本。

2. 配送运输成本计算表

物流配送企业月末应编制配送运输成本计算表，以反映配送总成本和单位成本。配送运输总成本是指成本计算期内成本计算对象的成本总额，即各个成本项目金额之和。单位成本是指成本计算期内各成本计算对象完成单位周转量的成本额。按各成本计算对象计算的成本降低额，是指用该配送成本的上年度实际单位乘以本期实际周转量计算的总成本，减去本期实际总成本的差额。它是反映该配送运输成本由成本降低所产生的节约金额的一项指标。

按各成本计算对象计算的成本降低率，是指该配送运输成本的降低额，与上年度实际单位成本乘以本期实际周转量计算的总成本之比的百分比，它是反映该配送运输成本降低幅度的一项指标。

各成本计算对象的降低额和降低率的计算公式如下：

成本降低额＝上年度实际单位成本×本期实际周转量－本期实际总成本

成本降低率＝[成本降低额/(上年度实际单位成本×本期实际周转量)]×100%

配送运输成本计算表的格式如表 7-6 所示。

表 7-6 配送运输成本计算表

编制单位			年 月 单位：元			
项目	计算依据	配送车合计	配送营运车辆			
			车辆 A	车辆 B	……	车辆 N
1. 车辆费用						
工资						
职工福利						
燃料						
轮胎						
修理费						
折旧						
养路费						
车船使用税						
行车事故损失						
其他						
2. 营运间接费用						
3. 配送运输总成本						
4. 周转量/(kt・km)						
5. 单位成本/[元/(kt・km)]						
6. 成本降低率						

(二) 分拣成本的核算

1. 分拣成本的计算方法

配送环节分拣成本的计算方法，是指分拣过程所发生的费用按照规定的成本计算对象和成本项目计入分拣成本的方法。

(1) 工资及职工福利。根据“工资分配汇总表”和“职工福利费计算表”中分配的金额计入分拣成本。

(2) 修理费。辅助生产部门对分拣机械进行保养和修理的费用，根据“辅助生产费用分配表”中分配的分拣成本金额计入成本。

(3) 折旧。根据“固定资产折旧计算表”中按照分拣机械提取的折旧金额计入成本。

(4) 其他。根据“低值易耗品发出凭证汇总表”中分拣成本领用的金额计入成本。

（5）分拣间接费用。根据“配送管理费用分配表”计入分拣成本。

2. 分拣成本计算表

物流配送企业月末应编制配送分拣成本计算表，以反映配送分拣总成本。分拣总成本是指成本计算期内成本计算对象的成本总额，即各个成本项目金额之和。分拣成本的计算可按表 7-7 进行。

表 7-7 分拣成本计算表

编制单位			年 月 单位：元			
项目	计算依据	合计	分拣品种			
			货物 A	货物 B	……	货物 N
1. 分拣直接费用						
工资						
福利费						
修理费						
折旧						
其他						
2. 分拣间接费用						
分拣总成本						

（三）配装成本的核算

1. 配装成本的计算方法

配装成本的计算方法，是指配装过程中所发生的费用按照规定的成本计算对象和成本项目进行计算的方法。

（1）工资及福利费

根据“工资分配汇总表”和“职工福利费计算表”中分配的配装成本的金额计入成本。计入产品成本中的直接人工费用的数额，是根据当期“工资结算汇总表”和“职工福利费计算表”来确定的。

“工资结算汇总表”是进行工资结算和分配的原始依据。它是根据“工资结算单”按人员类别（工资用途）汇总编制的。“工资结算单”应当依据职工工作卡片、考勤记录、工作量记录等工资计算的原始记录编制。“职工福利费计算表”是依据“工资结算汇总表”确定的各类人员工资总额，按照规定的提取比例计算后编制的。

（2）材料费用

根据“材料发出凭证汇总表”“领料单”“领料登记表”等原始凭证中配装成本耗用的金额计入成本。在直接材料费用中，材料费用数额是根据全部领料凭证汇总编制“耗用材料汇总表”确定的；在归集直接材料费用时，凡能分清某一成本计算对象的费用应单独列出，以便直接计入该配装对象的产品成本计算单中；属于几个配装成本对象共同耗用的直接材料费用，应当选择适当的方法，分配计入各配装成本计算对象的成本计算单中。

(3) 辅助材料费用。根据“材料发出凭证表”“领料单”中的金额计入成本。

(4) 其他费用。根据“材料发出凭证汇总表”“低值易耗品发出凭证”中配装成本领用的金额计入成本。

(5) 配装间接费用。根据“配送间接费用分配表”计入配装成本。

2. 配装成本计算表

物流配送企业月末应编制配送环节配装成本计算表，以反映配装总成本。只有进行有效的配装，才能提高送货水平，降低送货成本。如表7-8所示为配装成本计算表。

表7-8 配装成本计算表

编制单位			年　月　单位：元			
项目	计算依据	合计	配装品种			
			货物 *A*	货物 *B*	……	货物 *N*
1. 配装直接费用						
工资						
职工福利费						
材料费						
辅助材料费						
其他						
2. 分拣间接费用						
配装总成本						

(四) 流通加工成本的核算

1. 流通加工成本项目的归集

(1) 直接材料费用的归集

在直接材料费用中，材料和燃料费用数额是根据全部领料凭证汇总编制“耗用材料汇总表”来确定的；外购动力费用根据有关凭证确定。在归集直接材料费用时，凡能分清某一成本计算对象的费用应单独列出，以便直接计入该加工对象的产品成本计算中；属于几个加工成本对象共同耗用的直接材料费用，应当选择适当的方法，分配计入各加工成本计算对象的成本计算单中。

(2) 直接人工费用的归集

计入产品成本中的直接人工费用的数额，是根据当期“工资结算汇总表”和“职工福利费计算表"来确定的。"工资结算汇总表"是进行工资结算和分配的原始依据。它根据"工资结算单"按人员类别(工资用途)汇总编制。"工资结算单"应当依据职工工资卡片、考勤记录、工作量记录等工资计算的原始记录编制。"职工福利费计算表"是依据"工资结算汇总表"确定的各类人员工资总额,按规定的提取比例计算后编制的。

(3) 制造费用的归集

制造费用是通过设置制造费用明细账,按照费用发生的地点来归集的。制造费用明细账按照加工生产单位开设,并按费用明细账项目设专栏组织核算。流通加工制造费用的格式可以参考工业企业的制作费用一般格式。由于流通加工环节的折旧费用、固定资产修理费用等占成本的比例比较大,其费用归集尤其重要。

2. 流通加工成本计算表

物流配送企业月末应编制流通加工成本计算表,以反映配送总成本和单位成本。配送环节的流通加工成本是指成本计算期内成本计算对象的成本总额,即各个成本项目金额之和。表 7-9 所示为流通加工成本计算表。

表 7-9 流通加工成本计算表

编制单位　　　　年　　月　　单位:元

项目	计算依据	合计	流通加工品种			
			货物 A	货物 B	货物 C	……
直接材料						
直接人工						
制造费用						
合计						

(五) 配送成本控制的内容

配送成本的控制应从以下四个方面进行。

1. 加强配送的计划性

在配送活动中,临时配送、紧急配送或无计划的随时配送都会大幅度增加配送成本。临时配送由于事先计划不善,未能考虑正确的装配方式和恰当的运输路线,到了临近配送截止日期时,不得不安排专车,单线进行配送,造成车辆不满载,里程多。

紧急配送往往只要求按时送货,来不及认真安排车辆配装及配送路线,从而造成载重和里程的浪费。而为了保持服务水平,又不能拒绝紧急配送。但是如果认真核查并有调剂准备的余地,紧急配送也可纳入计划。

随时配送对订货要求不做计划安排,有一笔送一次。这样虽然能保证服务质量,但是不能保证配装与路线的合理性,也会造成很大浪费。

为了加强配送的计划性,需要制定配送申报制度。所谓配送申报制度,就是零售商店订货申请制度。解决这个问题的基本原则是:在尽量减少零售店存货、尽量减少缺货损失的前提下,相对集中各零售店的订货。应针对商品的特性制定相应的配送申报制度。

2. 确定合理的配送路线

配送路线合理与否对配送速度、成本、效益影响很大,因此,采用科学方法确定合理的配送路线是配送的一项重要工作。确定配送路线可以采用各种数学方法和在数学方法基础上发展和演变出来的经验方法。无论采用何种方法都必须满足一定的约束条件。一般配送的约束条件有:

(1) 满足所有零售店对商品品种、规格、数量的要求;

(2) 满足零售店对货物到达时间范围的要求;

(3) 在交通管理部门允许通行的时间内进行配送;

(4) 各配送路线的商品量不超过车辆容积及载重量的限制;

(5) 要在配送中心现有的运力允许的范围之内配送。

3. 进行合理的车辆配载

各分店的销售情况不同,订货也就不大一致,一次配送的货物可能有多个品种。这些商品不仅包装形态、出运性质不一,而且密度差别较大。密度大的商品往往达到了车辆的载重量,但体积空余很大,密度小的商品虽然达到车辆的最大体积,但达不到载重量。实行轻重配装,既能使车辆满载,又能充分利用车辆的有效体积,会大大降低运输费用。

4. 量力而行建立计算机管理系统

在物流作业中,分拣、配货占全部劳动的60%,而且容易发生差错。如果在拣货配货中运用计算机管理系统,应用条形码,就可使拣货快速、准确,配货简单、高效,从而提高生产效率,节省劳动力,降低物流成本。

(六) 降低配送成本的五种策略

1. 混合策略

混合策略是指配送业务一部分由企业自身完成。这种策略的基本思想是:尽管采用纯策略(即配送活动要么全部由企业自身完成,要么完全外包给第三方物流完成)易形成一定的规模经济,并使管理简化,但由于产品品种多变、规格不一、销量不均等情况,采用纯策略的配送方式超出一定程度不仅不能取得规模效益,反而会造成规模不经济。而采用混合策略,合理安排企业自身完成的配送和外包给第三方物流完成的配送,能使配送成本最低。

2. 差异化策略

差异化策略的指导思想是：产品特征不同，顾客服务水平也不同。当企业拥有多种产品线时，不能对所有产品都按同一标准的顾客服务水平来配送，而应按产品的特点、销售水平设置不同的库存、不同的运输方式以及不同的储存地点，忽视产品的差异性会增加不必要的配送成本。

3. 合并策略

合并策略包含两个层次，一个是配送方法上的合并，另一个则是共同配送。

配送方法上的合并是指企业在安排车辆完成配送任务时，充分利用车辆的容积和载重量，做到满载满装，它是降低成本的重要途径。由于产品品种繁多，不仅包装形态、储运性能不一，在容重方面也往往相差甚远。一车上如果只装容重大的货物，往往是达到了载重量，但容积空余很多；只装容重小的货物则相反，看起来车装得满，实际上并未达到车辆载重量。

这两种情况实际上都造成了浪费。实行合理的轻重配装、容积大小不同的货物搭配装车，就可以不但在载重方面达到满载，而且也充分利用车辆的有效容积，取得最优效果。最好是借助电脑计算货物配车的最优解。

共同配送是一种产权层次上的共享，也称集中协作配送。它是几个企业联合集小量为大量共同利用同一配送设施的配送方式，其标准运作形式是：在中心机构的统一指挥和调度下，各配送主体以经营活动(或以资产为纽带)联合行动，在较大的地域内协调运作，共同对某一个或某几个客户提供系列化的配送服务。

这种配送有两种情况：

第一种是中小生产、零售企业之间分工合作实行共同配送。即同一行业或在同一地区的中小型生产、零售企业单独进行配送的运输量少、效率低的情况下进行联合配送，不仅可减少企业的配送费用，配送能力得到互补，而且有利于缓和城市交通拥挤，提高配送车辆的利用率。

第二种是几个中小型配送中心之间的联合。针对某一地区的用户，由于各配送中心所配物资数量少、车辆利用率低等，几个配送中心将用户所需物资集中起来共同配送。

4. 延迟策略

传统的配送计划安排中，大多数的库存是按照对未来市场需求的预测量设置的，这样就存在着预测风险，当预测量与实际需求量不符时，就会出现库存过多或过少的情况，从而增加配送成本。延迟策略的基本思想就是对产品的外观、形状及其生产、组装、配送尽可能推迟到接到顾客订单后再确定。一旦接到订单就要快速反应，因此采用延迟策略的一个基本前提是信息传递要非常快。

实施延迟策略常采用两种方式：生产延迟(或称形成延迟)和物流延迟(或称时间延

迟)。配送中往往存在着加工活动,所以实施配送延迟策略既可采用形成延迟方式,也可采用时间延迟方式。具体操作时,常常发生在诸如贴标签(形成延迟)、包装(形成延迟)、装配(形成延迟)和发送(时间延迟)等领域。

5. 标准化策略

标准化策略就是尽量减少因品种多变而导致附加配送成本,尽可能多地采用标准零部件、模块化产品。如服装制造商按统一规格生产服装,直到顾客购买时才按顾客的身材调整尺寸大小。

采用标准化策略要求厂家从产品设计开始就站在消费者的立场去考虑怎样节省配送成本,而不要等到产品定型生产出来了才考虑采用什么技巧降低配送成本。

四、配送绩效评估

对配送进行绩效评估是配送管理的重要组成部分,也是改进配送服务的必要手段,及时、准确的绩效评估对总结配送工作经验,继续发展起着非常重要的作用。

(一) 配送服务质量的评估及评分标准

1. 配送前的评估指标

(1) 组织结构的完整性,即是否有客户服务部;

(2) 可联系性,即客户是否能随时联系到配送部门。

2. 配送中的评估指标

配送中的评估指标如表 7-10 所示。

表 7-10 配送中的评估指标

序号	指标名称	指标定义	达标客户数	指标计算结果	指标加权值	备注
1	集货延误率	未按照合同约定时间到达指定集货地点				
2	配送延误率	未按照合同约定时间到达指定配送地点				
3	货物破损率	在集货、城间配送、市内配送及仓库管理中总的货物破损率				
4	在途货物破损率	在集货、城间配送、市内配送中总的破损率,以票数计				
5	货物差错率	在发货过程中,发错、少发及送错的货物占总货物的比率				

续表

序号	指标名称	指标定义	达标客户数	指标计算结果	指标加权值	备注
6	货物丢失率	在配送过程中货物丢失的比率				
7	签收率	城间配送、市内配送单据签收的比率				
8	签收单返回率	城间配送、市内配送签收单的返回比率				
9	信息准确率	各个部门为指标能够准确地反映客观事实，要求信息准确、完整的比率				
10	城间配送稳定性	根据延误率、货损率、货差率等指标汇总，考评某一条线路在一定时间内的稳定性				

3. 配送后的评估指标

配送后的评估指标如表 7-11 所示。

表 7-11　配送后的评估指标

序号	指标名称	指标定义	达标客户数	指标计算结果	指标加权值	备注
1	通知及时率	到货信息、货损信息、延误信息及时通知客户率				
2	投诉预警率	在物流各环节，发生问题前给客户满意答复比率				
3	客户满意度	客户及收货方对配送公司整体满意的比率				
4	索赔赔偿率	客户得到索赔的比率				

（二）配送质量的评估指标

对配送活动的绩效量化指标可以归纳如下。

1. 商品配送量

以实物件为计量单位：

$$商品配送量(吨)=[商品件数\times每件商品的毛量(千克)]\div 1000$$

以金额为计量单位：

商品配送量(吨)＝配送商品的总金额÷该类商品每吨的平均金额

2．运费损失

按照配送收入计算：

损失率＝经济损失之和÷配送业务收入

按照商品价值计算：

损失率＝经济损失之和÷发送抵达商品的总价值

3．配送费用水平

配送费用水平＝配送费用总额÷商品纯销售总额

4．配送费用效益

配送费用效益＝经营盈利额÷配送费用支出额

5．货损货差率

货损货差率＝货损货差票数÷办理商品发送抵达总票数

6．配送质量评估指标

准时配送率＝报告期内准时运送次数÷报告期内配送总次数

车船满载率＝车船实际装载率÷车船实际装载能力

（三）车辆绩效评估指标

1．车辆绩效评估项目的基本数据资料

基本数据资料有：

(1) 行车里程(实际行驶里程、空载行驶里程)；

(2) 行车时间(实际行驶时间、空载行驶时间)；

(3) 装载量(重量、体积)；

(4) 车辆配置(载重量、车辆数、出勤比例)；

(5) 耗油量；

(6) 工作天数；

(7) 肇事车辆数，货物故障件数；

(8) 营运状况(成本、利润)。

2．评估指标

车辆运行质量评估指标如表7-12所示。

表 7-12 车辆运行质量评估指标

序号	指标名称	指标定义	指标计算结果	备注
1	车辆周转率			
2	车辆实际行驶里程率			
3	车辆装载比率			
4	车辆耗油率			
5	月油效率			
6	轮胎耗用率			
7	人员贡献率			
8	平均车次收入			
9	车辆平均每公里收入			

五、配送成本决策

（一）成本决策的含义

成本决策是在物流成本预测的基础上，结合其他有关资料，运用一定的科学方法，从若干个方案中选择一个满意的方案的过程。

从配送整个流程来看，有配送中心新建、改建、扩建的决策；装卸搬运设备、设施购置的决策；流通加工合理下料的决策等。进行成本决策、确定目标成本是编制成本预算的前提，也是实现成本的事前控制，提高经济效益的重要途径。

管理的中心在于经营，经营的中心在于决策，决策是构成整个企业经营管理的核心，一个完整的决策一般包括：要先确定应达到的明确的目标；有若干个可供选择的方案，有关方案有可计量的预期值；属于不确定情况下的决策，各种自然状态出现的概率基本上可以预计。

（二）物流成本决策的分类

1. 按物流决策分析的时间长短进行的分类

按物流决策分析的时间长短进行分类，可以将决策分为短期经营决策和长期投资决策。

（1）短期经营决策

短期经营决策是指只涉及一年以内的一次性的，并仅对该时期内的经济资源进行合理利用，以期取得最佳经济效益而进行的决策。短期经营决策的支出属于“收益性支出”。

（2）长期投资决策

长期投资决策分析是指那些产生收益的周期超过一年，并对较长时期内的收支盈亏产生影响的问题所进行的决策。其特点是投资金额大,属于"资本性支出",并将对企业多个生产经营周期产生影响。

长期投资决策主要涉及改变或扩大企业的现有生产能力或服务能力而进行的决策,诸如企业厂房、设备的改建、扩建、更新,资源的开发利用,固定资产是举债购置还是租赁的决策等。这些涉及企业发展方向和规模的重大问题都属于长期投资决策。

2. 按决策所依据环境进行的分类

按决策所依据的环境、条件的状况分类,可分为确定型、风险型和非确定型决策。

(1) 确定型决策

确定型决策是指与决策相关的那些客观条件或自然状况是肯定的、明确的,并且可用具体的数字表示出来,决策者可直接根据完全确定的情况选择最有利的方案。

(2) 风险型决策

风险型决策是指与决策有关的因素的未来状况不能完全肯定,只能预计大概情况,无论选择哪一种方案都带有一定的风险。所以这类决策称为风险型决策。这类决策一般以概率表示其可能性的大小,尽可能做到近似地符合实际情况。

(3) 非确定型决策

非确定型决策分析是指在影响决策的因素不仅不能肯定,而且连出现各种结果的概率也无法确切知晓的情况下进行的预计分析。

(三) 物流成本决策的基本程序

1. 提出决策问题,确定决策的目标

决策目标是决策分析的出发点和归宿,决策是为了解决问题,确定决策目标就是要弄清这项决策究竟要解决什么问题。例如采购哪家的产品,选择什么样的运输方式,利用何种生产工具生产等。决策目标一般具有以下特点:①目标成果可以计量;②目标的实现在主客观上具有现实性和可能性。

2. 广泛收集信息

决策目标确定以后就要针对决策目标广泛收集尽可能多的、对决策目标有影响的各种定量与定性的信息。为了正确进行决策,所收集的信息必须符合决策所需的质量要求,必要时应对相关信息进行加工。

3. 提出各种备选方案

在获取了大量信息之后,针对预定的决策目标要求,提出若干可行性的备选方案。即每个备选方案都必须是在技术上合理、在经济上适宜,同时要充分考虑企业各种资源的合理配置。

4. 对各种备选方案作出初步评价

对各种备选方案作出初步评价主要是通过定量的方法进行的。首先把各备选方案的可计量资料归类、系统排列，然后选择适当的方法建立相应的数学模型对各方案的预期收益进行计算、比较和分析，最后作出初步判断和评价。

5. 确定最优方案

这是决策的关键环节，选优的标准是指在一定的条件下，经济效益最佳的方案。在定量分析的基础上，还需要考虑计划期间国际、国内政治经济形势以及市场变化等因素，还可以听取一些专家的意见，把定量分析与定性分析有机地结合起来，例如企业的资源条件、市场的需求、国家的有关方针政策等。最后筛选出最优方案。

6. 评估决策的执行情况和信息反馈

在方案实施过程中要建立信息反馈系统。决策者要根据反馈信息采取各种措施针对变化的情况及时对原有方案进行必要的修正，及时纠正偏差以确保决策目标的实现。

（四）物流成本决策中应注意的问题

1. 物流成本决策要有明确的目的

物流成本决策的难点源于目标不清，目标不清往往造成在方案选择上摇摆不定，一会儿认为这个方案好，一会儿又认为那个方案好。如果物流成本决策目标明确，按照目标的要求，哪个方案更好一些，物流成本决策者就会毫不犹豫地选择哪个方案。

2. 多方案抉择是科学物流成本决策的重要原则

物流成本决策要有若干个可行的备选方案，多方案选择是科学物流成本决策的一个重要原则。

3. 物流成本决策要进行方案的分析比较

物流成本决策时应进行方案的分析比较，对每个方案进行综合分析与评价，比较各方案的优劣，做到心中有数。

4. 物流成本决策结果是选择满意的方案

在完全掌握信息的基础之上，选择既经济又可行的方案。

5. 物流成本决策是一个分析判断过程

物流成本决策是一个理性的、主观分析判断的过程，也就是说，物流成本决策过程受到各种主观因素的影响。所以对于同一个问题，不同的人会有不同的物流成本决策结果，这是正常现象。管理者应能够在听取各方意见的基础之上，分析判断并做出正确的物流成本决策。

（五）配送成本决策

配送成本总额是由各个环节的总成本组成的，其计算公式为

配送成本＝配送运输成本＋分拣成本＋储存保管费用＋配装成本＋流通加工成本

1. 配送运输成本

配送运输成本是指配送车辆在完成配送货物过程中所发生的各种车辆费用和配送间接费用。具体内容见运输成本决策。

2. 分拣成本

分拣成本是指分拣机械及工人在完成货物分拣过程中所发生的各种费用。分拣机械费用主要有机械设备的折旧费及修理费，分拣人工费用是指从事分拣工作的人员以及有关人员的工资、奖金、补贴等费用。

3. 储存保管费用

储存保管费用主要包括仓储费、进出库费和其他费用。

4. 配装成本

配装成本是指在完成配装货物过程中所发生的各种费用，主要有配装员工的工资和福利费、配装所耗用的材料费和其他间接费用。

5. 流通加工成本

流通加工成本主要包括流通加工设备费用、流通加工材料费和流通加工人工费用。

物流配送成本决策通常使用的方法有差量成本法和成本无差别点法。

差量成本法是通过比较两个被选方案的成本之差，以成本低的方案为优的一种决策方法。成本无差别点法是在各个被选方案的收益值相等或无收益值时，且被选方案的业务量未知的情况下，根据两个被选方案成本相等时的业务量进行决策的一种方法。

课后复习题

一、单选题

1. 从事配送业务的物流场所或组织，应符合的基本要求不包括(　　)。

A. 主要为特定的用户服务　　B. 配送功能健全

C. 完善的信息网络　　D. 辐射范围大

2. 配送中心按经济功能分类可分为供应型配送中心、销售型配送中心、储存型配送中心和(　　)。

A. 加工型配送中心　　B. 以制造商为主体的配送中心

C. 以批发商为主体的配送中心　　D. 以物流企业为主体的配送中心

3. 库存是判断配送合理与否的重要标志,具体指标有两个,分别是(　　)。

A. 库存总量和资金总量　　B. 库存总量和库存周转率

C. 库存周转率和资金总量　　D. 资金总量和资金投向的改变

二、名词解释

1. 配送
2. 拣货作业
3. 配送成本

三、简答题

1. 简述配送的特点。
2. 简述配送中心的作用。
3. 简述订单别拣取的优缺点。

拓展阅读7.2　加快完善县乡村电子商务和快递物流配送体系

第八章

电子商务物流配送管理

知识目标

1. 了解电子商务对物流配送的影响，熟悉我国物流现状和主要问题；
2. 掌握电子商务物流的模式。

能力目标

1. 掌握电子商务物流模式的类别，能对自营物流企业进行简单评判选择；
2. 掌握电子商务的配送系统；
3. 掌握物流配送中心的选址。

案例引导

即时零售成大促“新势力”顺丰同城618配送总单量创新高

深圳新闻网2024年6月24日讯(记者 吴炳然)今年618各大电商平台纷纷宣布取消预售机制，“购物再简单、体验再升级”成为刚性需求。各大品牌和电商平台纷纷以加码即时零售赛道，推动即时零售与传统电商融合合作为布局今年618大促活动的重要战略。

因此，618期间的即配单量应势增长。据顺丰同城数据，今年618大促期间全场景配送总单量创新高，其中抖音生态单量同比增长数倍，商超便利类单量同比增长翻倍，美妆类单量同比增超90%，茶饮类单量同比增超80%。此外，顺丰同城补足传统物流高峰期效率短板的“最后一公里”业务单量创新高，其中外部合作单量同比增超120%。

一、即时零售成大促“新势力”，多品类场景单量增长显著

618大促虽起源于传统电商平台，但随着消费模式的不断迭代，即时零售成为今年618大促的“新势力”。即时零售需要高效高质的即配运力作支

撑，在大促期间尤其是。成熟的第三方即配平台是抢抓大促增量的“好帮手”。例如抖音、阿里便与第三方即配平台顺丰同城达成全生态合作，接入外卖、小时达等到家场景。618期间，顺丰同城抖音生态的即配单量同比增长数倍。

据悉，顺丰同城还与小米深入同城即配合作，支持小米商城App、小米Lite小程序等自有生态下的私域电商闭环。截至6月18日24时，2024年小米618大促全渠道累计支付金额突破263亿元人民币，刷新小米历年大促新纪录。

近几年，“即时消费即时满足”的消费理念不断“攻占”消费者的心智，商超便利、茶饮类等“需求急”“时效强”的商品也成为大促增量的主要流向。据顺丰同城统计，今年618的商超便利类单量同比增长翻倍，茶饮类单量同比增超80%。此外，6月节庆类商品的即时需求同样暴增。在端午假期期间，顺丰同城的鲜花配送单量同比增超130%，特殊节日与大促优惠的双重催化下，不少本地的鲜花商家也享受到了这波即时零售带来的“红利”。

值得注意的是，面对即时零售和传统电商这两条新、旧赛道，各大品牌和电商平台除了加码新赛道的布局外，也在着手推动即时零售与传统电商的融合。顺丰同城透露，作为传统电商平台明星类产品——美妆，今年618的平台单量同比增超90%。显然，传统电商品类布局即时零售的策略已见成效。

二、提速传统物流“最后一公里”，外部合作单量同比增超120%

在“取消预售”“现货开卖”这一新变革的催化下，今年618大促激增的订单给传统物流的末端配送带来更多压力和考验，即时配送也成为解决问题的“生力军”。据顺丰同城统计，在今年618大促期间，其“最后一公里”业务单量达到新高。除了加强与顺丰集团的末端协同作用，借助运力网络融通的方式，顺丰同城也为更多其他传统快递物流搭建起“高速路”，外部合作单量同比增超120%，让更多快件更快速、精准地到达消费者手中。

顺丰同城的弹性运力网络具备小时级、分钟级的服务能力，能在订单暴增的高峰期为快递企业和物流服务商的揽、派、转运等环节运力提供支撑，解决其在高峰期自有运力紧张与单量增长不匹配的问题。同时通过如抖音、阿里等平台仓配“接驳送”等方式实现半日达、小时达等物流提速，确保订单在高峰期也能稳定履约。

618年中大促已经落下帷幕，“新势力”的加入也为这场大促带来了新增量。不难预测，在下一场万众瞩目的年终大促中，即时零售市场将迎来更多的品牌和平台加入，期待他们继续通过“即时零售”“即时配送”，为消费者带来“更优更快”的购物体验。

资料来源：深圳新闻网. http://www.sznews.com/news/content/mb/2024-06/24/content_31037958.htm.

案例思考

1. 结合案例谈谈什么是即时零售。

2. 顺丰是如何提速传统物流“最后一公里”的？

第一节 电子商务物流配送概述

一、电子商务与现代物流

（一）现代物流的概念

物流是指物品从供应地向接收地的实体流动过程，具体表现为将运输、存储、装卸、搬运、包装、流通加工、配送、信息处理等基本功能有机结合。

配送指在经济合理区域范围内，根据客户要求，对物品进行拣选、加工、包装、分割、组配等作用，并按时送达指定地点的物流活动。物流与配送关系紧密，在具体活动中往往交织在一起，为此人们常常把物流配送连在一起表述。

在商品交换关系出现时，就有了商品的物理移动，传统意义上的物流在工业化时代的行业划分主要是商品的仓储和运输，而物流管理的概念是在20世纪50年代的美国，随着发达商品经济的出现而产生的，其发展历程和概念的形成经历了漫长的道路。

电子商务的出现使得物流这一概念得到强化并有了更丰富的内涵。到20世纪末期，计算机和网络被广泛用于商务活动，互联网传递数字化信息优势凸显的时候，物流才受到了空前未有的重视，物流被当作电子商务的关键要素和企业的经营策略以及降低商品成本的重要手段，被广泛称为“第三利润源泉”。

（二）现代物流的特征

电子商务下的现代物流和传统意义的物流相比，呈现出以下特征：

1. 信息化

物流信息化是电子商务的必然要求，是一切基于电子商务的物流配送活动的基础。物流信息化表现为物流信息的商品化、物流信息收集的数据库化和代码化、物流信息处理的电子化、物流信息传递的标准化和实时化、物流信息存储的数字化等。

在物流信息化过程中，将涉及许多信息技术的应用。没有物流的信息化，许多先进的技术设备都不可能应用于物流领域，尤其是计算机网络技术在物流配送中的应用将会变得极其重要，并且会彻底改变传统物流的面貌。实现物流配送信息化后，物流配送过程就像是一条流水线，把原来分散经营的各个物流配送环节系统化，将它们有效地整合、提升，使之成为具有增值功能的综合物流配送系统。

2. 自动化

自动化的核心是信息化基础上的机电一体化，自动化可以扩大物流作业能力、提高劳动生产率、减少物流作业的差错等。物流自动化的设施非常多，如自动识别系统、自动分拣系统、自动存取系统、货物自动跟踪系统等。

这些设施在发达国家已普遍用于物流作业流程中，而在我国由于物流业起步晚，发展水平低，自动化技术的应用还有一定的距离。

3. 网络化

市场经济的发展使专业分工越来越细，一个加工企业的部件大都是外购，生产企业与零售商所需的原材料、中间产品、最终产品大部分由不同的物流配送中心提供，社会化的配送可以进行集约化、合理化物流，从而大量节约流通费用。由于供求需要多批次、少批量的货物，且双方通常不处在同一地理区域之中，所以要想快速、低廉地将产品交付，物流的网络化必不可少。

这里指的网络化有两层含义：一是物流配送系统的计算机通信网络，包括物流配送中心与供应商或制造商的联系要通过计算机网络，与下游顾客之间的联系也要通过计算机网络通信；二是组织的网络化，按照客户订单组织生产，生产采取分散形式，即将全世界的资源都利用起来，采取外包的形式进行生产和供销的重新组合，实现网络化经营。

4. 智能化

这是物流自动化、信息化的一种高层次应用，物流作业过程大量的运筹和决策，如库存水平的确定、运输路径的选择、物流经营管理的决策支持等问题都需要借助于大量的知识才能解决。各种专家系统、机器人等相关技术已经有比较成熟的研究成果。为了提高物流现代化的水平，物流的智能化已成为电子商务下物流发展的一个新趋势。

5. 社会化

社会化程度的高低是现代物流配送和传统物流配送的一个重要区别。电子商务模式下，交易虽然少了中间环节从而降低了成本，但由于需求商往往需要多批次、少批量的货物，而消费者所购的只是单一的商品，为了有效提高物流效率，需要实现信息共享，充分利用社会资源，组建专业的物流企业。

建立这样的配送体系后，专业物流企业有专业物流管理人员和技术人员，充分利用专业化的物流设备、设施，发挥专业化物流运作的管理经验，可以将地理上分散的仓库通过网络连接起来，进行统一的管理和调配，其服务半径和货物集散空间放大了，以求取得整体最优的效果。

（三）电子商务与物流的关系

电子商务带来了对物流的巨大需求，推动了物流的进一步发展，而物流也在促进电子商务的发展，二者是互相依存、共同发展的。

电子商务与物流的关系表现在以下几个方面：

1. 物流是电子商务的基本要素

电子商务的任何一笔交易都包含着信息流、资金流、物流。其中信息流、资金流都可以完全通过信息网络完成,唯独物流是实物的传递,不能通过信息网络完成。

消费者通过信息检索找到了自己需要的商品,在购销合同签订后进行网络支付,这时已经实现了信息流、资金流,而商品实体并没有因此而移动,电子商务的活动并未结束,只有商品和服务真正转移到消费者手中,商务活动才宣告终结。

2. 物流是实现电子商务的保证

物流实际上是以交易的后续者和服务者的姿态出现的,如果消费者所购的商品没有物流体系来保证送达,电子商务快速、便捷的优势得不到发挥,落后的物流使计算机和网络节约的时间和劳动被抵消,那么消费者最终仍然会放弃这种方式,转向他们认为更为安全的传统购物方式。

由此可见,物流是电子商务中的一个关键环节,是商品和服务的最终体现,是实现电子商务的根本保证。

3. 物流是当前电子商务发展的制约因素

物流配送,表面上看起来传统而简单,实质上是电子商务活动过程中较难实施的一个环节。我国现代物流业起步晚、水平低,20 世纪末引进电子商务时,并不具备能够支持电子商务活动的现代化物流水平,不少企业曾因为没有配套物流系统的支持而倒闭,或因为不能有效降低物流成本而亏损,物流一度成了电子商务的"瓶颈"。

物流成本过高、物流配送效率低下、配送服务质量差,严重影响着电子商务的快速发展。

4. 物流是实现"以顾客为中心"理念的根本保证

"以顾客为中心"是电子商务的核心理念之一,而物流是实现这一理念的最终保证。这是因为,在整个电子商务的交易过程中,大部分环节在虚拟环境中进行,只有物流是直接服务于最终顾客的,人们最为关注的热点问题之一是送货时间与安全。因而,物流服务水平的高低决定了顾客的满意程度,同时也就决定了电子商务的形象和地位。

(四)电子商务对物流配送的影响

1. 电子商务改变了原来的物流配送观念

传统的物流配送企业往往要具有大面积的仓库。电子商务系统中的配送企业是将分散在各地的分属不同所有者的仓库通过网络系统连接起来,组成"虚拟仓库",并进行统一管理和调配使用。因此,电子商务系统中的配送企业的服务范围和货物集散空间都放大了,它在组织资源的规模、速度、效率和资源的合理配置方面都比传统的物流配送优越。

2. 电子商务强化了物流配送的地位

电子商务产生之前，物流活动集中在整个社会再生产的上游，物流的“最后一公里”基本上是消费者自己承担，配送不是交易的必要环节，地位并不高，发展也不快。

在电子商务时代，营销的命运与配送业务连在了一起，没有配送，电子商务就无法实现，发展电子商务可以更快、更有力地促进和推动物流业的发展和物流体系的完善。同时，电子商务使制造业与零售业实现“零库存”，实际上是把库存转移给了配送中心，因此配送中心成为整个社会的仓库。由此配送的作用和地位大大提高。从某种程度上说，电子商务时代的物流方式就是配送。

随着电子商务的进一步推广与应用，物流滞后对其发展的制约越来越明显，物流对电子商务活动的影响被越来越多的人注意。电子商务使物流受到重视的同时，也给物流提供了解决矛盾的手段。

3. 电子商务降低了物流成本

传统的物流配送靠原始的人工方式管理，周期长、流程烦琐，缺货和积压都会造成浪费。在网络支持下的物流技术可以使物流配送周期大大缩短，整个物流配送管理过程变得简单，更有效率，费用更低。任何一个有关配送的信息和资源都会通过网络管理在几秒钟内传到相关部门，环节的简化和时间的节约都在一定程度上降低了物流成本。

4. 电子商务促进了物流管理水平的提高

电子商务高效率和全球性的特点，要求物流也必须建立一个适应电子商务运作的高效率的物流系统，实现物流的“电子化”，才能满足电子商务的需要，发展电子商务将推动物流技术的应用。

只有提高物流的管理水平，建立科学、合理的管理制度，将科学的管理手段和方法应用于物流管理当中，才能确保物流的畅通进行，实现物流的合理化和高效化，促进电子商务的发展。

（五）电子商务物流现状和存在的主要问题

在经济发达国家，物流已有近 100 年的历史；我国国民经济的发展需要和电子商务的大力促进，也使物流得到前所未有的发展。2006 年，“大力发展物流业”首次被列入国家“十一五”规划中，使物流逐渐形成新兴的产业。

为了应对全世界金融危机，2009 年国务院出台的保持我国的经济增长，拉动国内消费的政策，把物流作为十大振兴行业之一。但是我国的物流起步较晚，特别是能够支持电子商务活动的现代化配送还存在诸多问题，主要表现在以下方面：

1. 物流资源配置不适应

最近几年在我国涌现出大量的物流公司，物流企业数量虽具有一定的规模，但是有不少是原来的储运公司摇身一变挂了物流的牌子,能适应现代电子商务的物流企业数量仍很少、规模也小;同时,电子商务配送数量也没有达到物流所需的规模化运作要求,分散的配送网络不利于物流企业集中配送,在少量的供给条件下,物流企业无法分摊较高的固定成本从而难以降低服务价格。

电子商务对物流的要求与物流企业所提供的供给间差距很大,一方面车辆空驶、仓库闲置,同时另一方面又有很多企业在寻找车辆和仓库。

2. 物流配送成本较高

由于物流配送没有规模,难以产生效益,因而物流配送中心也就没有能力来更新现有的配送设备。设备的落后加之非专业化的物流配送服务体系,也导致了物流配送的成本过高,配送的效率低下。

发达国家的物流成本约占商品总成本的 10%～12%;中等发达国家占总成本的 15%～16%;我国的物流成本则约占总成本的 20%以上。高昂的配送成本最终转嫁到消费者身上,使电子商务成了一种奢侈的消费方式而远离大众,方便、快捷优势丧失殆尽。

3. 服务水平存在差距

物流企业提供的配送不仅仅是送货,而是应最终协助电子商务公司完成售后服务,如跟踪产品订单,提供销售统计、报表等,提供更多增值服务内容,增加电子商务公司的核心服务价值。但多数企业的物流信息管理尚未实现自动化,信息资源的利用也未实现跨部门、跨行业整合,服务网络和信息系统不健全,电子商务企业与独立的配送公司信息平台脱节,出现配送延迟、差错率高等让商家与客户皆不满意的现象。

4. 物流配送的社会环境需要进行完善

在传统的条块分割的体制安排下,物流的许多活动被割裂至各个部门,如交通运输、邮电通信、对外贸易等,部门之间信息封闭,致使各运输方式之间的转运环节耗费大量时间和成本。

此外,海关管理程序、物资采购等方面的一些规定也影响了物流业综合服务水平的提高和业务领域的拓展,进而制约了物流业的发展,这与电子商务的要求也是背道而驰的。因此,物流发展要跨越部门和地区的限制,做到统一化、标准化,就需要建立一部完备的物流法规,才能适应社会化大生产、专业化流通的要求。

二、电子商务物流的模式

对于用什么样的模式和方法实现物流配送,不同行业和规模的电子商务有不同的要求。

(一) 物流模式的类别

主要的物流模式有以下几类：

1. 自营物流

自营物流是企业早期物流活动的重要特征。企业为了提高物流效率和服务水平,往往自己组建物流队伍,对物流进行管理,使物流成了营销环节的一部分。

自营物流有利于企业掌握对顾客的控制权,管理方便,但成本高。自营物流由企业直接支配物流资源,控制物流职能,做到供货准确和及时,保证顾客服务的质量,维护了企业和顾客间的长期关系。由于需要投入大量的资金购买物流设施、建设仓库和信息网络,因此对于货流量不大而又缺乏资金的企业,特别是中小企业来说是个沉重的负担。

2. 外包物流

与自营物流相对应的是将物流外包,它以签订合同的方式,在一定期限内将部分或全部物流活动委托给专业物流企业来完成。物流企业利用专业设施和物流运作的管理经验,汇集社会物流需求,为客户定制物流计划;这是促使物流社会化、合理化的有效途径。外包物流对物流规模不大、资金有限和配送分散的中小企业是主要的方式。

3. 物流联盟

物流联盟指货主企业选择少数关系稳定且有较多业务往来的公司形成合作关系,统一使用物流资源,达到规模效益。但是由于现在我国的企业之间存在低水平竞争,许多可以共享的资源被视为商业秘密,行业管理发挥的作用十分有限,缺乏有效的组织和信息沟通,所以目前发展缓慢。

(二) 物流模式的选择

企业在进行物流决策时,应当从电子商务下物流的特点及企业自身的实际情况出发,并结合物流业发展趋势来考虑。

不同企业到底选择何种物流模式,需综合以下几方面进行考虑：

1. 根据企业的业务规模和资金实力选择

资金充裕的大中型企业有能力建立自己的物流配送体系,“量体裁衣”制订合适的物流需求计划,保证物流服务的高质量。同时,过剩的物流网络资源还可外供给其他企业。小企业则受资金、人员及核心业务的限制,物流管理效率难以提高,更适宜把物流管理交由第三方专业物流代理公司。如麦当劳公司就拥有自己的货运公司,每天把汉堡包等保鲜食品运往中国各地,以保证供货的及时、准确。

2. 根据企业的物流管理能力及现有的物流网络资源选择

当企业物流管理能力强、网络资源丰富时,可自营物流。如我国的 85818 网站就依托原正广和饮用水公司完善的送水网络(三个配送中心、100 个配送站、200 辆小货车、1000 辆“黄鱼车”、1000 名配送人员),开发建设了自己的物流配送体系。

联合利华上海有限公司则选择了与上海友谊集团储运公司合作,利用友谊集团储运公司经验丰富的储运企业和就近的库房,形成物流伙伴。

3. 通过确定企业自身的核心业务来选择

如果企业的核心业务不包括物流,就应将物流管理外包给从事该业务的专业公司去做,这样从原材料供应到生产,再到产品的销售等都是由专业物流企业来完成的。如电脑行业的 Compaq 和戴尔公司分别将非核心业务的物流外包给英国第三方物流服务商 Exel 物流集团和美国联邦快递 FedEx,而自己专注于计算机研发的核心业务。

总之,如何迅速而准确地实现物流配送,是企业在经营方面必须面对的重要课题。目的在于充分发挥企业人、财、物及时间等方面资源优势,加强核心业务的形成,降低物流成本,提高物流服务效果。

(三) 第三方物流与电子商务的组合

1. 第三方物流的崛起

(1) 第三方物流是现代服务行业

第三方物流是物流专业化的形式,它的特点是有专业的物流设施和丰富的客户需求,能使用先进的技术降低物流成本,提高物流质量。随着市场竞争的不断深化和升级,当代企业建立竞争优势的关键已由节约原材料的第一级别和提高劳动生产率的第二级别,转向建立高效的外包物流系统的第三级别。

我国第三方物流市场在增长中细分,第三方物流企业在竞争中整合,第三方物流政策环境进一步改善,中国第三方物流将在新的起点上快速发展。

(2) 第三方物流与电子商务货主是伙伴关系

第三方物流企业的经营效益直接同货主企业物流效率、物流服务水平以及物流系统效果紧密联系、利益一体化,与对象企业的关系不是竞争对手而是战略伙伴,往往能通过物流服务使产品创造新价值,不是一方多赢利,另一方就少赢利的传统交易方式,而是为客户节约的物流成本越多,所获得的利润率就越高。

(3) 第三方物流使用电子商务技术提高经营水平

第三方物流将有限的资源集中于某些业务,使规模经济得以实现。规模经济同时催生信息化要求,应用第三方物流管理软件,运用信息化技术提高运输质量和运输效率,提高客户服务能力,从而提高核心竞争力,是很多第三方物流企业应对市场竞争的必然选择。

(4) 第三方物流面临国际企业竞争

中国第三方物流市场和西方国家第三方物流的发展状况相差很大。近些年开始活跃于中国的UPS、DHL等世界物流巨头，和占中国第三方物流企业绝大多数的中小型企业，一直沿着不同的路线发展各自的业务。然而，依据中国加入WTO的承诺，金融业、商业批发与零售业、物流业等领域在2005年12月11日面向外资开放，国内物流市场的局面业已悄然变化。

一方面，我国成为世界制造基地，原材料采购、成品销售、进出口贸易快速增长，大大促进第三方物流需求量的增长；另一方面，进入我国的国外物流企业依仗其强大的物流网络、丰富的运输经验、先进的技术水平，分去了部分物流服务需求量，本土第三方物流企业也开始感觉到来自跨国物流商的强势竞争压力。但总的来看，跨国生产、零售企业带来的需求量的增加会大大多于国际物流公司在我国的服务供应量，而这部分需求空间便会由我国的第三方物流企业来满足。

2. B2B电子商务与第三方物流

企业间的B2B电子商务主要有两种情况：一是原材料、半成品或零部件的采购或供应；二是成品的批发销售。

目前的交易采用第三方物流比例不高，一半以上的生产企业的原材料主要采用供方物流，原因在于：

一是目前的第三方物流企业供应链整合能力较差，不能为企业提供一揽子物流解决方案，企业难以通过实施第三方物流达到降低成本、加快资金周转、提高竞争力的目的；

二是物流在B2B企业战略中处于比较重要的地位，它们认为不能依赖第三方物流，必须掌握在供应链中的主导权，与原材料供应商结成战略合作伙伴关系。往往不愿意依赖第三方物流，故而普遍采用供方物流和自营物流。

3. B2C电子商务与第三方物流

B2C企业的经营主要分两种情况：一种是交易的对象中有大量音像、在线图书、软件、在线游戏等虚拟化产品或服务，可以在线交货，避开物流配送；另一种是交易的对象主要是有形产品，必须借助物流配送。

在B2C企业中，规模较大的公司如亚马逊公司建有自己的物流系统，可以将一部分货物配送由自己的物流系统来处理，由于面对全球市场，不能处理所有物流业务，因此将部分海外物流业务外包给第三方；规模较小的B2C企业无力组建自己的物流系统，较小规模的业务量也不足以支撑一个自营物流体系，这些企业多采用第三方物流。

4. C2C电子商务与第三方物流

我国的C2C电子商务发展势头迅猛，2004的C2C交易额为41.6亿元，而2005年就猛增到139.24亿元，而2006年达到230亿元。2008年，淘宝宣布全年销售额为999.6亿元，与2007年的433亿元比较，同比增长了131%。到2009年，淘宝网一天的交易额就达到4亿元。C2C交易多为小件商品，且交易的批量小，物流费用所占比例较高。

目前的C2C电子商务多数使用公用的交易平台，个人在网站上发布商品信息，买方在网页上浏览并选择商品后下订单成交。C2C交易平台上客户一般无力承担也没有必要建立自营物流体系，基本上靠第三方物流来完成，选择的承包商一半以上是邮政快递。

（四）物流外包业务流程

1. 拟定外包战略

企业物流外包所推崇的理念是：如果我们在产业价值链的某一环节上不是世界上最好的，如果这又不是我们的核心竞争优势，如果这种活动不至于把我们同客户分开，那我们应当把它外包给世界上最好的专业企业去做。即：首先确定企业的核心竞争优势，并把企业内部的技能和资源集中在那些具有核心竞争优势的活动上，然后将剩余的其他企业活动外包给最好的专业企业。

在选择外包前要准确地列出将要外包的项目，公司可能需要供应商提供的服务包括仓储、运输、库存管理，提高附加值的功能(包装、贴标签、组装等)，信息支持(产品跟踪、电子支付、结算等)，然后，详细定出这些作业的参数。这些都是选择供应商时需要的参考标准。如果服务需求没有量化或不明确，会导致供需双方理解出现偏差。

2. 认真选择外包商

应该针对自己的目标需求，对外包进行审慎的选择。一般从以下三个方面进行考虑。

(1) 外包成本。因为选择外包主要是为了节约成本，所以外包时要注意是不是划得来，成本是不是足够低。

(2) 外包方的速度。这是非常关键的一点，特别是对于快递物流。

(3) 外包方的服务质量。一方面是外包方要求的质量，另一方面是外包方的顾客所需要的服务质量。

成本、速度、质量哪个应该排在第一位，哪个应该排在第二位，不同的企业要求不同。统计数据表明，日本80%的企业物流外包，美国、欧洲只有30%～50%外包，日本外包是比较彻底的。日资企业对成本不是特别看中，它们看中的是质量和速度；中国的企业，特别是中小企业，往往比较注重成本，而忽视质量和速度。所以对不同企业来说切入点都不一样。

在选定合适的物流外包商以后，我们还需在以后的工作中定期对外包商进行考核，以使物流外包商更好地提供服务，满足要求。考核指标主要有交货准时率、包装破损率、货物遗失率、信息反馈率、价格比等。

3. 制定良好的规范与流程

签订有效的合同，详细列出责任、期望与解决问题的方法，制订具体的、具有可操作性的工作范围。工作范围即物流服务要求明细，它对服务的环节、作业方式、作业时间、服务费用等细节做出明确的规定，给物流公司一个作业说明书，并包含全部规范、流程与其他外包合同有效执行的必要信息。经常注意可能发生的冲突点，规划出当冲突发生时双方如何处理的方案，发现并避免潜在的冲突。

4. 建立共赢关系

企业与选择的物流伙伴是处于同一个供应链的战友，外包关系一旦确立，就意味着双方利益是捆绑在一起的，物流公司必须被看作企业的延伸，应协助第三方物流服务供应商认识企业，彼此要进行有效的双向沟通。同时也要建立考核评测指标和激励机制，通过良好的合作伙伴关系使双方受益，实现共赢。

拓展阅读 8.1　第四方物流

第二节　电子商务物流配送系统

一、电子商务配送的特点

配送是电子商务的最后一个环节，是完成资源配置和满足消费需求的物流方式。配送由于能实现定时、定量、准时性、计划性、即时性，低费用甚至可以实现零库存，以致可以完全取代客户原有的供应系统，用更高的供应质量和更低的供应成本对客户实现供应，达到企业销售和客户供应的一体化。

电子商务配送的特点如下：

(1) 配送是严格按照用户所要求的货物名称、品种、规格、数量、质量、时间、地点等进行的，具有一定的计划性和相对稳定性。

(2) 货物的配备是在物流节点上进行的，包括配送中心、中转仓库、生产企业仓库、车站、港口等。

货物配送中的送货是以最合理的方式进行的，是通过科学计算制定的；货物配送中的送货是送到用户认为最合理的地点，不一定是用户所在地。电子商务模式下的配送顾客分布区域分散且不确定，所购商品的品种多，购买量小，对配送时间、配送地点要求严格。它比传统经济模式下的物流配送更加复杂，要求更严格，这就增大了物流配送的难度，也增加了物流配送的成本。因此，电子商务的配送要以最低的价格、在准确的时间、把准确数据的商品送到客户手里。

二、物流配送信息系统的作用

物流配送信息系统的作用主要有如下几点:

1. 进行业务管理

主要用于物流配送中心的入库、验收、分拣、堆码、组配、发货、出库、输入进(发)货数量、打印货物单据,便于仓库保管人员正确进行货物的确认。

2. 进行统计查询

主要用于物流配送中心的入库、出库、残损及库存信息的统计查询,可按相应的货物编号、分类,便于供应商、客户和仓库保管人员进行统计查询。

3. 进行库存盘点

主要用于物流配送中心的货物盘点清单制作、盘点清单打印、盘点数据输入、盘点货物确认、盘点结束确认、盘点利润统计、盘点货物查询、浏览统计、盘亏盘盈统计,便于实行经济核算。

4. 进行库存分析

主要用于物流配送中心的库存货物结构变动的分析,各种货物库存量、品种结构的分析,便于分析库存货物是否有积压和短缺问题。

5. 进行库存管理

主要用于物流配送中心的库存货物的管理。

用于对库存货物的上下限报警:对库存货物数量高于合理库存上限或低于合理库存下限的货物信息提示。

用于库存呆滞货物报警:对有入库但没有出库的货物进行信息提示。

用于货物缺货报警:对在出库时库存货物为零但又未及时订货的货物进行信息提示,便于对在库货物进行动态管理,以保持相应合理的库存货物。

6. 进行库存货物保质期报警

主要用于物流配送中心的库存货物的质量管理。

对超过保质期的货物进行报警:对当天到期的货物进行信息提示,对超过保质期的货物进行报警,以及时进行处理。

对货物保质期查询:对库存货物的保质期进行查询,便于仓库对在库货物进行质量管理,及时处理超过保质期的货物,提高货物库存质量。

7. 进行货位调整

主要用于物流配送中心对库存货物的货位进行调整,进行货位调整查询,以便仓库管理人员掌握各种货物的存放情况,便于仓库及时、准确地查找在库货物。

8. 进行账目管理

主要用于物流配送中心核算某一时间段的每种货物明细账，每类货物的分类账和全部在库货物的总账，便于仓库实行经济核算。

9. 进行条码打印

主要用于物流配送中心的货物自编条码打印、货物原有条码打印等，便于仓库实行条码管理，自动生成打印各种货物的条码。

10. 统计物流信息

配送中心除具有进销、流通加工、储存保管等功能外，还能为配送中心提供各种信息，为配送中心经营管理政策制定、商品路线开发、商品销售促销政策的制定提供参考。

三、城市配送中心的选址

配送中心合理选址的目的是提高电子商务企业物流的服务质量，最大限度地增加物流系统的经济效益和社会效益。

（一）配送中心选址的宏观影响因素

1. 政策因素

配送中心的建设首先需要使用土地。而城市土地的使用都有其用地规划，因此物流配送中心地址必须在土地使用规划允许的地方选择，同时，还要符合国家、城市的相关政策如环境保护、车辆流控制等，即应尽量选在远离城市中心区的地方。

2. 自然环境因素

配送中心是货物集散、储存、包装、分拣地，储存的货物较多、时间较长。选址时应考虑配送中心的气候、水文、地质、地形、地貌等自然条件，以免因为自然因素的限制而影响物流配送中心的正常运行。

3. 交通因素

物流配送中心的主要功能是储存货物与货物配送，使用交通工具的频率很高，发达的水路、公路、铁路及航空等交通设施有利于货物的配送。

4. 土地价格

不同地段土地价格差异很大，在符合城市土地用地规划许可、满足企业自身发展的前提下，尽量选择土地价格相对较便宜的地方。

5. 经营环境因素

由于物流配送需要相关行业的支持，物流配送中心选址时必须考虑周边经营环境较好，物流设施、工具较齐全，劳动力充足的地方。

（二）配送中心选址的微观影响因素

1. 库存费用

货物储存在配送中心需要占用资金，保管会产生费用，因此库存费用不容忽视。

2. 配送中心运营费用

物流配送中心在日常的运营过程中需耗用水、电、人力等，因此需要日常运营费用。

3. 运输费用

货物从物流配送中心到达用户需求点，运输过程需要费用，如果配送中心与需求点之间达到最优，则能够降低运输费用，进而降低整个物流成本。

第三节　电商企业物流配送订单履行

电子商务按照业务模式的不同主要分为 B2B、C2C 和 B2C 三个类型。其中，B2B 是企业间的交易，配送系统与企业物流配送系统相融合。C2C 为个体间的交易，订单过于分散，订单履行表现出多对多的特征，并不需要构建大型配送中心。而 B2C 则是传统企业切入电子商务最直接的方式，体现出订单数大，特别是一对多的业务特征，因此，建设大型配送中心、提高订单履行能力成为当务之急。

一、B2C 配送中心的基本作业流程

B2C 电子商务的订单履行系统可以分为订单生成、订单处理、订单分拣、订单配送等几个主要环节，其核心仍然是物流。配送中心的流程设计与订单履行系统密切相关。

1. 收货

货物到达配送中心后，应完成检验、核对、清点、入库等操作。B2C 网购业务的特点是存在大量操作。除少数品种外，一般的货物其采购量是不大的。如当当网的图书，有的品种仅采购数册，但每天到货的品种比较多。因此在收货环节，应特别注意多品种的快速收货问题。

2. 储存

根据 B2C 网购的特点，储存采用平置和搁板货架的居多，也有采用托盘货架的，但采用 AS/RS 的就比较少。此外，综合性 B2C 企业，如京东，其业务覆盖 3C、图书、日用品等多个领域，应考虑产品的分类储存问题。

3. 拣选

订单从门户网站接收后，发到配送中心进行处理。货品拣选有两种典型的作业方式：

按时间顺序拣选和按路线拣选。目前许多配送中心采用第一种方式，其一般流程是：按顺序打印拣选单，管理人员将拣选单按一定数量分发给拣选人员，拣选人员再按单拣选。

这种方式的最大问题是不能优化拣选路线，因此作业效率比较低。按路线拣选的方法采用波次技术，每天排定拣选路线时刻表，每个时段仅处理一个或几个路线，并在一个波次下按照区域组单，然后进行拣选。显然，按路线拣选的效率有比较大的提高。

4. 配送

配送就是按照订单要求完成货物从配送中心到客户端的过程，一般要求按照区域和路线进行。目前采用的方法主要有自行配送和三方配送两种。前者如京东、凡客，后者如当当、卓越。从长远的发展看，采用三方配送将是主流，但需要完善行业管理规范。

5. 退货

B2C 的销售退货一般占比都比较小，大致在 1%～3%。也有个别企业退货比较多，如凡客。对于退货，首先要考虑业务层面的处理。在物流层面，还存在退货上架的问题。采购退货主要是完成从配送中心到供应商的退货，其操作比较简单。

B2C 电子商务几乎囊括了所有行业，但就目前而言，主要集中在 3C 电子、日用百货、图书、服装等领域，其中尤以 3C 电子、图书、服装发展得最为成熟。

B2C 电子商务订单的主要特点是订单数量大，但每个订单的订货量少、配送量小。在过去的一段时间里，一些国内大型的 B2C 公司，每年处理的订单数量增幅均超过 100%，有的甚至达到 350%。这种快速增长的业务形态，给准确预测企业未来的发展规模带来困难，也给配送中心的建设带来困难。对于大多数综合性的 B2C 电子商务企业来说，订单处理的主要难点在于数量大、分布广、品种多、配送时间短、随机性强等。

数量众多的订单，给订单履行带来很大困难。大型的 B2C 公司每天处理订单的员工达到数千人，效率低下、差错率高、满足率低、成本高成为目前国内 B2C 订单履行的主要难题。

B2C 物流系统的 SKU 数也是难点问题。一般的 B2B 配送中心，如典型的医药配送中心，SKU 在 1 万个左右，B2C 配送中心 SKU 数与此差异很大。图书一般要求在 50 万个以上，即使是日用百货也要求达到 10 万以上，有的甚至要求达到 20 万以上。这给配送中心的设计和运营带来巨大挑战。

B2C 业务一般要求有较短的响应时间，以满足市场竞争的需求。这种响应时间的紧迫性给订单履行带来很大困难。一个综合性的 B2C 企业，其业务基本包括本地和外地两个区域。本地配送主要指城市配送，范围不超过 100 公里，配送时间一般要求在 24 小时内。外地则存在长途运输问题，以目前快递的速度，配送时间应在 1～3 天不等。

客户的响应时间是市场竞争决定的。目前有些企业将"越快越好"作为企业赢得竞争的基础，过度压缩订单履行的时间，这是可以商榷的。比较科学的观点是，客户的响应时间应该符合成本优势和竞争优势,而不是越快越好。为了解决响应时间问题,很多 B2C 企业建立本地化的 RDC 以适应配送时间的要求,其效果是明显的。

订单的随机性包括几个方面,其中按地域分布的随机性和按时间分布的随机性是关键的两个方面。前者主要体现在各个地区的消费习惯不同,而后者主要与节日促销、客户下单习惯不同有很大关系。如发生在某年 11 月 11 日的节日促销,导致淘宝网短时间的大量订单堵塞,就是一个典型案例。这种由随机性产生的订单分布的不均匀性给系统设计和订单履行带来极大的挑战。要解决这个问题,可能选择延长配送时间比较经济。

B2C 订单履行主要是一个物流问题,其经济技术指标与现代物流的经济技术指标是一致的,即经济性和效率。事实上,经济性和效率也是评价一个配送中心先进性的重要指标。配送的成本优势就是在满足客户需求的前提下,使上述三个过程的费用总和尽可能低。

二、B2C 电子商务企业的订单履行

B2C 电子商务企业的订单履行主要分为三个过程:订单接收及处理、订单拣选、订单配送。订单履行管理系统就是对上述过程实施计算机管理的系统。

1. 订单接收及处理

订单接收过程一般通过电子商务网站完成。典型的如京东商城 B2C 网站。接收后的订单应经过系统审核,然后形成正式订单。企业 ERP 系统应对所有订单进行管理,包括接收时间、订单明细、处理情况、执行过程等。

通过审核的订单将进入配送中心进行预处理,包括将订单分类(按照区域、路线、品类等),组建波次。订单的预处理尤其是波次处理是订单履行的一个关键环节,是订单调度及拣选优化的基础。目前很多配送中心 WMS 系统缺乏这一功能,导致订单拣选效率低下。

2. 订单拣选

在配送中心内部,订单拣选是在 WMS 系统下进行的。通过预处理的订单,在 WMS 系统中完成拣选任务生成、拆零并包运算、订单合并运算等一系列复杂的工作,并将拣选任务以“打包”的形式发送到拣选工具上,如 RF 终端、DPS 系统(电子标签数字拣选系统)等,再排队进入拣选程序。

拣选过程比较简单,一般通过 RF 完成,可以配合输送系统和 AS/RS 系统进行。操作人员只要按照系统的要求和提示完成相应操作即可。

拣选完成后,需要经过拆单(按照并单操作要求进行)、并包(按照订单要求进行)、复核、打印、包装、分拣、集货等一系列过程,最终完成拣选的库内作业,等待发运。

3. 订单配送

运输与配送过程管理是订单履行管理的重要环节。完成拣选的订单将按照区域进行配送。当委托第三方配送时，拣选完成的订单还需要进入三方物流公司的仓库等待拼车配送。但很多大型B2C企业一般采用直接配送的方式，这样会赢得宝贵的时间，成本也会进一步降低。

订单履行管理还要求将订单的实时状态在网上发布，让客户能实时了解订单的执行情况。随着网络的发展，这一服务已经成为现实。可以说，订单履行管理系统的职能覆盖了订单履行的全部过程，并分别在不同的系统中完成。其中主要包括平台网站、ERP、WMS、TMS等系统。各系统间通过接口连接，构成整个信息管理系统。

三、提高“双11”电商物流配送效率

一年一度的“双11”不仅是电商和消费者的盛宴，更给快递行业带来了无限的机遇。然而，伴随着中国网络购物市场交易规模不断扩大，同时也暴露出诸多问题，其中就包括物流快递。

（一）发展现状

整体来说，当前客户反映较多的问题主要体现在以下几个方面。

1. 快递爆仓事件频发

“快递爆仓”是近年来出现的一个典型的难题，特别是在“双11”巨大交易额背景下。2015年，为应对“双11”，中国邮政、“四通一达”、顺丰等多家物流公司提前做好准备，投入了将近170万配送人员、200架飞机、23万辆运输车辆，但最终结果显示，爆仓事件依然不断发生。

2016年，浙江省杭州市多家快递分拣中心爆仓为患，工作人员抱怨流水线速度过快而难以同步，更有分拣中心的设备因工作量巨大而停止工作。

2. 配送速度过慢

一方面，由于缺少自动化设备，从电商接到订单之后，几乎所有的物流环节都是由人工操作完成的，而大量的人工操作就会降低整个配送效率；另一方面，“双11”期间的订单数量几乎是日常工作的上百倍，急剧增加的货物量，即使是在各大快递公司提前准备的情况下，也是难以快速完成工作的。这使得快递在各个环节都有停滞现象，最终导致了整个“双11”期间快递配送速度大大降低。

3. 服务水平低下

在快递配送服务方面，由于“双11”期间货物量的急剧增加，导致各方面都处于混乱状态。客户的商品得不到及时跟踪，送货上门服务无法保证，服务热线无法接通，更有投

诉过后依然无法解决、存在货品丢失等问题，最终导致了“双11”期间的快递服务得不到顾客的认可。

（二）电商物流发展瓶颈

电商的迅速发展催生了各种购物节，也赋予了基于电商零售的物流创新和变革的契机。但是，目前的快递配送技术与快递配送条件已经无法满足电子商务高速发展的需求，甚至制约着电子商务的发展。

1. 现代化程度低

当前，我国现代化设施设备的水平与发达国家相距甚远，在快递配送方面，主要表现为基础设施落后、技术装备陈旧、物流现代化程度低。这些瓶颈也是快递配送效率一直处于较低水平的主要原因，并且严重制约着商流、物流、信息流的协调发展。

2. 专业人才匮乏

在我国，物流作为一种新兴产业，相关的专业人才极其匮乏。尤其在教育方面，我国对物流相关专业的人才培养较少，在高校当中开设物流相关专业的更是寥寥无几。专业人才的匮乏，导致电子商务下的物流发展缓慢，最终导致“双11”快递配送效率低下等问题。

3. 资源分布不均匀

在快递的整个配送过程中，存在一个配送流通网络，在省市中建立大型的中转中心，在下属的每个城市中建立集散中心，集散中心后是末端配送点，最终将快递送到顾客手中。然而，配送流通网络中存在着很多的点，这些大型的中转中心、集散中心在东部沿海地区分布较为广泛，在中西部地区较为缺少，资源的分布极其不均匀，由于日常的业务量较少，体现不出问题。在“双11”巨大的交易量下，这些问题便很快暴露出来，仓库爆仓事件以及客户投诉等问题大多数出现在中西部地区。

4. 缺少硬件设施

“双11”的货物量可以说是日常配送活动中的百倍，其他时间的货量远远达不到这样的水平，“双11”是全国电商的促销活动，一年仅一次。快递公司的设施设备数量以及人员、场地，这些仅按照日常业务标准量来安排，面对“双11”的巨大交易量，物流公司可以临时聘用工作人员，而设施设备与场地不可能因为短暂的几天而大量购入，快递公司在场地、设施以及车辆方面很难做到弹性应对。而这些硬件设施与“双11”实际业务量需求的标准相距甚远，硬件设施不够也导致“双11”配送效率的大大降低。

（三）解决对策

为了提高配送效率，强化物流环节将成为当下电商平台竞争的一个新决战地。

1. 加强基础设施建设

快递公司要加大对自身网点、分拣装卸设备、配送车辆的投入。在面临“双 11”巨大的交易量前，做好人员储备工作，大量招聘临时工，防止出现分拣员与配送员不足的现象；对末端配送车辆进行合理的优化配置。运用大数据与云计算技术，对“双 11”交易量进行预测估计，提前做好各项准备。

根据 GPS 系统以及优化技术，对于货物配送车辆进行路线规划设计，选择最优路线，减少车辆的时间浪费，增加车辆配送速度。引入先进自动分拣系统。目前我国大部分物流分拣中心采用效率低下、错误率高的人工分拣，引入自动分拣技术，在“双 11”巨大交易量的情况下，进行快速、高效的分拣，可以减少分拣时间，降低错误率，从而减少快递积压的发生；增加货物的流转速度，从而提升“双 11”快递配送效率。

2. 培养专业技能人才

面对“双 11”快速增长的货物量，所有快递公司采取的方案为及时大量增加人手以及车辆、场地，而这些无法从根本上应对日益增加的快递量。快递公司应根据自己内部以及市场的需要，培养专业人才，规划储备人员，进行相应的培训，来提高人员的技能与知识水平。

3. 提高物流现代化水平

通过现代信息技术的应用，提高快递分拣、装卸、搬运等环节的速度，进而可以提高整个配送环节的效率。比如，京东的快递无人配送车可以智能识别道路状况，躲避行人与车辆，识别红绿灯，对商务办公楼、居民便利店进行末端配送；菜鸟的智能机器人每次可以配送 10～20 个包裹，客户通过手机 PC 端向机器人发送请求，机器人便会进行道路优化，将货物快速送到客户手中。这些都表明快递配送需要对信息技术、现代技术进行广泛应用。

因此，优先发展与普及现代物流信息技术，实现物流网络化，是提高“双 11”快递配送效率的基本途径与重要手段。

4. PC 端预约末端配送时间

由于在“双 11”末端配送时，快递员与顾客之间的时间存在着很大的冲突，因此造成快递配送往往以低效率完成、高成本结束，同时客户的满意度也没有得到提高。建议采用提前预约配送时间的方式，运用大数据推算出包裹的预计送达时间，可以极大地减少快递员的重复工作以及降低配送失败率。

总之，“双 11”快递配送效率的低下，在很大程度上凸显了我国高速发展的电子商务与效率低下的快递配送之间的不平衡，而提高快递配送效率不仅可以解决目前物流发展的瓶颈问题，也可以促进电子商务的未来发展。因此，要扩大目前的基础建设，引入现代化技术设施，构建信息化网络，打造全新的配送网络，提高快递服务业水平。

课后复习题

一、单选题

1. 电子商务下的现代物流和传统意义的物流相比，呈现出的特征不包括以下哪一项？(　　)

A. 信息化　　B. 自动化　　C. 网络化　　D. 人性化

2. 物流是实现(　　)理念的根本保证。

A. 以供应商为中心　　B. 以企业为中心

C. 以顾客为中心　　D. 以渠道为中心

3. 配送中心选址的微观影响因素不包括(　　)。

A. 库存费用　　B. 配送中心运营费用

C. 运输费用　　D. 人工费用

二、名词解释

1. 外包物流

2. 物流联盟

3. 自营物流

三、简答题

1. 简述电子商务与物流的关系。

2. 简述配送的特点。

3. 简述配送中心选址的宏观影响因素。

拓展阅读8.2　铜仁：畅通乡村物流“最后一公里”，电商经济发展增速“加油”

参考文献

[1] 周青浮，乔瑞. 物流仓储与配送[M]. 延吉：延边大学出版社，2015.
[2] 孙家庆. 仓储与配送管理[M]. 北京：中国人民大学出版社，2016.
[3] 李志文. 物流实务操作与法律[M]. 4 版. 大连：东北财经大学出版社，2017.
[4] 梁旭，刘徐方. 物流仓储与配送管理[M]. 2 版. 北京：清华大学出版社，2017.
[5] 周慧，黄朝阳. 仓储与配送管理[M]. 南京：南京大学出版社，2017.
[6] 张远. 物流成本管理[M]. 北京：北京大学出版社，2017.
[7] 刘华，胡彦平. 物流仓储与配送实务[M]. 2 版. 北京：清华大学出版社，2018.
[8] 王海兰，张帅. 物流标准与法规[M]. 2 版. 上海：上海财经大学出版社，2018.
[9] 李联卫. 物流案例精选与评析[M]. 北京：化学工业出版社，2019.
[10] 孙红霞，李源. 冷链供应链管理[M]. 北京：清华大学出版社，2020.
[11] 赵群海. 某冷链园区投资项目定位分析与研究[J]. 中国水运，2020，20(6)：46-48.
[12] 周文泳. 现代仓储管理[M]. 北京：清华大学出版社，2020.
[13] 郑时勇. 仓储管理：从入门到精通[M]. 北京：化学工业出版社，2020.
[14] 柳荣. 新物流与供应链运营管理[M]. 北京：人民邮电出版社，2020.
[15] 李洋，刘广海. 冷链物流技术与装备[M]. 北京：中国财富出版社，2020.
[16] 双全，夏亚男. 食品冷链加工与包装[M]. 北京：清华大学出版社，2021.
[17] 刘晓燕. 配送管理实务[M]. 北京：机械工业出版社，2021.
[18] 旷强军. 物流仓储与配送[M]. 上海：上海交通大学出版社，2021.
[19] 陆国权，霍艳荣. 食品冷藏与保鲜技术[M]. 北京：清华大学出版社，2022.
[20] 陈久梅. 生鲜农产品冷链物流管理决策与优化[M]. 北京：科学出版社，2023.
[21] 孙宗虎. 物流仓储配送管理流程设计与工作标准[M]. 北京：人民邮电出版社，2023.
[22] 郭冬芬. 仓储与配送管理实务[M]. 2 版. 北京：人民邮电出版社，2024.

教师服务

感谢您选用清华大学出版社的教材！为了更好地服务教学，我们为授课教师提供本书的教学辅助资源，以及本学科重点教材信息。请您扫码获取。

教辅获取

本书教辅资源，授课教师扫码获取

样书赠送

物流与供应链管理类重点教材，教师扫码获取样书

清华大学出版社

E-mail: tupfuwu@163.com

电话：010-83470332 / 83470142

地址：北京市海淀区双清路学研大厦 B 座 509

网址：https://www.tup.com.cn/

传真：8610-83470107

邮编：100084